公路滑坡勘察与防护工程设计

任 祥　何勇成　编著

北 京
冶 金 工 业 出 版 社
2019

内 容 提 要

本书系统地介绍了公路滑坡的勘察内容、稳定性分析与评价、推力计算、排水措施设计、重力式抗滑挡土墙设计、抗滑桩设计、锚杆（索）设计、卸载与反压设计、注浆加固设计、格构锚固设计、坡面防护设计、滑坡防治监测设计，以及滑坡治理工程设计报告编写内容和格式等。

本书实用性较强，可供公路工程及从事滑坡勘察设计工作的技术人员阅读，也可供大专院校相关专业师生参考。

图书在版编目(CIP)数据

公路滑坡勘察与防护工程设计/任祥，何勇成编著. —北京：冶金工业出版社，2019.1

ISBN 978-7-5024-7986-2

Ⅰ.①公… Ⅱ.①任… ②何… Ⅲ.①公路路基—滑坡—防护工程 Ⅳ.①U418.5

中国版本图书馆 CIP 数据核字(2019)第 012519 号

出 版 人 谭学余
地　　址 北京市东城区嵩祝院北巷 39 号 邮编 100009 电话 (010)64027926
网　　址 www.cnmip.com.cn 电子信箱 yjcbs@cnmip.com.cn
责任编辑 杨 敏 美术编辑 彭子赫 版式设计 孙跃红
责任校对 卿文春 责任印制 牛晓波
ISBN 978-7-5024-7986-2
冶金工业出版社出版发行；各地新华书店经销；三河市双峰印刷装订有限公司印刷
2019 年 1 月第 1 版，2019 年 1 月第 1 次印刷
169mm×239mm；17.25 印张；336 千字；261 页
82.00 元
冶金工业出版社 投稿电话 (010)64027932 投稿信箱 tougao@cnmip.com.cn
冶金工业出版社营销中心 电话 (010)64044283 传真 (010)64027893
冶金工业出版社天猫旗舰店 yjgycbs.tmall.com
（本书如有印装质量问题，本社营销中心负责退换）

前　言

滑坡（俗称走山），是指在一定的地层结构、岩性和水文地质条件下的具有倾斜结构的斜坡上的土体或者岩体，受河流冲刷、地下水活动、地震、水库水位波动及人工开挖边坡等因素影响，在重力作用下，沿着一定的软弱面或者软弱带，整体或者分散地顺坡向下滑动的自然现象。

近年来，随着国家交通基本建设的持续投入，山区建造高速公路、省国道提升改造项目越来越多。山区公路的大量兴建，公路边坡病害在施工期、运营期经常发生，已成为困扰公路建设、设计、施工及监理单位的最棘手问题，也成为岩土工程界的热点、难点问题之一。公路边坡病害是山区公路的主要病害，由于其产生的条件、作用因素、运动机理的多样性、复杂性和多变性，导致病害预测困难和治理费用昂贵，因而长期以来一直是世界各国道路工程、岩土工程研究的重要问题。

本书结合作者在工作中对公路滑坡勘察设计的实践经验，较系统地介绍了公路滑坡的勘察、分析、稳定性计算以及常见公路滑坡的防治方法。本书实用性较强，可供公路工程及其他行业从事滑坡勘察设计工作的技术人员参考和借鉴。

本书分 3 篇共 20 章，第 1~17 章由任祥编写，第 18~20 章由何勇成编写。

在本书编写过程中得到了梁龙龙、姚伟、杨俊生、王荣等的帮助，还参阅了大量的文献资料，在此一并表示衷心的感谢！

由于作者水平有限，书中难免有疏漏和不足之处，敬请读者批评指正。

作 者

2018 年 9 月

目　　录

第1篇　公路滑坡基础知识

第2篇　公路滑坡勘察

第3篇　公路滑坡防治

第1篇

公路滑坡基础知识

1　公路滑坡概述

1.1　公路滑坡的概念

斜坡上的部分岩体和土体在自然或人为因素的影响下沿某个滑动面发生剪切破坏向下运动的现象称为滑坡。随着我国高等级公路和高速公路向山区延伸，省国道干线的提升改造，公路建设大规模改变了土地的利用方式，挖填方等土石方工程日益增大，随之而来的是滑坡灾害日益严重。滑坡，作为一种主要地质灾害，由于其产生的条件、作用因素、运动机理的多样性、复杂性和多变性，预测的困难，治理费用的昂贵，一直是世界各国研究的主要地质和工程问题之一。

滑坡滑动面可以是受剪应力最大的贯通性剪切破坏面或带，也可以是岩体中已有的软弱结构面。规模大的滑坡一般是缓慢的、长期的往下滑动，有些滑坡滑动速度也很快，其过程分为蠕动变形和滑动破坏阶段，但也有一些滑坡表现为急剧的滑动，下滑速度从每秒几米到几十米不等。滑坡多发生在山地的山坡、丘陵地区的斜坡、岸边、路堤或基坑等地带。滑坡对公路工程建设的危害很大，轻则影响施工，重则破坏路基稳定；由于滑坡，常使交通中断，影响公路的正常运输；大规模的滑坡，可以堵塞河道，摧毁公路，破坏厂矿，掩埋村庄，对交通设施危害很大。

公路滑坡主要与工程建设开挖切割坡脚有关，它与一般山体滑坡有许多共同点，也有其特殊性。公路中滑坡的滑出方向绝大多数是垂直或近似于垂直路线走向，极少部分是斜交于公路路线。公路滑坡的规模有大有小，但是滑坡的发生概率较大，特别是在公路建设过程中。从公路沿线滑坡产生的诱发因素角度来看，地质构造、地层岩性及地下水是主控因素，地形、气候等是次要因素，公路工程建设活动是主要的诱发因素。公路滑坡约有50%是由于工程建设引发的新滑坡，约30%的滑坡是在工程建设中复活的古滑坡，约20%的滑坡是在勘察设计中已经发现而路线无法绕避的。

1.2　公路滑坡的危害

滑坡对公路建设的危害，主要有以下几点：

（1）在公路的上边坡范围内爆发将致使交通道路阻塞，交通中断，严重危害道路的截排水系统，路面受到破坏。

(2) 在公路上整体爆发后，公路路基将随之滑动和变形，严重时将被冲毁、断开，交通中断，道路整体受到破坏。

(3) 在填方路段，滑坡将导致路基塌陷、整体滑移、变形等情况的发生，交通中断，路基路面被毁。

(4) 公路的涵洞、桥梁、山道等等构筑物被毁，失去效力。

(5) 引起河道堵塞、改道或山体形状变化，致使公路的排水系统发生改变，无法正常工作，在受到一定外力作用后，道路将出现问题，无法完成交通任务，或存在安全隐患。

1.3 滑坡勘察技术的发展

随着国内公路建设规模的持续增大，公路滑坡呈逐年增加趋势。近年来，勘察设计单位对滑坡的勘察除了钻探、物探等常规方法以外，还出现了一些新的勘探方法，如钻孔电视、地质雷达、钻孔 CT 等技术。遥感技术正得到越来越广泛的应用，在大型滑坡的勘测阶段，利用遥感图像可以显著提高效率，改善工作条件。在京九铁路的选线和施工阶段，遥感技术的成功应用说明了这一点。再如，石家庄西郊石灰岩山区的一大型滑坡就是首先在遥感图像上发现的，后来的实地考察证实了原判断。应当指出，遥感技术毕竟不能深入到地质体的内部，它得到的只是表层的信息，因此，遥感技术无法完全取代现场的勘察工作，而只能作为一种有效的辅助手段。

1.4 滑坡治理与监测技术的发展

1.4.1 滑坡治理技术的发展

由于滑坡的频发性和极大的危害性，滑坡灾害治理技术的研究一直为世人所关注，欧美国家自 19 世纪中期就开始了对滑坡灾害治理的研究，由于早期人们对滑坡的性质和滑坡机理认识的不足，对大、中型滑坡只能做到避让，对于小型滑坡主要采用清方减重、加载反压、抗滑挡墙和排水工程进行治理，其中排水工程尤为重视。在 20 世纪 50~60 年代，我国治理滑坡的方法主要是清方减重、加载反压、抗滑挡墙和排水工程等措施。

到第二次世界大战后，各国经济逐渐恢复和发展，对土地的利用也逐渐增多，遇到的滑坡灾害越来越多，仅采用清方减重、加载反压和排水工程等措施治理的滑坡，大部分都只是暂时处于稳定状态，随着地质条件的改变以及外界因素的触发，很多滑坡又复活了，抗滑支挡工程成为治理滑坡的迫切需要。随抗滑支挡作用的普遍重视，直到 20 世纪 60 年代中期，国内外最早成功地应用了抗滑桩治理边坡，由于抗滑桩具有布置灵活、施工简便以及对滑坡扰动较小等优点，得到了广泛应用。

但早期抗滑桩的设计主要是参照桩基的设计，直到70年代末，国内外许多学者才对抗滑桩的设计理论和方法开展了广泛的研究，这一时期具有代表性的学者刘光代等用压力盒对60、70年代在成昆铁路和宝成铁路几个堆积土滑坡中的抗滑桩进行了实时监测，监测结果表明作用在抗滑桩上的滑坡推力大致呈抛物线形，且推力经三到四个月后达到高峰，随后逐渐稳定。马骥对单根抗滑桩的受力条件进行了室内的模型试验研究，得出了在受力初期和后期，抗滑桩前土抗力分布图形。Matsu总结了日本新潟县滑坡区现场观测资料，提出了作用在滑动面以上桩体上的滑坡推力的分布有矩形状和三角形分布两种形式。同时他们考虑桩土间的相互作用，应用土体塑性变形理论对单桩进行研究，提出了由土体的相对运动作用在抗滑桩侧上的力的计算方法。

与此同时，滑坡治理措施中地下排水措施也得到了发展，常用地下排水措施有截水沟、盲沟、倾斜钻孔排水、水平钻孔或排水廊道、截水墙、平硐、集水井、真空排水、虹吸排水和电渗排水等。滑坡支挡工程类型也逐渐多样化，杨志法等提出了纤维束导渗排水孔、层状网式钢筋石笼挡墙、预应力锚梁以及预应力抗滑桩四项边坡加固新技术，并获得了国家发明专利。预应力锚索、锚索桩、微型桩群、普通砂浆锚杆锚固、复合挡土结构、土锚钉、加筋土、格构锚固、抗滑明洞以及改变土的性质等治理技术广泛应用于滑坡治理中。

1.4.2 滑坡监测技术的发展

监测是一门新兴的边缘学科，最早诞生于20世纪50年代的工程现场，随着监测技术的发展以及人们最滑坡灾害的重视，监测技术开始应用到滑坡灾害上。最初滑坡监测技术主要是用简单的观测方法，通过人工直接观测滑坡体上地表裂缝、鼓胀、沉降、坍塌、建筑物变形及地下水变化、低温变化等现象。这种方法对于正在发生病害的边坡进行观测较为合适。也可结合仪器监测资料进行综合分析，用以初步判定滑坡体所处的变形阶段及中短期滑动趋势。

后来世界各国开始使用设站观测法及仪表观测方法。设站观测法是在充分了解了现场的工程地质背景的基础上，在边坡上设立变形观测点（成线状、网络状）。在变形区影响范围之外稳定地点设置固定观测站，使用经纬仪、水准仪、测距仪、摄影仪及全站型电子速测仪、GPS接收机等仪器定期测量变形区内网点的三维（X，Y，Z）位移变化的一种监测方法。仪表观测法是用精密仪表对变形边坡进行地表及深部的位移、倾斜动态、裂缝相对张闭及地声、应力应变等物理参数与环境影响因素进行监测。目前，监测仪器的类型一般可分为位移监测，地下倾斜监测、地下应力测试和环境监测四大类，是当前和今后一个时期滑坡监测发展的一个方向。近年来发展的TDR（time domain reflectometry）技术在滑坡监测上也得到了大力的应用。

随着空间技术和网络技术的飞速发展，各种先进的自动遥控监测系统相继问世，为边坡工程，特别是边坡崩塌和滑坡的自动化力学遥测创造了条件。由于自动化程度高，可全天候连续观测，故省时、省力和安全，是当前和今后一个时期滑坡监测发展的另一个方向。目前国际上只有荷兰、美国、日本、加拿大、韩国、香港等国家和地区在环境地质的远程监测控制传输、自动监测方面居于领先水平。例如荷兰研制的集地下水智能遥控遥测预测、自动监视、监测数据集中处理和远程传输技术于一体的 Telemetry System；日本土谷尚等人研制的 LSS-OI 型滑坡自动监测系统等。

2 公路滑坡的认识与调查

公路滑防治的关键是认识和鉴别滑坡。坡体未发生滑坡前，其变形具有隐蔽性、复杂性、多样性、广阔性，仅从表面上是难以辨别真正的滑坡体的，只有认识到潜在发展的滑坡变形体存在，并能分析变形的原因、类型以及发展趋势，才能对症下药，找到滑坡防治的良药进行治理，因此要做好公路滑坡的防治工作，首先必须正确认识和鉴别滑坡体。

2.1 公路滑坡的形态特征

斜坡上的岩土体在中立作用为主下，由于种种原因改变坡体内一定软弱面（或带）中应力状态，或因水和其他物理、化学作用降低其强度、以及因振动或其他作用破坏其结构，该软弱面在应力大于其强度下产生剪切破坏，其上覆岩土体失稳而作整体或部分向下或向前滑动。其空间形态上具备以下组成要素：

（1）滑坡体：已发生或将发生整体或局部滑移的公路边坡岩土体（图 2-1 中 1）。

（2）滑坡周界：滑坡体与周边稳定岩土体在平面上的分界线（图 2-1 中 2）。

（3）滑坡壁：滑坡体与稳定岩土体脱开的暴露在外的分界面（图 2-1 中 3）。

（4）滑坡台阶与滑坡平台：由于各段岩土体滑动速度的差异，在滑坡体上形成的台阶状的错台称滑坡台阶或滑坡平台（图 2-1 中 4）。

（5）滑动面：滑动体沿不动岩土体下滑的分界面称滑动面（图 2-1 中 5）。

（6）滑动带：滑动面上部受滑动揉皱的地带（厚数厘米至数米）（图 2-1 中 6）。

（7）滑坡舌（滑坡头）：滑坡体的前缘形如舌状的部分。(图 2-1 中 7)

（8）滑坡鼓丘：滑坡体前缘因受阻力而隆起的小丘称滑坡鼓丘（图 2-1 中 8）。

（9）主滑线（滑坡主轴）：滑坡体滑动速度最快的纵向线称为主滑线。它代表整个滑坡的滑动方向，一般位于推力最大、滑床凹槽最深（滑坡体厚度最大）的纵断面上，在平面上可为直线或曲线（图 2-1 中 9）。

（10）破裂缝：滑坡体在坡顶开始破裂的地方（图 2-1 中 10）。

（11）封闭洼地：滑动时滑坡体与滑坡壁间拉开成沟槽，当相邻土楔形成反坡地形时，即成四周高中间低的封闭洼地（图 2-1 中 11）。

（12）滑坡裂缝（图2-1中12）：按受力状态分为以下四种。

1）张拉裂缝：位于滑坡体上部，多呈弧形与滑坡壁方向大致平行的各组裂缝。

2）剪切裂缝：位于滑坡体中部的两侧，此裂缝常伴有羽状裂缝（图2-1中13）。

3）鼓胀裂缝：位于滑坡体下部，其方向垂直于滑坡滑动方向（图2-1中15）。

4）扇形裂缝：位于滑坡中下部，尤以滑舌部分最多，呈放射状（图2-1中14）。

（13）滑坡床：滑坡滑动时依附的下伏不动体称滑坡床（图2-1中16）。

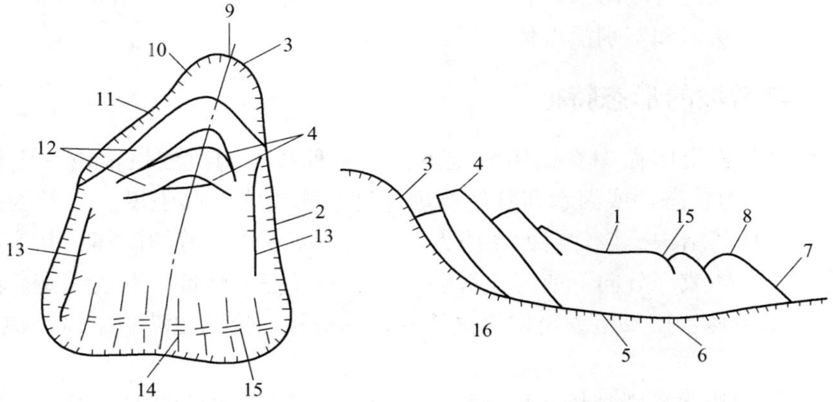

图2-1 公路滑坡形态特征图

需要说明的是，并不是每个滑坡都完整具备以上各要素，一些发育不完整或结构复杂的滑坡，要根据具体地质条件判别某些不清楚的要素。

2.2 公路滑坡的形成要素

公路滑坡的形成是由于斜坡岩土体抗剪强度的降低及下滑力增大造成的，导致斜坡岩土体抗剪强度的降低及下滑力增大的因素很多，包括斜坡岩土体区地形地貌、地质结构、物质组成、水文地质、人类工程活动等，其中斜坡岩土体区地形地貌、地质结构、物质组成是产生滑移的内在因素，水文地质条件的变化、人类工程活动等是使得斜坡岩土体产生滑移的外在因素。对公路滑坡来说，其产生滑动的原因往往是多方面的，很少是由一个确切的原因或因素引起的，往往是内因和外因相互作用的结果。

2.2.1 形成滑坡的内在因素

内在因素是指斜坡体本身就具备的有利于滑坡发生的地质地貌因素，这在滑坡形成中起着决定性作用。

（1）地形地貌因素：只有处于一定的地貌部位、一定坡度的斜坡才可能发生滑坡。通常情况下，滑坡形成于地形高差偏大的山地、高原地区，且高差越大，滑坡越易形成。同时在另一方面还要有适宜的斜坡坡度、高度和形态，便于形成滑动的临空面。产生滑坡的有利地形是下陡中缓上陡、上部成环状的坡形。

（2）岩土类型：岩土体是产生滑坡的物质基础，它的性质和结构对滑坡的形成具有决定性作用。一般情况下，外表坚硬，结构完整的岩石，抗剪强度和抗风化能力也强，斜坡整体性好，不易发生滑坡。

（3）地质构造因素：地质构造是滑坡活动的重要影响因素，组成斜坡的岩土体只有被各种构造面切割分离成不连续状态时，有可能向下滑动的条件。断裂构造面促进了斜坡岩土体的风化作用及为降雨等水流进入斜坡提供了通道，破坏了岩体的整体性，地下水或地表水将沿着断层滑动面运行，为滑坡的产生提供了条件。

2.2.2 产生滑坡的外在因素

（1）水文地质因素：地下水活动，在滑坡形成中起着主要作用。它的作用主要表现在软化岩土，降低岩土体的强度，产生动水压力和孔隙水压力，潜蚀岩、土，增大岩、土容重，对透水岩层产生浮力等，为滑坡的产生提供了条件，尤其是对滑面带的软化作用和降低强度的作用最突出。

（2）滑坡的外形因素：如洪水的冲刷，人工的开挖、爆破震动、局部加载减载使滑坡体的平衡状态受到了破坏，为滑坡的产生提供了条件。特别是爆破震动影响最为直观，在潜在的滑坡体上产生附加爆破震动力，降低潜在滑体的稳定系数，爆破震动产生的惯性力增加了岩体的下滑力，从而易触发和诱发滑坡，对含有软弱面的岩石斜坡震动更容易发生滑坡。

2.3 公路滑坡的类型

滑坡形成于不同的地质环境，并表现为各种不同的形式和特征。滑坡分类的目的就在于对滑坡作用的各种环境和现象特征以及产生滑坡的各种因素进行概括，以便正确反映滑坡作用的某些规律。在实际工作中，可利用科学的滑坡分类去指导勘察工作，衡量和鉴别给定地区产生滑坡的可能性，预测斜坡的稳定性以及制定相应的防滑措施。

目前滑坡的分类方案很多，各方案所侧重的分类原则不同。有的根据滑动面与层面的关系，有的根据滑坡的动力学特征，有的根据规模、深浅，有的根据岩土类型，有的根据斜坡结构，还有根据滑动面形状甚至根据滑坡时代等等。公路工程滑坡分类如下：

（1）根据滑体的物质组成、成因性质和结构特征等分类，见表 2-1。

表 2-1 滑坡按主要物质组成分类

类型	亚 类	主 要 特 征
土质滑坡	堆积土滑坡	除黄土、膨胀土、填土等特殊土外，发生在第四系地层各种成因土层中，包括风化残积土，由一般土质组成的滑坡体，多沿堆积土层中软弱土层或基岩面滑动
	黄土滑坡	发生在各时期黄土层中由黄土构成滑坡体，沿黄土层界面或基岩滑动
	膨胀土滑坡	发生在含有膨胀土地层中，沿膨胀土层或下伏基岩（土层）滑动，多为浅层滑坡
	填土滑坡	发生在路堤或人工弃土中，多沿原地面或基底以下松软土层滑动
岩质滑坡	破碎岩体滑坡	发生在构造破碎带或严重风化带的破碎岩体中
	层状岩体滑坡	发生在具有层状结构的岩体中，多沿层面或软弱结构面滑动
	块状岩体滑坡	相对完整的块状岩体沿构造节理或小断面产生组合式滑动

1）堆积土滑坡根据土的性质和颗粒组成分类，见表 2-2。

表 2-2 堆积土滑坡分类

类 型	主 要 特 征
黏性土滑坡	发生在非膨胀性黏性土层中的滑坡。多沿高含水量、软弱的高塑性黏性土或基岩顶面滑动
碎石土滑坡	由砂性土组成的滑坡
块石土滑坡	由块石土组成的滑坡。多沿块石土层中高含水量、软弱的黏性土夹层或基岩顶面滑动
风化土滑坡	发生在残积土、全风化土、砂土状强风化层中，滑动面主要依附于结构面，沿土体中的风化界面、软弱夹层、原生或次生结构面滑动

2）层状岩体滑坡可根据滑动时与岩体结构面的组合关系分类，见表 2-3。

表 2-3 层状岩体滑坡分类

类 型	主 要 特 征
顺层滑坡	由顺倾层状岩体构成，沿顺倾坡外的层面或软弱带滑动
切层滑坡	由平缓或反倾层状岩体构成，滑动面切割岩层层面常沿倾向坡外的一组软弱面或结构面（带）滑动

（2）根据滑坡体体积分类，见表 2-4。

表 2-4 滑坡按体积分类

滑坡类型	小型滑坡	中型滑坡	大型滑坡	巨型滑坡
滑坡体积 $V/\times10^4m^3$	$V\leqslant4$	$4<V\leqslant30$	$30<V\leqslant100$	$V>100$

（3）根据滑动力学特征分类，见表 2-5。

表 2-5 滑坡按滑动力学特征分类

滑坡类型	主 要 特 征
推移式滑坡	中后部岩土体滑动挤压推移前缘段产生滑动形成的滑坡
牵引式滑坡	前缘段岩土体发生滑动后使后缘岩土体失去支撑滑动而形成的滑坡

（4）根据发生年代分类，见表 2-6。

表 2-6 滑坡按发生年代分类

滑坡类型	主 要 特 征
新滑坡	新近发生滑动的滑坡
老滑坡	全新世以来发生的滑坡
古滑坡	全新世以前发生的滑坡

（5）根据滑动面的埋藏深度分类，见表 2-7。

表 2-7 滑坡按滑动面埋藏深度分类

滑坡类型	浅层滑坡	中层滑坡	深层滑坡
滑动面埋藏深度/m	$H\leqslant6$	$6<H\leqslant20$	$H>20$

2.4 公路滑坡调查

公路滑坡调查一般结合选定的线路走廊带，由大到小、由面到点、由粗到细。调查方法和手段也越来越多，包括历史资料、空中摄影、现场调查等。对于简单的，小范围的滑坡调查，可以采用现场调查，而公路沿线点多、线长、面广，对于新建公路，还存在交通不便，故应采用多种方法相结合。例如可以先采用遥感技术进行普查、分析，细化工作范围，再通过工程技术人员现场调查，这样可节省时间，利于工作深入开展。

2.4.1 遥感技术调查

在滑坡勘察调查中，遥感是应用传感装置而不直接接触目标物体，利用在空中运行的卫星或飞行器手机地面信息的技术。目前通过遥感技术获取信息的方法较多，有照相、扫描、电磁脉冲设备、γ 射线频谱仪等，但在滑坡调查，特别是公路走廊带内大面积、大范围普查应用中，航空摄影可以说是一种有效方法，它全面、直观、经济，应用方便，在美国、日本、欧洲等发达国家应用较早，精度较高。据不完全统计，日本使用航空摄影鉴别调查滑坡总的精度达到84%，而在没有树木和灌木覆盖的水田等类似地区，鉴别精度高达96%。

航空摄影能提供走廊带内的三维全貌，据以观察和分析地区地形、排水、地表覆盖、地质材料及人类活动对地貌作用之间的相互关系，判释可能发生的滑坡位置、范围、影响等。

判释方法主要通过图像上典型要素的分析，找出滑坡敏感地形和易滑地点，典型要素包括：

(1) 滑坡土体被溪沟水流冲刷切割地形。

(2) 有大量松散土体和岩块的土坡。

(3) 在滑坡壁（头部末端）上破碎的断崖线，或出现张裂缝，或两者均存在的地带。

(4) 滑坡壁下滑坡体波状起伏的地形。

(5) 非天然的地形，如地形上的勺形槽、人工修路等产生的切脚陡坡地形。

(6) 明显的渗水地带。

(7) 细长的积水洼地或水塘。

(8) 流水沟或沟中的碎屑堆积体。

(9) 小间距自然流水沟。

(10) 图像色调明显变化地带。

(11) 植物的明显变化地带，植物的分布不均与土体性质、含水量等关系密切。

(12) 蠕动而倾斜的树木和移位构筑物等。

滑坡判释质量好坏和可靠度与判释人所具有的对其研究区的土和地质知识的多少成正比，还与滑坡判释人员的熟练程度、拍摄相片的参数和效果、植被覆盖程度的自然因素、使用的仪器设备和分析方法等因素有关。为了提高公路滑坡判释的精度，选择有经验有能力的滑坡摄影判释人员，采用合适的仪器设备进行分析是十分重要的。

2.4.2 滑坡野外鉴别

2.4.2.1 地层岩性标志

地层岩性是产生滑坡的物质基础。研究结果表明：一定地区的滑坡发生于一定的地层之中。滑坡的产生多与泥质地层的存在有密切的关系。这些地层中容易产生滑坡的主要原因是此类地层岩性软弱。在水和其他因素的影响下，往往构成潜在的滑动面（带）。

在进行滑坡野外调查时应首先查明易滑坡地层在研究区内的分布组合规律。在我国易滑坡地层的主要类型有：砂页岩和泥岩互层；煤系地层；灰岩、泥灰岩、页岩互层；板岩、千枚岩、云母片岩等变质岩系；各种黏土、黄土和类黄土地层；风化残积层以及各种成因的堆积层等。

根据滑坡区内地层层序和产状的异常现象可以区分滑坡体和未扰动体的界线。在滑坡区内，滑坡体在脱离未扰动体的滑移过程中，岩土体常有扰动松脱现象。滑坡体的层位和产状特征常与外围岩体不连续，局部可能出现新老地层倒置的现象。滑坡造成的地层层序和产状特征的异常往往易与断层相混淆，在野外调查时应注意加以区分。其主要区别为：滑坡改变岩体结构的范围不大，而断层改变岩体结构的范围大，一般顺走向延伸较远。滑坡体常具有折扭、张裂、充泥等松动破坏迹象，而断层上盘的岩体破碎多数是由有规律的节理切割而成。滑坡塑性变形带的物质成分较杂，厚度变化大，挤碎性差，所含砾石磨光性强；而断层带的物质成分较单一，厚度较稳定，破碎较强烈，常形成断层角砾岩或断层泥。

2.4.2.2 地质构造标志

地质构造条件控制了滑坡滑动面的空间位置和滑坡范围，在大的构造断裂带附近滑坡往往成群出现。各种结构面与山坡临空面或人工开挖面的组合关系，控制着斜坡的稳定性。地质构造条件还决定了滑坡区地下水的分布和运动规律。滑坡是在地表浅层由各种结构面圈定的以水平滑移为主的运动地质块体。组成滑坡的各要素都是有一定产状的构造成分。这些构造成分一般仅限于地壳表层，且是在外力作用下产生的，可以称为滑坡构造。

不同性质的结构面在滑体内有着一定的展布规律，如图 2-2 所示。滑坡壁和洼地所组成的地堑式陷落带是在主滑动力作用下形成的。地表出现一系列拉张裂缝，这些张性结构面的倾向与滑坡壁相反。滑坡左右侧的羽状裂缝组，是在力偶作用下形成的次级张性结构面。这些次级张性结构面呈雁行状排列，缝壁两侧面粗糙不平且呈张开状。在滑坡舌部前缘，则产生与主滑方向正交的压性结构面及次一级鼓胀裂缝。在主轴断面上（图 2-2（b）），一般规律是滑坡壁与陷落段的滑面倾向坡脚，且倾角较陡，至主滑地段滑面逐渐变缓。而抗滑地段滑面背向坡角呈“反倾”，其倾角由极平缓直到很陡。当倾角极小时，抗滑地段不明显。在野外调查中若能查明按图 2-2（引自晏同珍等，1997 年）所示的规律性展布的裂缝及结构面的分布范围，即可判定有单个滑坡存在。

在许多滑坡中，滑坡壁或其他要素往往追踪古老地质构造面而发育，某些滑坡构造又与一般地质构造很相似。因此正确识别滑坡构造与一般地质构造是滑坡

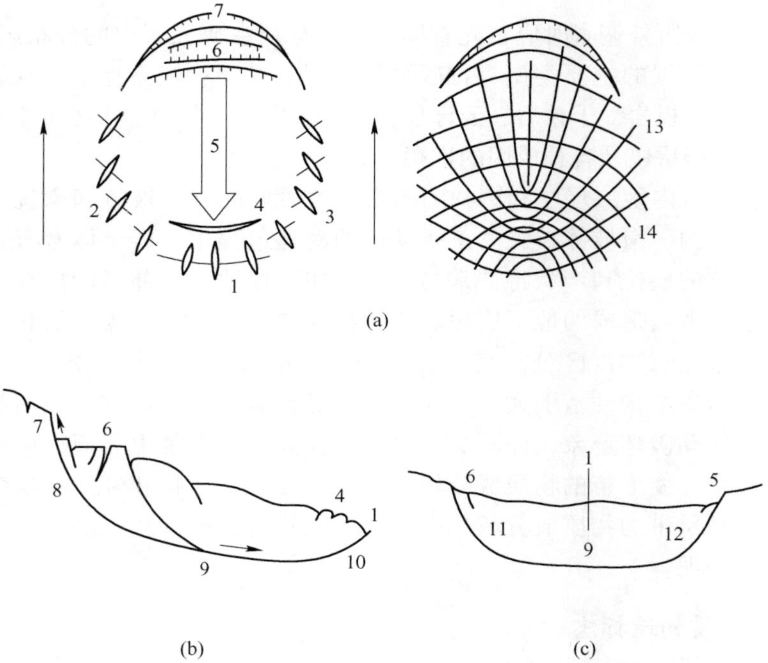

图 2-2　准山字形滑坡构造及剖面结构概图

（a）滑坡构造理想展布及主应力分布；（b）主轴剖面；（c）横向剖面

1—舌部压性结构面及放射状裂缝；2，3—前弧左右侧雁列裂隙；4—鼓胀裂缝带、侧羽状裂缝带；5—滑坡脊椎及张性结构面；6—洼地、张拉裂缝带；7—滑坡壁；8—山前马蹄形盾地；9—扭性结构面；10—压性结构面；11，12—张扭性结构面；13，14—最大及最小主应力迹线

野外鉴别的基本工作。滑坡构造与一般地质构造的主要区别如下：

（1）不同的滑坡构造出现的相互位置较固定。例如滑坡地堑出现在坡面较高的部位，而滑坡地层褶皱和滑坡舌逆掩现象则出现在坡脚附近。一般地质构造现象本身则不受山坡部位高低的限制。

（2）滑坡构造成分的展布范围一般较小，而一般地质构造的展布范围则往往较大。

（3）各种滑坡构造张裂缝中，往往充填有松散土石和岩屑角砾，这类充填物除多孔隙外无任何动力变质烘烤现象。而一般地质构造形成的破碎带中，充填物少有直观的孔隙，多具有动力变质现象以及糜棱化和角砾化现象。

（4）滑坡擦痕方向与主滑方向一致，仅存在于黏性软塑带中或基岩表层，痕槽深浅及方向随不同部位稍有变化。而断层擦痕与坡向或滑坡方向无关，且常深入基岩呈平行的多层状。痕槽深浅及方向较有规律性。

（5）滑坡地层褶皱的次级张性断裂都是开口的，折断处参差不齐，褶皱轴部的硬岩层保持不变的厚度。而一般地层褶皱的岩层往往有减薄或构造尖灭现象，折断处是圆顺的。

（6）滑坡床产状有起伏波折，其总体有下凹的趋势。而一般断层的产状较稳定。

2.4.2.3 水文地质标志

滑坡区普遍存在地下水。滑坡发生前后的水文地质条件会相应产生不同程度和不同性质的变化。滑坡发生后，滑移体上部的张性裂隙系统可以直接接受大气降水的补给。

滑动带土则形成相对不透水的隔水层，滑体内部的地下水常富集于中下部，斜坡含水层的原始地下水赋存条件常被破坏，在滑坡区内形成复杂的单独含水体。由于滑坡前缘舌部存在反倾段，在滑动带前缘常有成排的泉水出现，或形成带状湿地。

滑坡区的地下水有下列几种主要类型：

（1）上层滞水：指埋藏较浅、分布不连续的地下水。主要埋藏分布于黏性土层中呈透镜状的碎卵石层中，以及基岩风化带的上部，其动态完全决定于大气降水。它的活动常是产生中、浅层滑坡的主要原因。

（2）基岩裂隙水：是基岩滑坡的主要地下水类型之一。赋存于基岩裂隙之中，既有无压水，也有承压水。在裂隙连通的情况下与滑带水常有水力联系。

（3）滑带水：指埋藏于滑动带附近的地下水。多半汇集于滑坡中前部的凹槽之中。滑带水对中、深层滑坡起主要作用。滑坡地下水的补给来源可以是大气降水和地表水入渗，也可以是基岩裂隙水、断层水和第四纪含水层等。大气降水与滑坡的关系十分密切，很多滑坡都是在暴雨之后形成的。断裂在基岩中形成地下水的网络通道。正断层一般破碎带较宽，透水良好，可沟通错动范围内各层地下水；而逆断层一般不含水，有时尚起一定的隔水作用。

滑坡地下水的排泄条件往往影响滑坡的稳定性。在地下水排泄条件不良时，会在滑动带附近积蓄动水压力，从而破坏滑坡的稳定。当地下水排泄不畅时，地下水多在斜坡前缘出露，不利于滑坡稳定。沿着滑坡裂隙发育的冲沟，往往有利于地下水的排泄。在冲沟发育地段滑坡的整体稳定性较好，而在冲沟不发育地段一般稳定性较差。地下水与在斜坡中的活动及滑坡的形成有密切的关系，地下水在硬质岩地层中沿软弱破碎带或薄风化层活动时，岩层可能沿该软弱面（带）产生滑动。黏性土层一般上部较松散，下部较致密。当水下渗后沿其上下部分界面活动时，常使上部土层沿此软弱面而滑动。风化岩层干燥时呈散粒碎屑状，受水潮湿后易形成表面溜滑。坡积黏土中的地下水常沿黏土与下伏基岩的分界面活动，常沿基岩顶面形成滑坡。在滑坡区内往往是下卧层面受水软化，具隔水作用，形成滑动面。滑动层则由于其松散性而容易受水。在下卧层和滑动层之间常具备供水条件。如下卧层顶面为地下洼槽时易于聚水。地下水量的增加，使土体的含水量增大，从而使强度降低。而地下水流速加大，在含有易溶矿物或粉细砂层的地层中，会产生潜蚀作用而降低强度。地下水位和河、湖、水位的升降会相应地改变原有的静动水压力。水位上升时，会增加下滑力和水对土的浮力，降低抗剪强度。水位骤降时，会造成岸边动水压力。这些都是助长滑动的因素。地下水与周围岩土体产生长期的水化学作用，会不断改变周围岩土体的性质和强度。在一定的水化学条件下，含水地层中的某些易分解矿物不断转变为相应的次生黏土矿物，如高岭石、水云母、蒙脱石、绿泥石、褐铁矿等。这些新的次生矿物本身都易于吸水膨胀且强度较低。地下水中盐含量的降低与钠离子含量的升高，将导致岩土抗剪强度的大幅度降低，成为滑坡的有利条件。采取滑坡区内外的地下水样进行水化学分析对比，是识别滑坡的有效手段之一。综上所述，在识别滑坡时，应注意调查滑坡区的独特水文地质条件，特别是注意对滑坡泉进行成因分析。

2.4.2.4　地形地貌标志

滑坡在斜坡上常形成上陡中缓下陡的折线状地形，在山坡上部造成环谷地貌。所谓环谷即圈椅状或马蹄状地形。滑坡区周围地形较陡，中间有一个较平缓的核心台阶。滑坡台阶与河流阶地的主要区别是滑坡台阶的高度无一定的规律，滑坡台阶主要由堆积层或其他地层构成，一般无底砾层，斜坡上常出现较多的错距不大的小台阶或坡面呈波浪起伏。滑坡体上常出现多级后倾平台，前缘常有隆起鼻状凸丘。滑坡在现代河床的凹岸常出现因山坡坡脚侵占河床反而稍微突出的现象（图2-3）。曾经产生过滑坡的古河床凹岸，由于滑坡体的前缘已被冲刷掉，河岸边常残留分布一些大孤石。

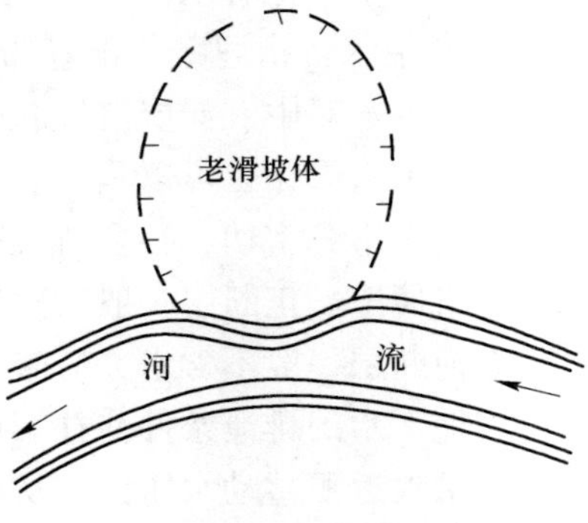

图2-3　凹岸突出

滑坡体两侧常形成沟谷，造成双沟同源现象（图2-4）。而一般山坡上的沟谷多为一沟数源。环抱滑坡体两侧的冲沟多数并非真正同源，只是上游距离较近而下游距离较远。这些冲沟中往往沟底堆积物不厚或出露基岩。有的滑坡体上还有积水洼地、地面裂缝、醉汉林、马刀树和房屋倾斜、开裂等现象（图2-5）。由于坡体滑移运动，使其上生长的树木东倒西歪，形成醉汉林。这标志不久前该处曾发生过滑坡，而且滑动剧烈。马刀树指由于坡体滑移运动造成的树干下部歪斜而上部直立。根据马刀树的年轮可以推断滑坡的相对年代。根据滑坡区的地形地貌可以圈定滑坡边界。滑坡后缘断壁一般较陡立，前缘常被挤出或呈舌状凸出，两侧常以沟谷或裂面为界。滑坡床常具有塑性变形带。

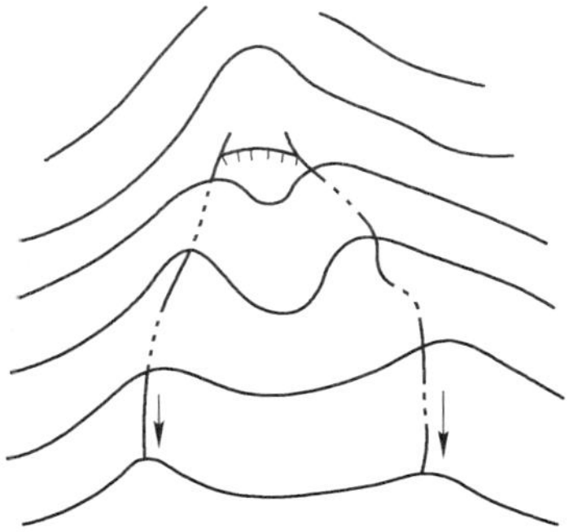

图 2-4 双沟同源

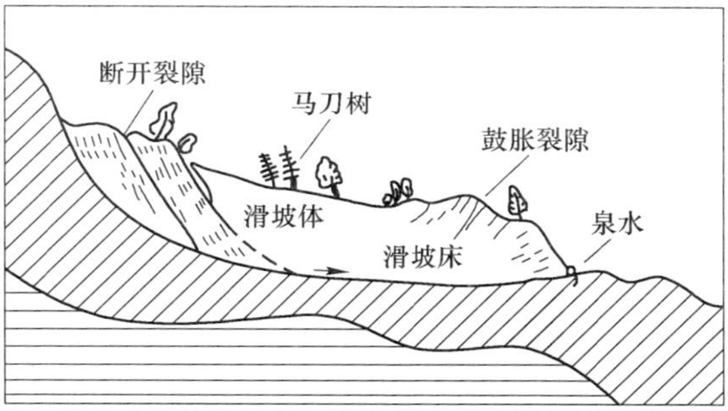

图 2-5 滑坡特征

2.4.2.5 现代滑坡的野外鉴别

现代滑坡的主要特点是滑坡的各部分要素发育齐全，它往往可以具有如图 2-1所示的各种滑坡要素。在野外鉴别现代滑坡，也就是识别各种滑坡要素的存在。当滑坡要素齐全或基本具备时，就可以判定滑坡的存在。在宏观上远眺，可以观察现代滑坡的周界。而在滑坡体上的相应位置，可以直接观察到不同的滑坡要素。现代滑坡作为一种特殊的地形地貌，滑移体在滑动过程中会产生各种裂缝、台阶、褶皱、镜面擦痕等滑动形迹。这些滑动形迹在滑坡体内的组合是有规律的，如图 2-1 所示。常可根据所有滑动形迹在空间的展布规律来确定现代滑坡的范围。现代滑坡的擦痕是新鲜的，在野外较易于识别。根据擦痕的方向和所处的部位，常可判断滑体各部分的滑移方向和受力状态。对于因人为因素使原始地形破坏较多的现代滑坡，应仔细观察残留的滑动形迹，分析其所代表的受力状态，确定其在滑坡体上的相对部位，然后根据滑坡体内各种构造形迹的展布规律，推断滑坡的存在及其展布范围。

2.4.2.6 古老滑坡的野外鉴别

古老滑坡往往受后期剥蚀夷平风化作用的改造，使滑坡要素短缺或变得模糊不清。古老滑坡的野外鉴别，应首先在宏观上远眺其与周围山坡的异常之处，然后进一步研究对比山坡地貌的发育过程，从而推断古老滑坡的存在。古老滑坡的野外鉴别特征如下：

(1) 河流阶地的变位：滑坡使阶地的原始产状和特征遭到破坏，使阶地平台不再连续，使阶地前缘与河床的距离缩短，使阶地高程降低，与区域上相应阶地的高程产生差异性变位。

(2) 坡面地形的菱形转折：正常坡面在纵断面上多呈浑圆状的凸形坡或凹形坡，而高陡滑坡壁的存在，将使斜坡纵断面上出现明显的菱形转折。当古老滑坡的后壁受风化剥蚀夷平作用而变得模糊不清时，要通过认真的观察对比，才能正确地进行鉴别。

(3) 河流凹岸中的局部凸出：河道水流对凹岸的强烈冲刷，常造成滑坡。滑坡体的前缘伸入河道，占据部分河床，形成河流凹岸中的局部凸出。在后期冲刷作用改造后仍残留有巨大的孤石于岸边，这是古老滑坡存在的一种标志。平面上山坡堆积物在阶地面上的明显凸出也是古老滑坡存在的标志。

(4) 环谷状洼地：在正常的斜坡上出现低于周围原坡面的环谷状或簸箕状洼地地形。洼地内部起伏不平，甚至出现向坡内反倾的台地。洼地内部冲沟发育，方向紊乱。这些冲沟往往沿古老滑坡的裂缝发育。洼地两侧发育的冲沟往往呈双沟同源现象。

(5) 基岩陡坡区域内的局部缓坡：在由基岩组成的陡坡地段，由于滑坡使地形坡度减缓，构成由松散碎石夹土组成的局部滑坡。

2.5 滑坡区公路选线

公路路线是公路的骨架，它的优劣关系到公路本身功能的发挥和在公路网中能够起到应有的作用。公路选线是公路修建之前一道非常重要的环节，它将影响公路本身的工程投资、运输效率以及公路在整个交通网中积极效应的发挥。选线的好坏深刻影响到工程的造价、修建和运营。

当公路经过滑坡区时，选线工作应遵循以下原则：

(1) 重视对滑坡形成的工程地质环境的研究，尤其是多个滑坡分布的滑坡群段落。这种段落往往预示着斜坡土体的不稳定性，有可能出现更大规模的斜坡岩土体移动。路线应尽量绕避。

(2) 路线方案的选择应视滑坡的规模、稳定性和治理难易程度而定，对大型复杂的滑坡，宜优先考虑绕避，如绕避有困难或路线增长过多时，应结合滑坡的稳定程度，处治的难易，从经济与施工等方面对绕避和整治方案综合比较后加以取舍。对于小型滑坡，一般可不避绕，但应根据其滑动原因和稳定性采取排水、支挡、减载等措施进行处理。对于中型滑坡，一般也可以考虑通过，但需慎重考虑其稳定性，选择有利部位通过，并采取相应的工程处治措施。

(3) 路线通过滑坡的位置原则上力求不恶化滑坡的稳定性，选择有利于滑坡的稳定和路线安全的位置通过。应根据路线高低选择布线位置，一般是滑坡的上缘或下缘比中部好。通过滑坡上缘，以挖方路基为宜，通过滑坡下缘，以填方路堤为宜。

（4）路线选择应尽可能避开潜在滑坡或易产生滑坡的不良地质路段。如坡面高陡、松散堆积发育、地下水丰富、上方汇水区较大、软硬岩层相间且倾向与坡向相同，易受河水冲刷的河岸等等，以避免工程诱发滑坡。

第2篇

公路滑坡勘察

3 公路滑坡勘察的类型

3.1 概述

3.1.1 一般规定

公路滑坡工程地质勘察宜按设计阶段循序渐进地进行，按不同设计阶段要求，查清滑坡的成因、类型、规模、范围、稳定状态、滑动面（带）特征、主滑方向及危害性，提出防治方案建议，供设计参考。

滑坡勘察宜分为可行性研究勘察、初步设计勘察、施工图设计勘察（详细勘察）三个阶段。对于规模较小的或现有资料表明滑体及其周边地质条件较简单的滑坡，可根据实际情况将可行性研究勘察、初步设计勘察合并为一个勘察阶段。

滑坡地质勘察应充分搜集分析现有资料，并进行实地踏勘，重视地质测绘、工程勘探、岩土物理力学参数测试、资料综合分析和报告、图件编制过程中的每个环节，保证地质资料准确可靠。

应根据勘察阶段、区域及滑坡地质条件的复杂程度、滑坡类型、勘察手段的适宜性，经济、合理地开展综合勘察工作。

3.1.2 工程地质测绘

地质测绘前，应充分收集地形图，区域地质资料、遥感图像、气象、水文、地震、降雨资料，前人滑坡调查和监测资料，以及当地防治滑坡的经验。

图上宽度大于2mm的地质现象必须描绘到地质图上，对评价滑坡形成过程及稳定性有重要意义的地质现象，如裂缝、鼓丘、滑坡平台、滑动面（带）、前缘剪出口等，在图上宽度不足2mm时，应扩大比例尺表示，并注示实际数据，地质界线图上的误差不应超过2mm。

必须采用全面勘查的方法，地质点间距以保证地质界线在图上的精度为原则，一般控制在图上距离2~5cm内。结合滑坡防治工程的重要性可适当加密或减稀。

在地质界线被覆盖或不明显地段，必须保证足够数量的人工露头，尤其是滑坡边界、剪出口附近应配合必要的坑（槽）探。

当地形底图比例尺为1：5000时，地质点应采用经纬仪测定；当比例尺小于1：5000时，除有重要意义的地质点应采用经纬仪测定外，其余可根据地形地貌测定地质点。

3.1.2.1 地形地貌和滑坡活动迹象的调查内容

（1）岸坡受河道冲刷、淤积变化情况及历史变迁。

（2）地面坡度、相对高度，台阶位置、数量、宽度、阶坎高度，反坡、洼地、植被、醉汉林和马刀树的分布。

（3）滑坡边界形状，后缘主断壁走向、坡角、高度、有无擦痕及擦痕的产状，前缘形态、临空面特征，滑动带出露位置（剪出口），地面裂缝性质、分布位置、形状特征、延伸长度、充填情况，裂缝产生的时间及变化情况。

（4）滑坡发生、发展的历史及相关因素，地貌演变、地表水渗漏、弃渣堆放情况，坡面、房屋、水渠、道路、古墓等的变形、位移、裂缝位置、状态，井、泉、水塘的突然干枯或浑浊现象。

3.1.2.2 滑坡及其周边的地质环境条件测绘内容

（1）滑坡体物质组成及类型、颗粒成分、结构特征、密实程度、软弱夹层及滑体物质来源。

（2）滑体周边的地层岩性、产状、厚度、风化状态、岸坡结构、软硬岩层的组合与分布，软弱破碎带的展布及特征，以及层间错动带的分布，含水情况。

（3）区内褶皱、断层、节理的性质、产状、组合延伸状态、发育程度。

（4）可能形成滑动面（带）的层位、位置及主滑方向。

3.1.2.3 滑坡水文地质条件测绘内容

（1）滑坡及周边沟系发育特征，径流条件，地表水，大气降水与地下水的补排关系。

（2）井、泉、水塘、湿地位置，井、泉的类型、流量及季节性变化情况。

（3）含水层的位置、性质、厚度，岩土体的透水性，地下水的水位、水质及其变化，地下水的径流、补给及排泄条件。

3.1.2.4 滑坡灾害调查内容

（1）人员伤亡情况。

（2）直接和间接经济损失。

（3）地质环境破坏情况。

（4）社会影响。

3.1.3 勘探与测试

勘察时应在充分分析现有地质资料及地质测绘成果的基础上，有针对性地布置综合勘探工作。其主要目的是：

（1）查明滑体厚度、物质组成、结构特性、空间分布特征，特别是滑动面埋深、空间分布，滑动面（带）厚度、性质。

（2）查明地下水类型、埋深、透水性、空间分布及动态变化。

（3）结合勘探进行水文地质测试，在钻孔中采取岩土样进行物理力学试验，布置长期监测点，必要时可利用钻孔进行有关物探测量。

勘探方法以工程地质钻探为主，硐探、竖井勘探及地球物理勘探为辅，配合地面测绘开展必要的坑（槽）探。

勘探线和勘探点的布置应符合下列要求：

（1）勘探线的布置视勘查阶段和滑体规模大小而定，沿滑动方向布置一定数量的纵向勘探线，其中主轴线方向为控制性纵向勘探线，在主轴线两侧至少各布置 1 条辅助纵向勘探线，其线间距不宜大于 200m，一般为 50~100m。

垂直滑动方向，以纵勘探线上的勘探孔（竖井）为基础，根据实际情况布置适量的横勘探线，在滑坡体转折处和可能采取防治措施的地段也应布置横勘探线。

（2）控制性纵勘探线上的勘探点不得少于 3 个，点间距控制在 30~50m，一般不超过 40m。其余勘探线上勘探点的数量、点间距应根据勘查阶段及实际情况而定，但点间距不应超过 80m。纵横勘探线端点均应超过滑坡周界 30~50m。

（3）勘探孔的深度应穿过最下一层滑动面（带），进入稳定岩土层，控制性勘探孔必须深入滑动面（带）以下 5~10m，其他一般性勘探孔应达到滑动面（带）以下 5m。勘探孔穿过滑动面（带）的深度，若遇重大地质缺陷，应适当加深勘探孔的深度。

（4）滑坡钻探应符合下列要求：

1）地下水位以上土层应采用干法钻进。

2）地下水位以下土层可采用冲洗法钻进。

3）滑带及其上下 5m 宜采用双管单动钻进。

4）水文地质试验孔或长观孔应采用跟管钻进。

5）严重缩孔或塌孔时应采取跟管或泥浆护壁。

6）在钻探过程中，应做好岩芯编录、摄像和钻进记录工作，发现地下水时，视情况做好分层止水，测定初见和稳定水位；在滑带及其上下 5m，回次钻进不得大于 0.3m，并应及时检查岩芯，确定滑动面（带）位置。

（5）坑槽探与平硐或竖井勘探应符合下列要求：

1）大型及特大型滑坡，平硐或竖井的数量不得少于2个；中型滑坡，平硐或竖井数量不得少于1个；小型滑坡可以不布置平硐或竖井。平硐或竖井断面面积以4m^{2}为宜，平硐或竖井应穿过所需探明的滑动面（带）3~5m。

2）做好坑（槽）及平硐或竖井展示图和工程地质编录，特别注意软弱夹层、破裂结构面、岩土结构面和滑动面（带）的位置和特征的编录，并进行数字摄影摄像。

3）坑（槽）及平硐或竖井，应按要求配合进行滑动面（带）抗剪强度的原位试验，同时在预定层位按要求采取岩、土、水样。

（6）地球物理勘探应符合下列要求：

1）以电阻率法为主，配合地震与面波勘探。

2）地球物理勘探线原则上应与主要勘探线重合。

3）沿滑坡主滑方向平行布置至少三条纵向剖面。

4）根据实际情况布置2~3条横向剖面。

5）各剖面测深应达到滑动面以下20m。

6）根据所测剖面视电阻率及地震波速的差异，做出详细物探剖面。应特别注意低电阻率及低速带的埋深、产状及分布特征。

7）结合工程地质测绘及物探成果，确定钻孔、平硐、坑（槽）探的位置、规模及大致孔深，并以此作为钻孔设计的依据。

8）在已取得钻探、平硐、坑（槽）探资料的条件下，编制物探—地质剖面。

（7）滑坡测试应符合下列要求：

1）满足滑坡稳定性评价及治理设计需要为目的。

2）应取代表性的岩、土、水样，进行物理力学特性试验及水化学分析。

3）中型以上的滑坡，按要求进行原位抗剪强度试验和现场水文地质测试。

4）基本物理指标：滑带土的天然含水量和饱和含水量、天然重度、土粒密度、孔隙比；滑带土的塑限、液限；滑带土颗粒成分、矿物成分及微观结构；滑坡体或潜在滑移体各类工程地质岩土的土石比、土体密度孔隙比、天然含水量和饱和含水量、天然重度和饱和重度；中等以上的滑坡应进行滑坡体各岩土层的大重度试验。小型滑坡可根据实际情况考虑。必要时应进行滑带土绝对年龄测定。

5）滑动带应取原状土样进行试验，当无法采取原状土样时，可取保持天然含水量的扰动土样做重塑样试验；滑带土的c、φ值测试采用与滑坡受力条件相似的室内快剪、饱和快剪或固结快剪、饱和固结快剪，获得峰值及残余值抗剪强度，有条件时进行滑动面重合剪试验。

6）进行滑坡堆积体或潜滑移体各类工程地质岩土的室内原状样常规三轴压缩试验，直剪试验与压缩试验，确定土的c、φ值，压缩模量及其他强度与变形指标。

7）各岩土层单项室内物理力学试验不得少于6组；中型以上滑坡对其滑动面（带）必须进行2~4组原位大型抗剪强度试验。基岩不同岩组常规物理力学试验，各3组。

8）进行地下水及地表水化学简分析及混凝土侵蚀试验，3~5组。

9）中型以上的滑坡应根据实际情况进行注（抽）水试验不少于2组，以获得堆积体含水层的渗透系数。

10）原状样应符合《建筑工程地质勘探与取样技术规程》（JGJ/T 87—2012）的要求。

11）岩土试验应符合《工程岩体试验方法标准》(GB/T 50266—2013)及《公路土工试验规程》(JTG E40—2007)。

3.2 滑坡可行性研究勘察

工程可行性研究阶段地质勘察是以利用航测地形图、遥感图像判释、地质调查测绘等手段为主，辅以物探和重点场地钻探等，开展区域性工程地质勘察与调绘工作，摸清对路线走廊带有控制作用的工程地质问题（如大型滑坡等），为方案研究提供地质依据。

因此，工程可行性研究阶段滑坡勘察是十分重要的，其主要任务是识别滑坡，判断滑坡的分布范围、性质、规模及对公路危害程度，为确定公路路线走廊带方案提供可靠的地质依据。

3.2.1 工程可行性研究阶段滑坡勘察内容

（1）搜集气象、水文、地质、地震及遥感图像等资料，了解当地滑坡史和易滑地层分布情况。

（2）调查滑坡地貌形态及其演变过程，了解滑坡分布位置及周围坡体之间的稳定关系，圈定滑坡形态要素及周界。

（3）初步查明滑坡周界范围、滑动面（带）位置、滑带岩土性质，以及滑坡变形历史与现状。

（4）调查滑坡区的地下水分布情况，泉水出露地点及流量，以及湿地的分布情况。

（5）调查滑坡范围的已有建筑物、树木等变形情况。

（6）判定滑坡稳定状况及其发展趋势，评价滑坡对公路工程危害程度。

3.2.2 工程可行性研究阶段勘察工作规定

（1）勘察方法应以地质调绘为主、井（槽）探和物探工作为辅。对于大型和巨型滑坡、性质复杂的滑坡，必要时应进行钻探工作。

(2) 工程地质调绘范围应包括滑坡区及其邻近稳定地段（直到分水岭或者冲沟中心），调绘的比例尺1：2000~1：5000。

(3) 沿滑坡主滑断面布置勘探点，对于控制路线方案的大型和巨型滑坡，沿主滑方向的物探断面不少于3条，其中1条主滑断面钻探孔不少于3个。

3.2.3 工程可行性研究勘察成果资料

(1) 滑坡工程地质说明，应阐述滑坡位置、范围、地质条件、类型、规模及形成原因，尤其是大型和巨型滑坡工程地质条件、危害程度、处理对策、对公路路线走廊带的影响评价，以及下阶段工程地质勘察工作建议。

(2) 滑坡工程地质平面图，比例尺1：2000~1：5000，应标明滑坡范围。

(3) 滑坡工程地质断面图，比例尺1：2000~1：5000，应标明滑动面位置。

3.3 滑坡初步设计勘察

初勘阶段滑坡勘察是在工可阶段滑坡调查、勘察基础上，通过大比例尺地质调查测绘、钻探、井（槽）探和物探工作，进一步识别滑坡，确认滑坡位置、分布范围、规模、滑动变形所处的阶段及稳定性、滑坡危害性、引发滑动的主要因素及发展趋势等，提出滑坡防治对策，为绕避滑坡与防治滑坡提出比选的依据。

初勘阶段要特别注意潜在滑坡的识别和判断。

3.3.1 初步设计阶段滑坡勘察手段及要求

(1) 应采用以调查测绘和钻探为主、井（槽）探和物探为辅的综合方法。

(2) 滑坡工程地质调绘的比例尺为1：500~1：2000，调绘的范围应包括滑坡及对滑坡有影响的区域。滑坡边界、裂缝、台阶等滑坡要素应实测。

(3) 沿主滑方向勘探断面，小型滑坡不应少于1条，中型滑坡不应少于2条，大、巨型滑坡不应少于3条；垂直主滑方向的勘探断面不应少于1条；每条断面勘探点不应少于3个，其中钻孔不应少于2个。

(4) 在滑动面（带）及其上、下地层中，应分别采取代表性土（岩）样，进行物理力学性质试验。

(5) 有地下水时应查明地下水的赋存位置，含水层的组成及厚度，各层地下水的初见水位、稳定水位和流量，并取水样作水质分析。

(6) 土质滑坡可采用瑞利波法、地震反射波法、四极对称直流测深法和高密度或超高密度电法等综合物探方法辅助确定滑动面的位置、土层与基岩的分界面、以及滑坡区地下水赋存与分布规律等。

(7) 初勘阶段滑坡的勘探断面需沿主滑动方向布置，除沿主滑动轴线布置主勘探断面外，对于大型、巨型滑坡，还要在主勘探断面两侧各布设1条勘探断面。勘探点主要布置在滑坡勘探断面上，包括钻孔和井（槽）探点。

(8) 初勘阶段滑坡测试，主要是采取滑带土原状样进行室内试验，获得滑带土的力学强度值。滑坡体和滑床的每个不同地层亦需选取代表性原状岩土样，进行物理力学性质试验。

(9) 土层滑坡滑动面（带）的空间分布范围采用综合物探方法勘察较为有效。瑞利波法可查明瑞利波速度低的含水量大的土层，地震反射波法可查明地震反射界面的岩土分界面。不同物性地质体的电性参数是不一样的，用四极对称直流电测深法可探测其分布。

(10) 对于潜在滑坡，需针对可能的滑动面（带）和滑坡影响范围开展勘探工作。

3.3.2　初步设计勘察成果资料

(1) 对规模小且地质条件简单，不需处治的滑坡，可列表说明其工程地质条件。

(2) 对规模大或性质复杂的滑坡，应按工点编制滑坡工程地质勘察报告。

1) 工程地质说明：应对滑坡勘察的内容进行说明，阐述滑坡分布范围、物质组成、滑动面（带）位置及形状、滑坡体岩土物理力学性质、地下水分布情况、滑坡形成原因、类型、规模及对公路工程危害程度，分析滑坡稳定性，提出滑坡防治工程措施的建议。

2) 图表资料：应对滑坡周界范围、分级与分块情况、滑坡要素、地下水等进行图示和说明，提供1∶500~1∶2000滑坡工程地质平面图，1∶200~1∶500滑坡工程地质断面图。1∶50~1∶200工程地质钻孔柱状图，1∶50~1∶200滑坡井（槽）探展示图，土工试验资料，物探曲线图表，水文地质测试资料，滑坡动态监测资料及照片等。

3.4　滑坡施工图勘察

滑坡初勘摸清了滑坡的性质、病因、类型、规模和危害程度，初步设计确定了滑坡防治对策及工程措施，滑坡详勘是在初勘和初步设计基础上，进一步核实滑坡地质条件，结合防治工程方案补充和完善滑坡地质条件、岩土力学参数等，为滑坡防治工程施工图设计提供定量评价依据。

对于潜在滑坡、欠稳定斜坡，重点应关注由于公路工程施工的影响，以及其他环境条件的变化时，是否会导致其滑动变形，甚至失稳破坏，应结合工程设计制定相应的勘察方案，进行稳定性评价。

3.4.1 施工图勘察任务要求

（1）施工图勘察应在初勘的基础上，详细查明滑坡类型及要素、滑坡的范围、工程地质条件、水文地质条件，滑动面（带）位置及其岩土性质，以及滑坡危害程度；分析滑坡形成原因，判断滑坡稳定程度，预测滑坡发展趋势，提出滑坡防治工程措施。

（2）施工图勘察应根据初步设计确定的防治工程方案，详细查明支挡结构物和排水构造物（排水隧洞）所处位置的地质条件，为工程治理设计提供可靠的工程地质与水文地质参数。

（3）滑坡详勘应采用以钻探、井（槽）探、测试为主，物探、调查测绘和监测为辅的综合勘察方法。

（4）滑坡详勘应对初勘工程地质调绘资料进行复核和确认，并结合滑坡防治工程设计方案进行1∶500~1∶2000补充工程地质调绘。应查明下列内容：

1）地形、地貌、微地貌形态，地表裂缝和建筑物的变形破坏及其发展进程，植被分布情况。

2）滑坡要素，物质成分、性质、厚度，滑动面（带）的几何位置及层数、形态特征。

3）活动区及影响区的地层岩性、地质构造、各种结构面特征及其组合关系、软弱夹层。

4）测区含水层性质、厚度、补给源、径流方向、排水形式、地下水出露点（井、泉、池塘、湿地等）分布与变化，地下水位等水文地质条件。

3.4.2 施工图勘察工作量布设要求

（1）施工图设计阶段滑坡勘探应符合下列要求：

1）详勘阶段滑坡勘察是在合理利用初勘资料基础上进行，勘探点间距的确定要根据滑坡复杂程度、滑动面（带）形态、地下水发育程度等不同而定。一般情况下，滑动面（带）为圆弧形或折线形时，勘探点布置需加密；滑动面（带）为直线时，勘探点布置可适当减少。

2）沿主滑方向主勘探断面，小型滑坡不应少于1条，钻孔间距20~40m，中型滑坡不应少于2条，钻孔间距30~50m，大型滑坡不应少于3条，钻孔间距30~60m，巨型滑坡勘探断面应结合滑坡特点分区、分条布设充足的勘探断面，确保各分级、分块滑坡体上勘探点的有效控制。

3）垂直主滑方向的勘探断面，小型滑坡不应少于1条，中型滑坡不应少于2条，大型或巨型滑坡不应少于3条。

4）各抗滑支挡工程轴线勘探断面不应少于1条，每条断面钻孔不应少于3

个，物探和钻探综合断面钻孔不应少于2个。

(2) 施工图设计阶段滑坡测试应符合下列要求：不同部位滑动面（带）土样，其物理力学性质是不同的，主滑段滑带土的力学强度往往低于抗滑段或牵引段滑带土的力学强度。因此，需分别取样进行物理力学试验。

沿软弱夹层滑动的岩质滑坡，其滑动面（软弱夹层）往往很薄，难以利用钻探取得原状土样，甚至连扰动土样也难以得到需要的数量，为满足设计需要，可考虑在现场作大面积原位剪切试验。

滑坡地区的水文地质试验，对涌水量不大的中、浅层滑坡，可采用提水试验或利用钻探机具的动力设备进行抽水试验，不能在滑坡钻孔中做压水或注水试验，以免恶化滑坡的稳定条件。

对滑体、滑动面（带）及其滑床的各岩土层应分别采取代表性土样和岩样作物理力学性质试验；主滑段、抗滑段中应分别取滑动面（带）土样不少于3组，进行原状土和重塑土剪切试验，试验宜采用与滑动受力条件相类似的方法。

必要时，宜在滑动带处进行大面积剪切试验。

地下水发育时应进行水文地质试验，测定滑坡体内含水层的涌水量、渗透系数和水位变化，并对地表水和地下水分别取样进行水质分析。必要时测定地下水流速和流向。

对规模较大、性质复杂且有变形活动的滑坡，应结合勘探钻孔布设深孔位移监测工作，以准确把握滑动面位置及其变形活动规律。

3.4.3 施工图勘察成果资料

(1) 对规模小且地质条件简单，不需处治的滑坡，可列表说明其工程地质条件。

(2) 对规模大或性质复杂的滑坡，应按工点编制滑坡工程地质勘察报告。

1) 工程地质说明：应对滑坡勘察的内容进行说明，阐述滑坡分布范围、物质组成、滑动面（带）位置及形状、滑坡体岩土物理力学性质、地下水分布情况、滑坡形成原因、类型、规模及对公路工程危害程度，分析滑坡稳定性，提出滑坡防治工程措施的建议。

2) 图表资料：应对滑坡周界范围、分级与分块情况、滑坡要素、地下水等进行图示和说明，提供1：500～1：2000滑坡工程地质平面图，1：200～1：500滑坡工程地质断面图。1：50～1：200工程地质钻孔柱状图，1：50～1：200滑坡井（槽）探展示图，土工试验资料，物探曲线图表，水文地质测试资料，滑坡动态监测资料及照片等。

4 公路滑坡稳定分析与评价

在调查并初步了解公路滑坡后，还需对滑坡进一步分析计算，以判断公路滑坡稳定性。

滑坡稳定性初判很重要，如果还没有认识、还没有了解滑坡，根本谈不上选择正确的方法进行治理，因此治理滑坡首先必须认识滑坡，判断滑坡性质、危害程度、所处的发育阶段和今后的发育趋势。

滑坡稳定性判别往往是一个复杂的岩土工程分析过程，判断方法包括定性分析方法和定量分析方法。定性分析方法是从自然条件、作用因素及其变化上对比滑动与稳定之间的关系以判断滑坡稳定程度在数量上的界线。

常用的滑坡稳定性分析判断方法有：（1）从地貌形态演变定性判断；（2）从地质条件对比定性判断；（3）从分析滑动因素的变动定性判断；（4）从监测滑动出现的迹象定性判断；（5）从山体极限平衡状态的计算判断；（6）从斜坡当前稳定状态的计算判断；（7）从坡脚应力与岩石强度对比进行判断；（8）从工程地质比拟计算进行判断。

滑坡稳定性在滑坡调查阶段就应做出初判。一个斜坡经过定性分析判断为滑坡后，还必须进行必要的地质勘探和土工试验，确定滑坡岩土体物理力学性质，并通过滑坡稳定性定量分析与计算，进一步分析判断其稳定性，并为治理滑坡提供设计依据。

滑坡稳定性定量判断方法很多，根据行程滑动面形状分为圆弧滑动法（如瑞典圆弧法、Bishop 条分法、Janbu 条分法等）、直线滑动法和折线滑动法等；按照滑坡所处状态分为回复山体极限平衡阀和滑坡当前稳定程度计算法；按照计算方法分为极限平衡法、有限元法、有限差分法、离散元法、能量平衡法等。对于公路滑坡，在按照一般滑坡稳定计算时，还应结合公路滑坡的特征（如车辆荷载对滑坡稳定性的影响等）分析滑坡稳定性。

4.1 滑坡稳定性定性分析

4.1.1 根据地貌特征分析滑坡稳定性

根据地貌特征可参照表 4-1 判断滑坡的稳定性。

表 4-1　根据地貌特征判定滑坡稳定性

滑坡要素	相对稳定	不稳定
滑坡体	坡度较缓，坡面较平整，草木丛生，土体密实，无松塌现象，两侧沟谷已下切深达基岩	坡度较陡，平均坡度 30°，坡面高低不平，有陷落松塌现象，无高大直立树木，地表水泉湿地发育
滑坡壁	滑坡壁较高，长满了草木，无擦痕	滑坡壁不高，草木少，有坍塌现象，有擦痕
滑坡平台	平台宽大且已夷平	平台面积不大，有向下缓倾或后倾现象
滑坡前缘及滑坡舌	前缘斜坡较缓，坡上有和谁冲刷过的痕迹，并堆积了漫滩阶地，河水已远离舌部，舌部坡脚有清澈泉水	前缘斜坡较陡，常处于河水冲刷至下，无漫滩阶地，有时有季节性泉水出露

另外，也可利用滑坡工程地质图，根据各阶地标高连续关系，滑坡位移量和与周围稳定地段在地物、地貌上的差异，以及滑坡变形历史等分析地貌发育历史过程和变形情况来推断发展趋势，判定滑坡整体和各局部的稳定程度。

4.1.2　工程地质及水文地质条件对比分析滑坡稳定性

将滑坡地段的工程地质、水文地质条件与附近相似条件的稳定山坡进行对比，分析其差异性，从而判定其稳定性。

（1）下伏基岩呈凸形的，不易积水，较稳定；相反，呈勺形，且地表有反坡向地形时，易积水，不稳定。

（2）滑坡两侧及滑坡范围内同一沟谷的两侧，在滑动体与相邻稳定地段的地质断面中，详尽的对比描述各层的物质组成、组织结构、不同矿物含量和性质、风化程度和液性指数在不同位置上的分布等，借以判断山坡处于滑动的某一阶段及其稳定程度。

（3）分析滑动面的坡度、形状与地下水的关系，软弱结构面的分布及其性质，以判定其稳定性及估计今后的发展趋势。

4.1.3　滑动前的迹象及滑动因素的变化

分析滑动前的迹象，如裂缝、水泉复活、舌部鼓胀、隆起等，以及引起滑动的自然和人为因素如切方、填土、冲刷等，研究下滑力与抗滑力的对比及其变化，从而判定滑坡的稳定性。

4.2　滑坡稳定性评价

滑坡稳定性的评价方法分为极限平衡法、数值计算和可靠度分析，极限平衡法是目前常用的方法，规范也推荐使用该方法，数值分析方法（有限元法、有限差分法、离散元法等）常用于复杂滑坡的数值分析，可靠度分析（概率法）目前规范没有推荐使用该方法，大专院校、科研机构使用该方法对滑坡进行分析评价。

滑坡的稳定性评价计算应符合下列要求：

（1）正确选择有代表性的分析断面，正确划分牵引段、主滑段和抗滑段。

（2）正确选用强度指标，宜根据测试成果、反分析和当地经验综合确定。

（3）有地下水时，应计入浮托力和水压力。

（4）根据滑面（滑带）条件，按平面、圆弧或折线，选用正确的计算模型。

（5）当有局部滑动可能时，除验算整体稳定外，尚应验算局部稳定。

（6）当有地震、冲刷、人类活动等影响因素时，应计算这些因素对稳定的影响。

4.2.1　恢复山体极限平衡状态核算

对于新发生的滑坡，将山坡轮廓开始滑动瞬间的状态，认为此时山体处于极限平衡状态，而其取稳定系数为 $F_s=1$；按测定的滑面形状反求滑面上的综合抗剪强度值（c、φ 值），然后将此值用于目前滑动后的山坡状态稳定计算，得出相应的稳定系数 F_s 值进行稳定性判断，由于全部滑带土强度指标按平均值考虑，其精度较差，用于滑体内土质均匀且滑动面抗滑强度指标变化不大时较准确。

根据滑动面形状和滑带土的组成成分不同分为综合黏聚力法（综合 c 法）、综合内摩擦角法（综合 φ 法）及兼有综合内摩擦角法与综合黏聚力法（c、φ 法）。

4.2.1.1　综合黏聚力法（综合 c 法）

适用于滑带土的组成成分以黏性土为主且土质较均匀、滑带饱水且滑动中排水困难的情况。

（1）对于圆弧形滑动面（见图4-1）可按式（4-1）计算：

$$F_s=\frac{W_2d_2+cLR}{W_1d_1} \tag{4-1}$$

式中　W_1——滑体下滑部分的重力，kN/m；

d_1——W_1 重心至滑动面圆心垂直线的水平距离，m；

W_2——滑体阻滑部分的重力，kN/m；

d_2——W_2 重心至滑动面圆心垂直线的水平距离，m；

L——滑动圆弧全长，m；

R——滑动圆弧半径，m；

c——滑动圆弧面上综合单位黏聚力，kPa。

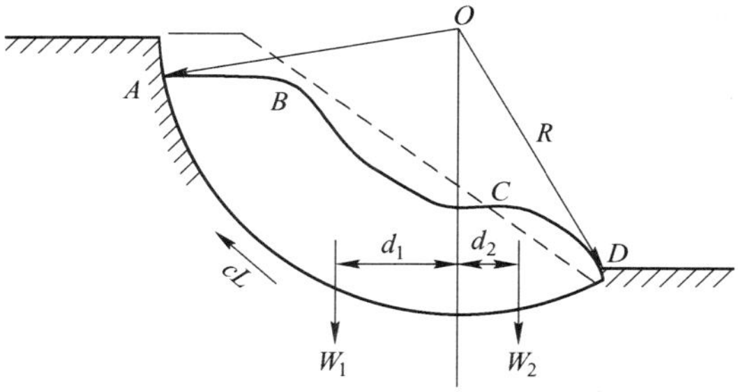

图 4-1　圆弧滑动计算简图

（2）当滑动面为折线时（见图 4-2），可根据滑动面的倾斜方向，将其分为下滑段和抗滑段，按式（4-2）计算：

$$F_s = \frac{\sum_{j=1}^{n} G_{2j}\sin\alpha_j\cos\alpha_j + c\left(\sum_{i=1}^{m} l_i\cos\alpha_i + \sum_{j=1}^{n} l_j\cos\alpha_j\right)}{\sum_{i=1}^{m} G_{1i}\sin\alpha_i\cos\alpha_i} \tag{4-2}$$

式中　G_{1i}——滑体下滑部分第 i 个条块的重力，kN/m；

G_{2j}——滑体阻滑部分第 j 个条块的重力，kN/m；

α_i，α_j——滑体下滑部分第 i 条块所在折线段滑面的倾角，（°）；

l_i，l_j——滑体下滑部分第 i 条块、阻滑部分第 j 条块所在折线段滑面的长度，m；

c——折线形滑面上的综合单位黏聚力，kPa。

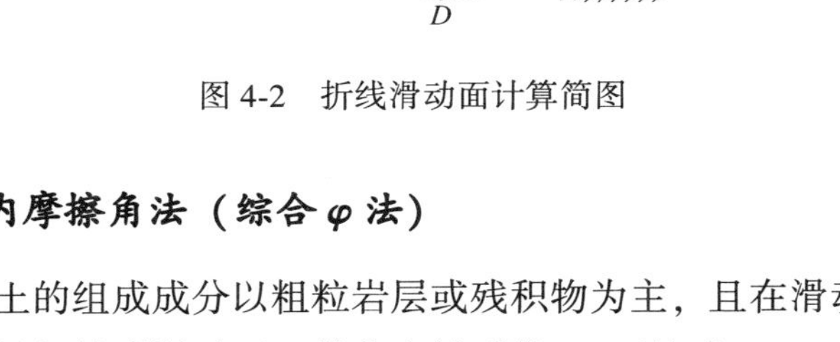

图 4-2　折线滑动面计算简图

4.2.1.2　综合内摩擦角法（综合 φ 法）

适用于滑带土的组成成分以粗粒岩层或残积物为主，且在滑动中可排出滑带水的情形，一般是折线形滑动面，其稳定性系数 F_s 可按式（4-3）计算：

$$F_s=\frac{\sum G_{2j}\sin\alpha_j\cos\alpha_j+(\sum G_{1i}\cos^2\alpha_i)\tan\varphi}{\sum G_{1i}\sin\alpha_i\cos\alpha_i} \tag{4-3}$$

式中 φ——折线滑动面上综合内摩擦角；

其余符号意义同上。

4.2.1.3 兼有综合内摩擦角法与综合黏聚力法（c、φ 法）

适用于滑动土的组成成分为含量接近的黏性土和岩层碎粒时的情况，可利用当地两个不同断面的核算联立方程进行反求，一般为折线形滑面，在反求 c、φ 值时，需找出两个不同的断面，由联立方程求解。

$$F_s=\frac{\sum G_{2j}\sin\alpha_j\cos\alpha_j+(\sum G_{2j}\sin\alpha_j\cos^2\alpha_j+\sum G_{1i}\cos^2\alpha_i)\tan\varphi}{\sum G_{1i}\sin\alpha_i\cos\alpha_i}+\frac{\sum c(l_i\cos\alpha_i+l_j\cos\alpha_j)}{\sum G_{1i}\sin\alpha_i\cos\alpha_i} \tag{4-4}$$

4.2.2 圆弧滑动条分法

该法假定破裂面为圆弧形，在坡肩画出与水平线成36°的倾角线作为破裂圆弧的圆心轨迹线，然后绘出通过坡脚的圆弧，再用条分法求出条块的下滑力、法向力，最后根据不同情况选用式（4-5）~式（4-8）求算稳定性系数 F_s（见图4-3）。

$$F_s=\frac{\sum R_i}{\sum T_i} \tag{4-5}$$

$$N_i=(Q_i+Q_{bi})\cos\theta_i+P_{wi}\sin(\alpha_i-\theta_i) \tag{4-6}$$

$$T_i=(Q_i+Q_{bi})\sin\theta_i+P_{wi}\cos(\alpha_i-\theta_i) \tag{4-7}$$

$$R_i=N_i\tan\varphi_i+c_il_i \tag{4-8}$$

式中 F_s——边坡稳定性系数；

c_i——计算条块滑动面上岩土体的黏结强度标准值，kPa；

φ_i——第 i 计算条块滑动面上岩土体的内摩擦角标准值，(°)；

l_i——第 i 计算条块滑动面长度，m；

θ_i，α_i——分别为第 i 计算条块底面倾角和地下水位面倾角，(°)；

Q_i——第 i 计算条块单位宽度岩土体自重，kN/m；

Q_{bi}——第 i 计算条块滑体地表建筑物（外加荷载）的单位宽度自重，kN/m；

P_{wi}——第 i 计算条块单位宽度的总渗透力，kN/m；

N_i——第 i 计算条块滑体在滑动面法线上的反力，kN/m；

T_i——第 i 计算条块滑体在滑动面切线上的反力，kN/m；

R_i ——第 i 计算条块滑动面上的抗力，kN/m。

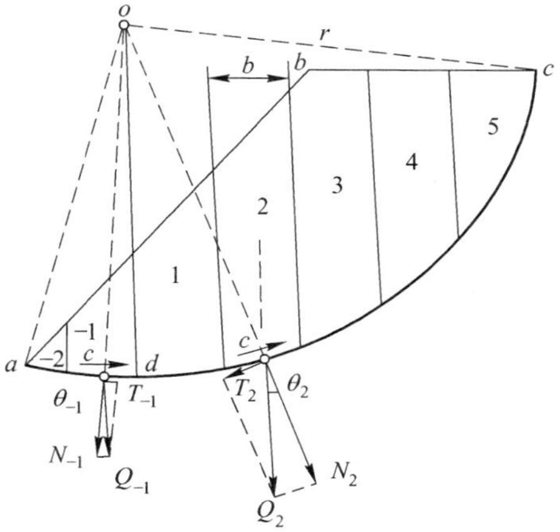

图 4-3 圆弧滑动条分法计算简图

（1）当圆弧滑动面的下端朝着土体内侧倾斜时，内倾部分所产生的下滑力是起着抵抗总体下滑力的作用的，所以应将 T 值分为 $T_{滑}$ 和 $T_{抗}$ 两部分。F_s 值则按式（4-9）计算：

$$F_s=\frac{\sum R_i}{\sum T_{滑}-\sum T_{抗}} \tag{4-9}$$

（2）当有地震力 F 作用时，可按式（4-10）计算：

$$F_s=\frac{\sum\left[(N_i-N_i')\tan\varphi_i+c_il_i\right]}{\sum(T_i-T_i')} \tag{4-10}$$

式中 N_i' ——地震力垂直于第 i 计算条块滑体在滑动面法线上的分力，kN/m，$N_i'=F_i\sin\alpha$；

T_i' ——地震力平行于第 i 计算条块滑体在滑动面法线上的分力，kN/m，$T_i'=F_i\cos\alpha$。

4.2.3 平面滑动法

假设破裂面为直线型，经过边坡上任意点 A（或坡脚）可引出无数条与水平线成 β 角的可能破裂的直线。按岩土体安全系数公式计算各破裂面的 F_s 值，岩土体稳定程度将以其中最小者来确定。具有最小的安全系数（F_{smin}）的面称为临界面，此面和水平线所成之角 β 称为临界角。

边坡稳定性系数可按下式计算：

$$F_s=\frac{\gamma V\cos\beta\tan\varphi+Ac}{\gamma V\sin\beta} \tag{4-11}$$

当在坡体上还附加有其他的作用力，例如静水压力、渗透压力、地程作用、附加荷载等，则岩坡分析更为复杂。这时，要相应地将此等附加力考虑于模体的力系平衡中。例如当边坡存在张节理时，在暴雨情况下，由于张节理底部排水不畅，节理内可能临时充水到一定高度，沿张节理和滑动面产生静水压力，使滑动力增大，如图4-4所示。

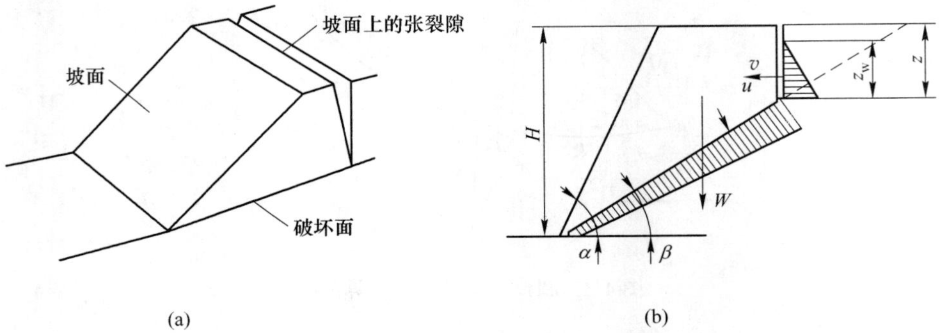

图4-4　坡面上有张裂隙的岩质边坡的平面破坏

（a）立体图；（b）剖面图

此时，边坡稳定性系数可按式（4-12）计算：

$$F_s = \frac{(\gamma V\cos\beta - \mu - \nu\sin\beta)\tan\varphi + Ac}{\gamma V\sin\beta + \nu\cos\beta} \tag{4-12}$$

其中：

$$A = (H - z)\csc\beta$$

$$\mu = \frac{1}{2}\gamma_w z_w (H - z)\csc\beta$$

$$\nu = \frac{1}{2}\gamma_w z_w^2$$

式中　γ——岩土体的重度，kN/m^3；

γ_w——水的重度，kN/m^3；

z——坡顶至滑坡面深度，m；

z_w——裂隙充水高度，m；

H——滑坡脚至坡顶的高度，m；

c——结构面的黏聚力，kPa；

φ——结构面的内摩擦角，(°)；

A——结构面的面积，m^2；

V——岩土体的体积，m^3；

β——结构面的倾角，(°)；

α——坡角，(°)。

4.2.4 折线滑动法

边坡稳定性系数可按下述方法计算（见图 4-5）：

$$N_i = W_i\cos\theta_i \qquad T_i = W_i\sin\theta_i \tag{4-13}$$

$$F_s = \frac{\sum_{i=1}^{n-1}\left(R_i\prod_{j=1}^{n-1}\psi_j\right) + R_n}{\sum_{i=1}^{n-1}\left(T_i\prod_{j=1}^{n-1}\psi_j\right) + T_n} \tag{4-14}$$

其中：

$$\prod_{j=i}^{n-i}\psi_j = \psi_i\psi_{i+1}\cdots\psi_{n-1}$$

$$\psi_i = \cos(\theta_i - \theta_{i+1}) - \sin(\theta_i - \theta_{i+1})\tan\varphi_{i+1}$$

式中 ψ_i——第 i 计算条块剩余下滑推力向第 i+1 计算条块的传递系数；

其他符号意义同前。

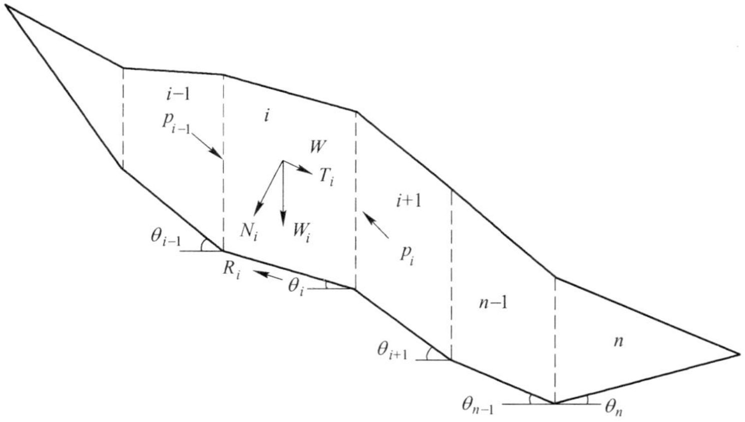

图 4-5 折线形滑动面稳定性系数计算简图

p_i—第 i 块段以下滑体对其施加的抵抗力，kN/m；

p_{i-1}—第 i 块段以上滑体对其施加的传递下滑力，kN/m

折线滑动法为不平衡推力传递法，计算中应注意如下可能出现的问题：

（1）当滑面形状不规则，局部凸起而使滑体较薄时，宜考虑从凸起部位剪出的可能性，可进行分段计算。

（2）由于不平衡推力传递法的计算稳定系数实际上是滑坡最前部条块的稳定系数，若最前部条块划分过小，在后部传递力不大时，边坡稳定系数将显著地受该条块形状和滑面角度影响而不能客观地反映边坡整体稳定状态。因此，在计算条块划分时，不宜将最下部条块分得太小。

(3) 当滑体前部滑面较缓或出现反倾段时，自后部传递来的下滑力和抗滑力较小，而前部条块下滑力可能出现负值而使边坡稳定系数为负值，此时应视边坡为稳定状态；当最前部条块稳定系数不能较好地反映边坡整体稳定性时，可采用倒数第二条块的稳定系数，或最前部两个条块稳定系数的平均值。

4.3 滑坡稳定状态的划分

采用恢复山体极限平衡状态的核算所得的滑坡稳定性系数值，可以判断出滑坡是否处于稳定状态，从而确定在设计稳定安全系数条件下，是否需要进行滑坡防治，以提高滑坡稳定性。滑坡稳定状态应根据正常工况条件下滑坡稳定系数按表 4-2 确定。

表 4-2 滑坡稳定状态划分

滑坡稳定系数 F_s	$F_s<1.0$	$1.0\leq F_s<1.05$	$1.05\leq F_s<1.10\sim1.20$	$F_s\geq1.10\sim1.20$
滑坡稳定状态	不稳定	欠稳定	基本稳定	稳定

注：F_s 为滑坡稳定系数。

4.4 滑坡稳定性验算

对于处于相对（或临界）稳定的老滑坡，在公路修筑引起滑坡地下水位变化较大时，可能会引起滑动。

而这些滑坡要恢复到开始滑动瞬间的极限状态非常困难，可利用滑带土的实测、试验等求得的抗剪强度指标 c、φ，并考虑到今后可能发生的变化与最不利的影响因素组合，加以分析调整，再用以验算滑坡整体稳定性。由于滑带土抗剪强度指标 c、φ 值常因所在部位不同和滑坡所处的发展阶段不同，故在验算滑坡稳定时应选择合适的抗剪强度指标 c、φ 值。

滑坡稳定性验算应根据作用于滑坡体的荷载状况、作用力出现的频率和持续时间的长短，考虑下列三种工况。

工况 1，正常工况：公路投入运用后经常发生或持续时间长的工况。

工况 2，非正常工况 Ⅰ：公路滑坡处于暴雨或连续降雨状态下的工况。

工况 3，非正常工况 Ⅱ：公路滑坡处于地震作用状态下的工况。

4.4.1 圆弧滑动面（Bishop 法）验算滑坡稳定性系数

采用 Bishop 法验算圆弧滑动面滑坡稳定系数时，应按图 4-6 和式（4-15）计算；当采用简化毕肖普法时，可采用式（4-16）计算。

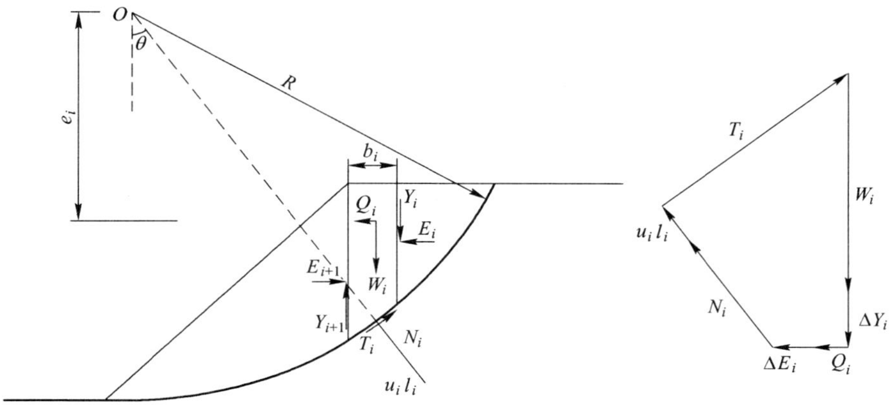

图 4-6 毕肖普法计算图

$$F_s = \frac{\sum_{i=1}^{n} [(W_i - u_i b_i + \Delta Y_i) \tan\varphi_i' + c_i' l_i \cos\theta_i] \frac{1}{m_{\theta i}}}{\sum_{i=1}^{n} W_i \sin\theta_i + \sum_{i=1}^{n} Q_i \frac{e_i}{R}} \tag{4-15}$$

其中：

$$m_{\theta i} = \cos\theta_i + \frac{\tan\varphi_i'}{F_s}\sin\theta_i$$

$$\Delta Y_i = Y_{i+1} - Y_i$$

式中 F_s——稳定系数；

W_i——第 i 条块的重力，浸润线上取天然重度，浸润线以下取饱和重度，kN；

θ_i——第 i 条块的重力线与通过此条块底面中点半径之间的夹角，(°)；

l_i——第 i 条块的滑动面长度，m；

b_i——第 i 条块的宽度，m；

c_i'——第 i 条块滑面有效黏聚力，kPa；

φ_i'——第 i 条块滑面有效内摩擦角，(°)；

u_i——第 i 条块底面的单位孔隙水压力，kN/m；

Y_i——第 i 条块与第 $i-1$ 条块之间的切向条间力，kN；

Y_{i+1}——第 i 条块与第 $i+1$ 条块之间的切向条间力，kN；

ΔY_i——第 i 条块切向条间力差值（方向以向下为“+”），kN；

Q_i——第 i 条块水平作用力，kN；

e_i——第 i 条块水平作用力至圆心的垂直距离，m。

当 $\Delta Y_i = 0$，即为简化 Bishop 法：

$$F_s = \frac{\sum_{i=1}^{n} [(W_i - u_i b_i)\tan\varphi_i' + c_i' l_i \cos\theta_i] \frac{1}{m_{\theta i}}}{\sum_{i=1}^{n} W_i \sin\theta_i + \sum Q_i \frac{e_i}{R}} \tag{4-16}$$

4.4.2 折线形滑动面（传递系数法）验算滑坡稳定性系数

采用传递系数法（或不平衡推力法）验算滑坡稳定性时，显式解法稳定系数 F_s 可按式（4-17）计算，计算图示见图 4-7。正常工况、非正常工况 I 时，不应计地震力作用。

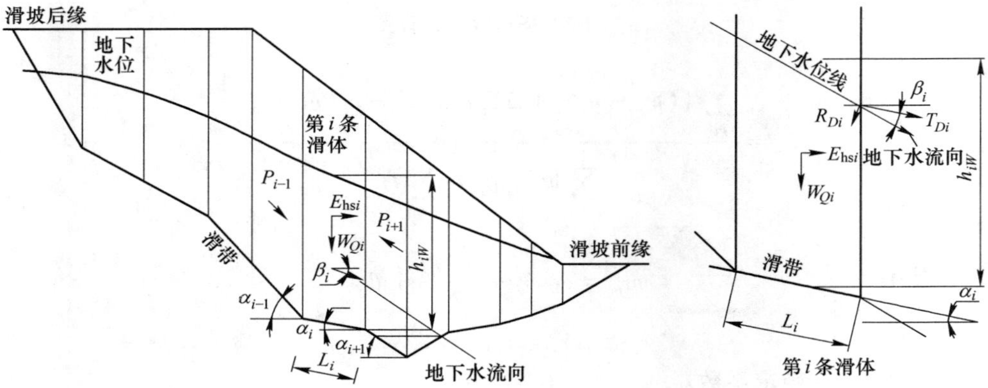

图 4-7 传递系数法计算简图

$$F_s = \frac{\sum_{i=1}^{n-1} \left\{ [(W_{Qi}\cos\alpha_i - E_{hsi}\sin\alpha_i - N_{Wi} - R_{Di})\tan\varphi_i + c_i L_i] \prod_{j=i}^{n-1} \psi_j \right\} + R_n}{\sum_{i=1}^{n-1} \left[(W_{Qi}\sin\alpha_i + E_{hsi}\cos\alpha_i + T_{Di}) \prod_{j=i}^{n-1} \psi_j \right] + T_n} \tag{4-17}$$

$$R_n = (W_{Qn}\cos\alpha_n - E_{hsn}\sin\alpha_n - N_{Wn} - R_{Dn})\tan\varphi_n + c_n L_n \tag{4-18}$$

$$T_n = W_{Qn}\sin\alpha_n + E_{hsn}\cos\alpha_n + T_{Dn} \tag{4-19}$$

$$\prod_{j=i}^{n-1} \psi_j = \psi_i \psi_{i+1} \psi_{i+2} \cdots \psi_{n-1} \tag{4-20}$$

$$N_{Wi} = \gamma_w h_{iW} L_i \tag{4-21}$$

渗透压力平行滑面的分力：

$$T_{Di} = \gamma_w h_{iW} L_i \tan\beta_i \cos(\alpha_i - \beta_i) \tag{4-22}$$

渗透压力垂直滑面的分力：

$$R_{Di} = \gamma_w h_{iW} L_i \tan\beta_i \sin(\alpha_i - \beta_i) \tag{4-23}$$

式中，ψ_j 为第 i 块段的剩余下滑力传递至第 $i+1$ 块段时的传递系数（$j=i$），即：

$$\psi_j = \cos(\alpha_i - \alpha_{i+1}) - \sin(\alpha_i - \alpha_{i+1}) \tan\varphi_{i+1} \tag{4-24}$$

其余注释同上。

5 公路滑坡推力计算

根据公路滑坡调查、勘察和稳定性分析计算结果，当滑坡不稳定或稳定程度较低时，应采用适当的工程措施来提高滑坡的稳定性，降低滑坡风险。而工程措施设计首先要确定滑坡下滑力（也就是滑坡推力）的大小。滑坡推力计算程序一般是确定滑体边界条件（包括滑动面、滑动边界、主滑方向等）、选择合理的计算参数和安全系数，计算各条块的剩余下滑力。

5.1 滑动面（带）的确定

在滑坡调查、勘察、稳定性评价中，滑动面（带）的识别是一件非常重要但又十分困难的工作。滑动面的正确识别是滑坡防治工程成败的关键，滑动面（带）的存在与否是滑坡存在与否的重要的前提，滑动面（带）的埋深位置、形态、规模、贯穿程度以及滑动面（带）土石物质组成、结构特性、物理力学性质等是评价滑坡稳定性的重要因素，同时，也是滑坡防治工程设计的重要依据。

5.1.1 滑动面（带）的主要类型

滑动面（带）是承载斜坡岩土体沿其产生剪切破坏并向坡下发生显著水平唯一的某一软弱结构面（带）或最大剪力带。按其成因可分为三大类。

（1）岩质滑面：多呈直线状或折线状，常沿某一软弱结构面发育，一般易构成较大规模的滑坡，且发育深度和危害性均较大。组成岩质滑面的软弱结构面类型主要有：

1）原生结构面（层）：沉积结构面，包括软弱层理层面、软弱夹层、地层界面等。

2）构造结构面（层）：主要为层间错动面、层间挤压带、断层面和断层破碎带、节理裂隙密集带和追踪组合裂隙、劈理密集带等。

3）次生结构面（层）：主要为卸荷裂隙（带）、风化裂隙（带）、风化夹层、泥化夹层、充填夹泥层等。

（2）堆积层滑面：多呈非线性状常沿表层松散堆积物与下部基岩之间的界面发育，一般滑体厚度在10~30m以内，多因外部环境剧变诱发形成。

（3）土质滑面：多呈圆弧状或似圆弧状，多由厚层土坡在剪应力作用下沿最大剪力带发生剪切破坏变形而成，最常见的诱发因素为坡脚开挖或坡顶因长期浸水导致的垂直裂隙的不断扩张。

5.1.2 滑动面（带）的主要特征

滑动面（带）的形成是因为岩土体遭受的剪切作用超过了其抗剪强度的结果，因此，滑动面（带）就是最大剪力面（带），其上必定会留下各种剪切作用的痕迹。常见的剪切痕迹有：

（1）摩擦镜面：摩擦面表面光滑如镜，为滑体沿剪切面滑移，不断磨蚀下部破裂面而成，镜面的位置即为滑面（带）。

（2）擦痕：擦痕多呈钉状或长三角状，一般尖灭的方向为滑动方向。常发育在镜面、岩楔或断面上。一般认为，在土体滑坡中找到擦痕可以毫不犹豫地作为滑面的直接证据，但在岩质滑坡中，则还要进一步判断是否属于构造擦痕。一般滑坡痕迹面比较新鲜、条痕松软、倾角较缓；而构造擦痕则倾角较陡（多大于30°）、条痕坚硬、已石化并附着铁锈色膜。

（3）泥化带：由于滑动作用往往比较漫长，早期形成的滑面（带）往往被后期的滑动作用进一步碎化，并加之地下水等风化、软化作用，使得一些滑面（带）往往存在一层薄薄的黏土带，即所谓的“滑带”。滑带一般不厚，常由紫红色、红色或灰绿色软黏土组成。滑带附近常有地下水或含水量逐渐增大，又逐渐变小的过湿带，含水量最大处一般就是滑面位置。

（4）定向排列的菱形剪力体：在某些脆性岩体中，形成的滑面有时可能是多组剪切面复合追踪形成，并常构成一定厚度的剪力滑带。其中的大块岩石多呈菱形或楔形，并有一定的排列方向（长轴方向为滑动方向），其间多由较细的碎屑物质充填。

以上特征，是野外滑坡地质调查时进行滑面识别的主要依据。

5.1.3 滑动面（带）的识别方法

从滑动面（带）识别方法的确定性来看，一类为确定性方法（识别出的滑面一般为准确的滑面，通常不再需要验证）；另一类为非确定性方法（识别出的滑面多为推测性滑面，通常需要确定性方法加以验证）。

5.1.3.1 滑动面（带）识别的确定性方法分类

（1）野外地质判识。野外滑坡地质调查时，重点应在于寻找前述滑面地质迹象。一般采用以下技术方法：

1）基岩山区，以岩质滑坡为主，其滑面一般为控制性结构面，但结构面不一定是滑面。为此，可采用“排除法”进行滑面识别，即先找结构面→再找控制性结构面→找具有非构造滑动的特征→确定滑面。

2）滑面发育完善时，多有明显的剪切面（带）或岩土挤压（前部）或张拉痕迹（后缘）、泥化夹层、岩体摩擦镜面、擦痕等痕迹，这种情况下滑面可直接确定。

3）当滑坡微地貌不发育时，岩质滑坡的滑面多追踪和沿着斜坡岩体中软弱结构面或软弱结构面组合面发育，形成单一平面或折线形滑面（带）；堆积层滑坡的滑面（带）多追踪和沿着堆积体与下伏基岩界面发育，形成与地形起伏大致吻合的非线性滑面（带），具体位置可根据基岩露头确定的基岩面埋深加以推断。

（2）勘探识别。滑面的勘探手段包括钻探和坑槽探。坑槽探在揭露地层后，对于滑面的识别主要基于上述地质特征加以综合判断。对于钻探，主要依据钻进情况和提取的岩芯加以定性的判断。

1）钻具进入岩质滑面时，钻具会跳动、易卡钻、漏水严重。

2）岩质滑坡滑面（带）以上岩芯量测的倾角变化较大，裂隙多被泥质充填，滑面（带）处常有泥夹碎屑。

3）用岩芯判断滑动面是通过观测判析地下反常面来获得的。除前面提到的滑动面位置特征外，滑动面岩芯方面的表现有：①滑动面（或带）岩土常处于潮湿饱水或含水量较高状态，常具有镜面和擦痕，所含角砾、碎屑具有磨光现象，条状、片状碎石有错断的新鲜断口；②岩芯经自然风干，会产生自然脱开面，会出现破碎地层与完整地层分界面。

5.1.3.2 滑动面（带）识别的非确定性方法分类

（1）钻孔倾斜仪测位移数据判识。对于某些重要的滑坡，可采用钻孔倾斜仪测定的各深度处的位移值大小来判断滑面的位置。对于活动的滑坡，滑面处的位移一般应当显著大于其下伏岩土体的位移，对于上覆岩土体而言，若其刚性较差，则滑面处的位移亦较大，反之才比较接近。于是，可以根据实测的各点位位移随深度的变化曲线，寻找位移突然增大的点（段），并可作为滑面的位置。

（2）地球物理探测方法。主要利用滑面与上、下岩土体之间的地球物理性质（电性、磁性、声波或地震波）差异来确定滑面。滑面时岩土体中新形成的不连续界面，其物质组成、界面性质、含水性等均与上、下岩土体存在较大的差异，这些差异如果十分显著，那么其反映的地球物理性状也是有所变化的。因此，利用高精度地球物理探测方法应该可以捕捉到滑面产生的地球物理异常，进而间接确定滑面。目前采用较多的地球物理方法有电测深、浅层地震、声波测试、高密度电法等。

（3）数值模拟方法。野外地质工作中，常见斜坡中存在多级局部的滑移面，延展范围不明，尚不存在顺坡向贯通的软弱界面，但斜坡岩土体沿某些结构面

（如断层破碎带、泥化夹层等）存在局部的位移变形，或斜坡岩土体存在追踪某弱面结构（如节理裂隙的优势方向）的累进性破坏迹象，在这样的情形下，无法通过踏勘或勘探来推测斜坡失稳的滑动面（带），则可通过建立地质模型，进行理论分析（数值模拟），分析岩土体塑性破坏区，认为塑性区的扩展连通位置即为斜坡失稳的可能滑动面（带）。

目前常用的数值模拟方法有有限元法（如 ABQUS、ANSYS、ADINA、MSC 等）、离散元法（如 UDEC、3DEC、PFC、EDEM 等）、有限差分法（如 FLAC、$FLAC^{3D}$等）、不连续变形分析（DDA）、流形元法（NNM）、边界单元法、界面元法、无网格法等等。

5.2 滑动面（带）岩土体计算参数选择

滑动面（带）土体的抗剪强度是滑坡稳定性评价和滑坡推力计算的重要参数，对滑坡稳定性分析和推力计算结果影响较大，特别是较敏感参数，稍有增减，就可能使滑坡稳定性分析计算结果由安全变为不安全或不安全变为安全，或使得滑坡推力计算结果严重不切合实际，以致防治措施不当，造成工程投资失效。工程实践中出现过很多已处理的滑坡，由于滑动面（带）土体抗剪强度参数取值不当，在运行过程中出现大变形、裂缝甚至再次滑动等现象，因此，对滑动面（带）土体抗剪强度参数的选取，必须慎之又慎。

要准确合理确定滑动面（带）土体的抗剪强度参数，必须根据滑坡不同发育阶段和不同的滑带部位的强度特征，对实验测定、反演计算和工程经验数据进行对比分析，再合理选取抗剪强度参数。

5.2.1 不同部位、不同发育阶段滑动面（带）土的抗剪强度

滑带土所处部位可分为主滑段、抗滑段和牵引段三个部位，每个部位有其相应的特征。各部位滑动机理表现在：滑坡体在受到外界因素的影响时，主滑段首先失去平衡而失稳，产生蠕滑，而牵引段因前方失去支撑，产生张拉，破坏后的牵引段连同主滑段一起推挤抗滑段，使得抗滑段在被动土压力作用下产生破坏。随着外界作用因素的变化，滑坡可由蠕滑到慢速移动直至剧烈加速下滑，经较大距离滑移后，滑坡又趋稳定，滑带开始固结压密。不同部位的滑带土体在不同滑动阶段的抗剪强度特征如表 5-1 所示。

表 5-1 不同部位、不同发育阶段滑带土抗剪强度特征

部位 / 阶段	主滑段	牵引段	抗滑段
蠕滑阶段	已超过峰值强度	某些部位越过峰值强度	未破坏

续表 5-1

阶段 \ 部位	主滑段	牵引段	抗滑段
挤压阶段	向软化点强度过渡	已全部越过峰值强度	开始受力，局部越过峰值强度而破坏
缓慢移动阶段	向残余强度过渡	视具体情况，可能向残余强度过渡	已越过峰值强度，向软化点强度和残余强度过渡
快速滑动阶段	残余强度	可能为残余强度	主要部分为残余强度
稳定后再固结阶段	强度有适度恢复		

表 5-1 是对首次滑动的新滑坡而言，对于古老滑坡的复活，可能在滑动刚开始，就达到了滑带土相应的残余强度。至于牵引段滑带土的强度变化，若是张开的内无充填物的裂缝（如顺层岩体滑坡的后缘张裂缝），强度无变化；若有充填物，应考虑充填物与前后裂缝壁的摩擦强度。

5.2.2 滑动面（带）土的抗剪强度指标的确定

公路滑坡的计算参数包括滑体土重度、含水量、液限、塑限、塑性指数、渗透系数以及滑带土的抗剪强度指标（c、φ 值）等，其中滑带土 c、φ 值取值最敏感、最复杂，是滑坡下滑力计算的关键。其确定方法主要有室内试验法、反演分析法、经验法等。

5.2.2.1 试验测定法

滑带土抗剪强度指标试验测定方法应尽可能结合滑坡的受力和运动状态进行模拟，试验方法包括现场大面积直剪、室内滑面重合剪、多次直剪、反复直剪、环剪仪大位移剪和三轴截面剪等。在试验时，不同的滑坡部位、不同的滑动形式、不同的发育阶段，其试验方法及参数取值应参考以下原则：

（1）对于即将滑动的新滑坡，由于滑面尚未完全形成，可用滑带原状土做固结快剪或快剪试验，取峰值强度作为抗剪强度指标。

（2）对于连续滑动的滑坡，滑面已完全形成，可将滑带土重塑作重复快剪试验，取其残余强度作为抗剪强度指标。

（3）对于断续滑动的古滑坡和滑动量不大的滑坡，其抗剪强度介于峰值强度与残余强度之间，较难确定。此时可采用现场大面积直剪试验来确定，或者用原状土固结下剪切或浸水剪切来确定，或者将滑带土重塑后重复快剪试验中的某次值作为抗剪强度指标值。

（4）对于尚未滑动的崩塌型滑坡，可用滑带原状土做固结快剪试验；对于已开始滑动的崩塌型滑坡，未脱离滑床但滑面已形成，滑带土抗剪强度试验方法可采用现场大面积直剪试验来确定，或者用原状土固结下剪切或浸水剪切来确定。

（5）当滑面破碎，小块石及粗颗粒含量较多或与薄的软弱夹层接触时，宜采用现场大面积直剪试验确定。

其他计算参数如滑体土重度、含水量、液限、塑限、塑性指数、渗透系数等可采用常规土工试验方法测定。

5.2.2.2 反演分析法

对处于临界稳定状态的公路滑坡，反演分析方法的计算结果比较符合实际，当滑坡体较稳定时，反演值往往偏于保守，甚至非常保守，如何合理选择处于较稳定状态的滑坡的反演稳定性系数，专家经验很重要。反演分析法主要包括综合反算法及联立方程求解法。

（1）综合反算法。综合反算法是假定滑坡处于极限平衡状态，将滑动力（或力矩）与抗滑力（或力矩）均代入计算中，然后反求滑动面（带）土的抗剪强度指标。属于黏性土滑带，求综合黏聚力 c 值（$\varphi=0$）；属非黏性土滑带，则求综合内摩擦角 φ 值（$c=0$）。但大多数滑带土体是 c、φ 值兼有，根据经验，可按滑体厚度而事先假定一个 c 值，反求 c 值，c 值的选用可按表 5-2 经验数据选取。

表 5-2　滑体厚度与 c 值对应参考表

滑体土厚度/m	c 值/kPa	滑体土厚度/m	c 值/kPa
5	5	20	20
10	10	25	25
15	15		

（2）方程求解法。为了能同时反求主滑段的 c 值和 φ 值，在地质条件类似、运动状态和过程类似及滑坡发育阶段类似的断面可以联立求解。对于同一滑坡，可选择与主滑断面大致相等距离的两个断面建立极限平衡方程组联立求解，亦可用同一性质的滑坡群中的两个滑坡断面联立方程组求解。

由于滑坡体处于极限平衡状态，此时滑坡稳定性系数 $F_s=1$，最后一块滑坡体剩余下滑力 $P_n=0$，根据此原则建立联立方程：

$$P_i = P_{i-1}\varphi_{(i-1,\ i)} + FQ_i\sin\theta_i - Q_i\cos\theta_i\tan\varphi_i - c_iL_i \tag{5-1}$$

1）对于恢复极限平衡断面反求 c、φ 值时应注意：

① 均质土圆弧形旋转式滑坡，在极限平衡时，顶部常先有张开裂缝而后滑动，此段滑面长度不应计入。

② 牵引段和抗滑段的抗剪强度指标可根据室内和现场试验结果，代入联立

方程组，即可求得主滑段 c、φ 值。

③ 对平移块体滑坡，若后部为张开裂缝，又无填充物，则反算时可不考虑此段。

④ 对于首次滑动的滑坡，极限平衡断面是滑坡刚要开始滑动时的状态，此时整个滑带土的强度远未达到残余强度，因此反算求得的指标高于残余强度，当用此指标评价计算大滑动过或多次滑动过的滑坡稳定性时，应予以折减。

2）对于不恢复滑动前斜坡断面反求 c、φ 值时应注意：

① 对于单一平面形岩体顺层滑动，由于地面形状变化很小，可不必恢复地面形态，而用现有滑坡断面进行反算。

② 对于古老滑坡，难以恢复原地面时，可根据滑坡复活时所处的发育阶段及其对应的稳定状态，用现有断面进行反算。如滑坡处于蠕动挤压阶段，取稳定性系数为 1.01~1.10；正在等速滑动时，取稳定性系数为 0.97~1.00；加速滑动时，取稳定性系数为 0.95~0.98。所得指标反映当前状态。

③ 当有构筑物（如挡墙）或地物被滑动破坏时，在方程中应包括构筑物与地物能提供的最大抗力，即 $P_n \neq 0$。此时还应根据具体情况开率是否计入静水、动水压力或地震作用。

④ 当主滑断面的方向与滑动方向有偏离时，反算指标也会产生误差。

5.2.2.3 经验方法

（1）我国铁路沿线的黏性土滑坡，经多次直剪试验得出：残余强度 φ_r 与塑性指数 I_p、液性指数 I_L 的经验关系如下：

$$\log\varphi_r = 2.4278 - 1.2279\log I_p - 0.1173\log I_L \qquad (5\text{-}2)$$

相关系数为 0.86。

（2）部分典型滑坡滑带土抗剪强度指标经验数据见表 5-3。

表 5-3 部分典型滑坡滑带土抗剪强度指标经验数据

滑带土土质	天然重度 /kN·m^{-3}	含水量 /%	液限 /%	塑限 /%	塑性指数	计算指标		备注
						c/kPa	φ	
绢云母片岩风化物	—	15.8	27.0	15.2	11.8	3.9	14°00′	白河杨家沟，残余强度，岩质滑坡
	—	16.4	28.5	15.8	12.7	4.4	16°48′	白河周家院，残余强度，岩质滑坡
	20.6	17.3	28.3	12.3	16.0	0	14°48′	中南地区
	—	28.0	36.0	22.6	13.4	0	11°00′	软塑泥状，岩质滑坡

续表 5-3

滑带土土质	天然重度/kN·m^{-3}	含水量/%	液限/%	塑限/%	塑性指数	计算指标		备注
						c/kPa	φ	
云母片岩和花岗石风化物	20.3	22.7	38.3	19.2	19.1	7.4	15°50′	鹰厦线
千枚岩风化的角砾	19.6	20.0	—	—	—	0	15°06′	宝成线
玄武岩风化残积土	19.6	29.0	—	—	—	9.8	16°00′	扒挪块、排水后提高至19.6kPa，20°
花岗岩风化残积土	—	23.0	38.3	19.2	19.1	8.3	8°12′	鹰厦线，残余强度，堆积层滑坡
灰岩层间错动3~5mm黏土层	—	28.4	41.3	22.0	18.4	10.8	8°24′	大海哨，残余强度，岩质顺层滑坡
破碎岩层沿基岩面滑动	—	21.9	31.4	17.2	14.2	4.9	12°06′	酒店塘，残余强度，破碎岩质滑坡
泥岩顶面泥化层	—	21.0	37.6	18.9	18.7	6.9	16°00′	永加线，残余强度，岩质顺层滑坡
构造挤玉破碎带	—	4.87	29.4	18.0	—	0.5	30°27′	刘家峡苏州崖塌滑体
黏土	—	20.9	33.9	15.4	18.5	9.8	13°00′	西南地区
	—	24.6	43.8	22.5	21.3	13.7	8°00′	勉西，残余强度，裂土滑坡
	—	28.1	48.3	23.0	25.3	12.3	5°00′	陕南，残余强度，裂土滑坡
	—	28.4	41.3	22.0	18.4	10.8	8°24′	大海哨，残余强度，灰岩层间错动薄层黏土
	—	31.1	59.5	21.0	35.5	8.8	4°48′	雷河，残余强度，裂隙黏土
	—	39.0	71.6	30.8	40.8	8.3	3°30′	七里沟，残余强度，膨胀土
	—	40.6	72.9	34.9	38.0	8.8	3°50′	雅崖岭，残余强度，裂土滑坡

续表 5-3

滑带土土质	天然重度 /kN · m^{-3}	含水量 /%	液限 /%	塑限 /%	塑性指数	计算指标		备 注
						c/kPa	φ	
粉质黏土	—	20.4	28.4	14.4	14.0	0	16°06′	宝成线，残余强度，堆积层滑坡
	—	21.4	30.0	18.0	12.0	7.8	15°00′	宝成线，残余强度，黄土滑坡
	19.9	23.2	29.9	19.0	10.9	10.3	8°49′	西南地区
	19.1	30.0	33.5	20.0	13.5	10.3	8°50′	西南地区
	18.5	31.1	—	—	—	12.7	7°50′	华北地区，反算
黏土夹角砾	20.9	18.4	36.0	21.0	15.0	0	9°24′	宝成线
	20.5	—	—	—	—	10.0	14°30′	三峡库区云阳
	19.0	19.6	30.5	18.3	12.2	10.0	10°00′	丰都绸厂，残坡积物沿砂泥岩滑动
页岩风化的粉质黏土粉土	21.4	20.4	28.4	14.4	14.0	8.8	8°03′	宝成线，多次剪反算
	20.0	23.0	38.1	19.5	18.6	19.6	4°00′	宝成线，多次剪反算
	19.6	33.4	43.0	25.0	18.0	5.9	3°20′	宝成线，排水后提高至 9.8kPa，5°
页岩风化的粉质砂土	20.4	19.0	35.4	14.5	20.9	14.7	7°30′	宝成线，多次剪反算
泥质页岩风化物	—	15.4	26.3	12.7	13.6	2.9	17°30′	甘洛，残余强度，岩质顺层滑坡
	—	20.0	26.7	13.4	13.3	0	16°00′	成昆线，反算
	—	25.3	31.9	19.2	12.7	3.9	12°00′	残余强度，岩质滑坡
	—	26.8	36.1	19.1	17.0	3.9	8°58′	皇图岭，残余强度，岩质顺层滑坡

5.2.3 滑动面（带）土的抗剪强度分析与指标选取

在弄清公路滑坡地质条件、类型、机理、滑带土的成因、结构、状态、影响强度等因素及滑坡运动状态后，可根据上述三种方法提供的数据，进行综合分析判断后选定滑带土的抗剪强度，选择时应注意以下问题：

（1）要考虑滑坡的类型、机理、产生条件和原因。如施工开挖在滑坡形成过程中的作用大小，滑坡产生的季节及滑动的含水状态，应选择相应含水状态下的参数。

（2）要考虑滑坡的性质，是新滑坡还是老滑坡，牵引式滑坡还是推移式滑坡，滑距的大小，是久已稳定的还是现已复活的。对新滑坡，根据所处的发育阶段，分段选取不同的参数。对老滑坡，若尚未复活，则应选较残余强度稍高的参数；若已复活，对主滑段和抗滑段可选取相应于该段的残余强度。

（3）要考虑滑坡的发育阶段，在滑坡大滑动之后才可选取残余强度，在此之前应选大于残余强度的值。

（4）要考虑工程使用年限内可能出现的最不利情况及工程修建后最不利情况的某些控制因素。以决定选用较低或较高的参数，如做了排水工程疏干滑带水，其抗剪强度参数可适当提高。

（5）对于一般滑坡来说，由于滑动，滑带土结构已遭破坏，除了新生且处于蠕滑挤压阶段的滑坡抗滑段外，原状土的峰值强度已不在，故强度上限为扰动（重塑）土的峰值强度，下限为残余强度，多数是介于两者之间，可参照表 5-4。

表 5-4 变形阶段、滑带部位对应抗剪强度参考

阶　段	主滑段	牵引段	抗滑段
蠕滑阶段	已越过峰值强度	某些部位越过峰值强度	未破坏
挤压阶段	向软化点强度过渡	全部位越过峰值强度	开始受力，局部越过峰值强度而破坏
滑动阶段	向残余强度过渡	向残余强度过渡	越过峰值强度，向软化点强度和向残余强度过渡
大滑动阶段	残余强度	可能为残余强度	主要部分为残余强度
固结阶段	强度有适度恢复		

5.3 稳定安全系数的选取

滑坡稳定安全系数是滑坡防治设计重要的参数，公路滑坡防治设计稳定安全系数不得小于表 5-5 所列值。对于非正常工况Ⅰ，路基稳定性分析方法及稳定安全系数应符合《公路工程抗震规范》（JTG B02）的规定。

表 5-5 滑坡稳定安全系数

公路等级	稳定安全系数	
	正常工况	非正常工况Ⅰ
高速公路、一级公路	1.20~1.30	1.10~1.20
二级公路	1.15~1.20	1.10~1.15
三、四级公路	1.10~1.15	1.05~1.10

注：1. 滑坡地质条件复杂或危害程度严重时，稳定安全系数取大值；地质条件简单或危害程度轻微时，稳定安全系数可取小值；

2. 滑坡影响区域内有重要建筑物（桥梁、隧道、高压输电塔、油气管道等）、村庄和学校时，稳定安全系数可取大值；

3. 区域公路滑坡防治，周期性的库水位升降变化频繁、高水位与低水位间落差大时，稳定安全系数取大值。

5.4 滑坡推力计算方法

5.4.1 滑坡推力计算原则

滑坡推力为滑坡向下滑动的力与抵抗向下滑动的力之差。一般滑坡推力计算应与稳定性分析方法保持一致，这样计算的滑坡推力和相应的稳定性系数才能对应。滑坡推力计算方法较多，本书主要介绍公路行业推荐的传递系数法。

5.4.2 滑坡推力的分布

滑坡推力分布及其作用点与滑坡的类型、部位、地层性质、滑坡变形情况等有关。

液性指数小、刚度较大、较密实或较完整的岩层、黏聚力较大的土层滑体或采用锚拉桩时，从顶层至底层的滑移速度大体一致，滑坡推力分布近似为矩形，推力作用点可取在滑体厚度的1/2处。

液性指数较大、刚度较小、密实度不均的塑性滑体，例如内摩擦角为主要抗剪特性的松散体、碎石类土堆积体，滑移时靠近画面的速度大于表层速度，滑坡推力近似为三角形，推力作用点取在滑体距滑面1/3高处。

介于以上两种情况之间的滑坡推力可认为是梯形。

土质滑坡推力一般远大于相应滑体高度产生的土压力，滑坡推力方向平行于该计算滑块的底滑面；当用于计算抗滑桩、挡墙承受的推力时，认为推力方向与紧挨桩、墙背的一段较长的滑面平行。

5.4.3 传递系数法

传递系数法也称为不平衡推力传递法，亦称折线滑动法或剩余推力法，它是我国工程技术人员创造的一种实用滑坡稳定分析方法。由于该法计算简单，并且能够为滑坡治理提供设计推力，因此在交通部门、水利部门、铁路部门得到了广泛应用，在国家规范和行业规范中都将其列为推荐的计算方法。当滑动面为折线形时，滑坡稳定性分析可采用折线滑动法（见图5-1、图5-2）。

传递系数法的基本假设有以下六点：

（1）将滑坡稳定性问题视为平面应变问题。

（2）滑动力以平行于滑动面的剪应力 τ 和垂直于滑动面的正应力 σ 集中作用于滑动面上。

（3）视滑坡体为理想刚塑材料，认为整个加荷过程中，滑坡体不会发生任何变形，一旦沿滑动面剪应力达到其剪切强度，则滑坡体即开始沿滑动面产生剪切变形。

（4）滑动面的破坏服从莫尔-库仑准则。

（5）条块间的作用力合力（剩余下滑力）方向与滑动面倾角一致，剩余下

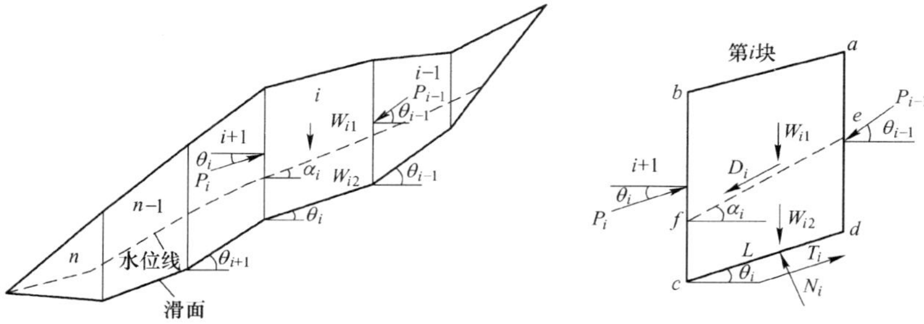

图 5-1　折线滑动法计算简图

滑力为负值时则传递的剩余下滑力为零。

(6) 沿整个滑动面满足静力的平衡条件，但不满足力矩平衡条件。

第 i 条块的下滑力：

$$T_i = (W_{i1} + W_{i2})\sin\theta_i + D_i\cos(\alpha_i - \theta_i) \tag{5-3}$$

$$N_i = (W_{i1} + W_{i2})\cos\theta_i + D_i\sin(\alpha_i - \theta_i) \tag{5-4}$$

第 i 块的抗滑力：

$$R_i = [(W_{i1} + W_{i2})\cos\theta_i + D_i\sin(\alpha_i - \theta_i)]\tan\varphi_i + c_iL_i \tag{5-5}$$

条块的天然重量、浮重量分别为：

$$W_{i1} = \gamma V_{iu},\ W_{i2} = \gamma' V_{id}$$

计算渗透压力 D_i，渗透压力的几何意义是：土条中饱浸水面积与水的重度及水力坡降 $i \approx \sin\alpha_i$ 的乘积，其方向与水流方向一致，与水平向的夹角为 α_i。

$$D_i = \gamma_w iV_{id} \tag{5-6}$$

$$V_{id} = \frac{1}{2}(h_a + h_b)L_i\cos\theta_i$$

令 $h_w = \dfrac{h_a + h_b}{2}$，

则

$$D_i = \gamma_w h_w L_i\sin\alpha_i\cos\theta_i \tag{5-7}$$

式中　γ_w——水的容重，kN/m^3；

γ——岩土体的天然容重，kN/m^3；

γ'——岩土体的浮容重，kN/m^3；

V_{iu}——第 i 计算条块单位宽度岩土体的水位线以上的体积，m^3/m；

V_{id}——第 i 计算条块单位宽度岩土体的水位线以下的体积，m^3/m；

W_{i1}——第 i 条块水位线以上天然重量，kN/m；

W_{i2}——第 i 条块水位线以下的浮重度，kN/m；

θ_i——第 i 计算条块地面倾角，(°)，反倾时取负值；

α_i——第 i 计算条块地下水流线平均倾角，一般情况下取浸润线倾角与滑面倾角平均值，(°)，反倾时取负值；

l_i ——第 i 计算条块滑动面长度，m；

c_i——第 i 计算条块滑动面上岩土体的黏结强度标准值，kPa；

φ_i ——第 i 计算条块滑带土的内摩擦角标准值，(°)。

当滑块在水下时，不考虑渗透压力，条块的重量用浮容重即可。

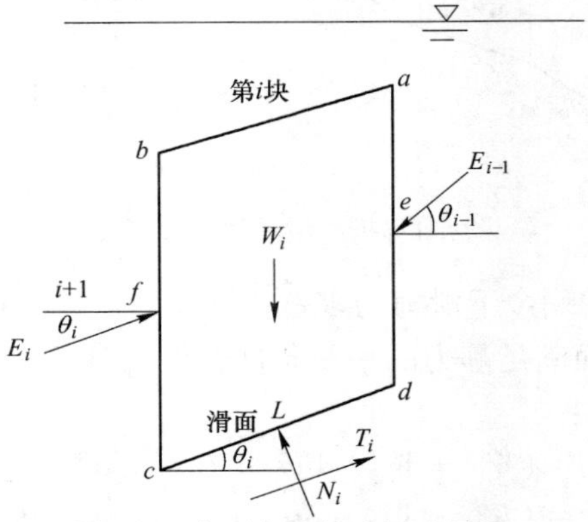

图 5-2 水下条块的水压力计算

第 i 条块的剩余下滑力 P_i

$$P_i = KT_i - R_i - P_{i-1}\psi_{i-1} \tag{5-8}$$

第 1 条块 $P_1 = KT_1 - R_1$

第 2 条块 $P_2 = (KT_2 - R_2) + (KT_1 - R_1)\psi_1$

第 3 条块 $P_3 = (KT_3 - R_3) + (KT_2 - R_2)\psi_2 + (KT_1 - R_1)\psi_1\psi_2$

第 4 条块 $P_4 = (KT_4 - R_4) + (KT_3 - R_3)\psi_3 + (KT_2 - R_2)\psi_2\psi_3 + (KT_1 - R_1)\psi_1\psi_2\psi_3$

⋮

第 n 条块 $$P_n = K\left[\sum_{i=1}^{n-1}\left(T_i\prod_{j=i}^{n-1}\psi_j\right) + T_n\right] - \left[\sum_{i=1}^{n-1}\left(R_i\prod_{j=i}^{n-1}\psi_j\right) + R_n\right] \tag{5-9}$$

式中，K 为防治工程的最小安全系数，对不同级别的防治工程，依据不同的荷载组合确定防治工程的最小安全系数。

当最后条块的滑坡推力 $P_n = 0$，K 即为滑坡稳定性系数，用 F_s 表示。

$$F_s = \frac{\sum_{i=1}^{n-1}\left(R_i\prod_{j=i}^{n-1}\psi_j\right) + R_n}{\sum_{i=1}^{n-1}\left(T_i\prod_{j=i}^{n-1}\psi_j\right) + T_n} \tag{5-10}$$

$$\prod_{j=i}^{n-1}\psi_j = \psi_i\psi_{i+1}\psi_{i+2}\cdots\psi_{n-1} \tag{5-11}$$

式中，ψ_i 为推力传递系数，按下式计算：

$$\psi_i = \cos(\theta_{i-1} - \theta_i) - \sin(\theta_{i-1} - \theta_i)\tan\varphi_i \tag{5-12}$$

6 滑坡工程地质勘察报告编写内容及格式

公路滑坡各阶段勘察目的不同，决定各阶段勘察深度和精度也就不同，对应的各阶段勘察报告内容的深度和精度也有所不同，本文对初设和施工图设计阶段滑坡勘察报告的编写内容和格式提出如下建议。

×××滑坡×××阶段工程地质勘察报告

0 前言

0.1 任务由来

0.2 地质灾害危害程度预测（滑坡失稳，可能导致的直接、间接经济损失和人员伤害预测）

0.3 勘察目的、任务

0.4 勘察工作评述（勘察依据、勘察时间、勘察范围、勘察工作量、勘察质量等）

1 勘察区自然条件及地质环境条件

1.1 自然条件

（包括勘察区地理位置、行政区划、里程桩号、交通状况、气象与水文、区域经济状况等。）

1.2 地质环境

1.2.1 区域地质条件概述

（1）地形地貌与新构造运动和地震。

（2）地层岩性。

（3）水文地质条件。

1.2.2 勘察区工程地质条件

（1）地形地貌。

（2）气象与水。

（3）地层岩性与岩土工程地质特征。

（4）地质构造。

（5）水文地质条件。

（调查分析地表水系和水质状况，地下水类型、水位、水质及补给途径，岩层地下水分布及渗透特性，地下水渗透条件。）

（6）人类工程活动。

（7）其他。

2　滑坡体特征及稳定性评价

2.1　滑坡（包括不稳定斜坡）特征及稳定性评价

2.1.1　滑坡边界、规模、形态特征

（调查分析滑坡体的类型、边界范围及分布高程、面积、体积及其平面、空间形态，论述滑坡体的物质组成与结构，并分析其变形破坏特性和可能造成的危害。）

2.1.2　滑体特征

（分析滑体的成因类型、物质成分及结构、形态参数、岩土力学特性和指标、厚度及分区，地下水活动状态及岩土渗透特性。）

2.1.3　滑床特征

（滑床基岩岩性及结构，岩石力学和渗透性指标、地质构造、基岩等高线、风化程度及分区情况。）

2.1.4　滑动带特征

（滑动带的物理组成、力学特性与结构、微结构特征，分布形态，埋深、厚度及分段。）

2.1.5　滑坡变形破坏发育史

2.1.6　滑坡影响因素

（调查分析非地质致灾因素如：降雨、地震、冲蚀、人类工程活动等的强度、周期以及它们对滑坡稳定性的影响。）

2.1.7　试验成果分析

（论述室外、室内进行试验的条件、相关参数和方法，对试验成果进行研究分析并与反演分析的结果对比验证。）

2.1.8　滑坡推力计算及稳定性评价

（论述推力计算的典型剖面选定原则、边界条件、计算参数、计算工况、计算方法和公式，进行计算结果的评述和稳定性评价。）

3　滑坡体发展变化趋势及危害性预测

3.1　发展变化趋势

3.2　危害性预测（对公路工程造成的短期、长期危害做出预测）

4 滑坡体防治方案建议

4.1 防治目标原则

4.2 防治工程设计参数建议

4.3 防治工程方案建议

5 环境影响评价

6 地质灾害防治效益评估（经济、社会、环境、减灾效益分析与评价）

7 结论与建议

7.1 结论

7.2 建议（存在主要问题及下步工作建议）

附图及附件：

（1）工程地质平面图册（1∶500~1∶2000）。

（2）工程地质剖面图册（1∶200~1∶500）。

（3）钻孔柱状图册（1∶200）。

（4）井、槽、硐探成果素描（1∶50）图册。

（5）试验成果报告册（岩、土、水室内试验成果和野外试验成果）。

（6）计算剖面图册。

（7）专门数值分析报告（必须附计算程序）。

（8）物探成果报告。

（9）照片集册。

第3篇

公路滑坡防治

在公路建设中滑坡危害之严重，治理费用之昂贵是众所周知的。一个中小型滑坡治理费用数百万元至千余万元，大型和特大型滑坡治理常需数千万元，甚至上亿元。

正确合理的防治方案不仅能防止古老滑坡复活，快速稳定滑坡，而且可以节约治理费用。相反，不合理的防治方案不是造成浪费，就是多次治理而不能稳定，增大投资，甚至造成灾害。如重庆市渝黔高速公路向家坡滑坡，两次勘察，两次设计，先后做了四排抗滑桩，花费3000余万元，仍未稳定滑坡，不得不封闭交通，再作勘察和治理，共花费5000余万元。因此，合理的方案设计一直是人们追求的目标。但滑坡的防治是一项复杂的系统工程，一是滑坡的类型、性质、规模大小、破坏机理、发育阶段、稳定状态多样而复杂；二是各种防治措施的适用条件及其对具体滑坡的适用性；三是被保护对象的重要性和对防治的要求不尽相同，因而方案是多样的，最适合的方案的提出需要设计人员权衡各种因素，最大限度切合滑坡实际情况。

目前，公路滑坡治理的方法很多，包括地表排水措施、地下排水措施、削坡减载措施、反压阻滑措施、支挡抗滑措施、锚固措施、注浆改善滑带措施等，这些方法在公路滑坡治理过程中均有成功经验。本章结合公路滑坡治理实践，介绍几种用得较多且效果相对较好的治理方法。

7 防治原则与治理方法分类

7.1 公路滑坡防治原则

滑坡防治是一个系统工程。它包括预防滑坡发生和治理已经发生的滑坡两大领域。“预防”是针对尚未产生严重变形与破坏的斜坡，或者是针对有可能发生滑坡的斜坡；“治理”是针对已经产生严重变形与破坏、有可能发生滑坡的斜坡，或者是针对已经发生滑坡的斜坡。也就是说，一方面要加强地质环境的保护与治理，预防滑坡的发生；一方面要加强前期地质勘察和研究，妥善治理已经发生的滑坡，使其不再发生。要保证做到“防中有治，治中有防”。同时，滑坡防治应采取工程措施、生物措施以及宣传教育措施、政策法规措施等多种措施综合防治，才能取得最佳防治效果。因此，滑坡防治应坚持“以预防为主、防治结合、综合防治”的原则。

7.2 公路工程预防“工程滑坡”的方案

所谓“工程滑坡”是指无古老滑坡迹象，但具有产生滑坡的地形地质条件，在工程施工中发生的滑坡。有开挖边坡形成的滑坡，也有填堤和弃土形成的滑坡，前者更为常见。预防滑坡更具有重要意义。

7.2.1 预防边坡开挖形成滑坡的方案

高度大于30m的高边坡开挖后发生变形和滑坡的事例最多，因此是预防的重点。

(1) 高边坡的特点。高边坡是将地质体的一部分改造成为人为工程设施，因此其稳定性受控于坡体的地质结构（地形地貌、地层岩性及在边坡上的分布，地质构造和水文地质条件）及人为改造的程度（坡形、坡高、坡率，相应的排水和加固工程及施工方法）。高边坡设计对地质条件的依存性、预测性、风险性以及对科学施工的要求都是十分突出的特点。

(2) 设计原则：

1) 查清坡体结构和岩体结构，正确预测边坡的破坏模式和范围是设计的基础。

2) 尽量减小边坡的总高度。高度小于30m的边坡设计符合岩土体强度条件的坡形和坡率。大于30m的边坡设计较陡坡率（应保持施工中稳定）结合排水和支挡加固工程以减少边坡的总高度。贯彻“固脚强腰”原则，既保整体稳定，又保局部稳定。

3）保护环境与美化环境的原则。尽量减少植被破坏，避免“扒山皮”式刷方，加固和防护措施应与环境相协调。

4）动态设计，信息化施工原则。随着边坡开挖揭露的地质情况，调整原设计使之符合边坡的实际条件。边开挖，边支护，防止坡体长期暴露、松弛、风化、雨水渗入而发生变形。

（3）设计方法。由于高边坡地质结构的复杂性和多样性，其设计方法还是综合采用工程地质分析比拟法、力学计算法和经验法。因为高边坡尚未开挖，变形没有发生，其破坏模式和范围只能根据坡体结构进行预测，然后才能进行力学计算。除了类均质土坡可用滑面搜索法找出最不利滑面外，一般岩质边坡的破坏面（潜在滑动面）皆受控于结构面、软弱夹层和风化界面，只能通过工程地质调查分析确定。其破坏范围与开挖坡高有一定关系，一般水平计算长度为坡高的1.5~3.0倍。顺层边坡，当岩层倾角为10°~15°时，为4~6倍，大于15°时，可达6~10倍。可从当地类似条件已发生的变形进行比拟，然后进行推力计算。

坡形和坡率设计：一般设计为台阶形，土质边坡和全风化岩质边坡，每级坡高6~8m，其他岩质边坡8~10m，坚硬岩层也可10~12m或更高。每级边坡之间设2~3m宽的卸荷平台，对高度大于40m的边坡，最好中部（或岩性分界处）设宽4~6m的宽平台以调整坡脚应力。坡率设计参照有关规范和地区经验，有支挡工程的边坡可适当采用较陡的坡率。

（4）高边坡的排水和支挡方案：

1）排水系统。完善高边坡周围的地表排水系统防止边坡变形已成共识。但地下排水工程由于前期地质资料不足常被忽视。实际上地下排水对保持边坡稳定是非常重要的。对地下水特别发育的边坡，采用隧洞截水是必要的，如京珠高速公路粤北段K108高边坡、渝黔高速公路向家坡滑坡均在坡体上部设置了截水隧洞和渗管，对疏干边坡保持其稳定起了重要作用。一般边坡只要有地下水出露，在出水段设置仰斜排水孔排水是不可缺少的，但孔深应达到潜在滑动面以下。孔间距为5~10m。

2）支挡工程方案。支挡工程的布设必须贯彻“固脚强腰”的原则。坡脚应力和地下水集中，最易破坏而引起整个边坡失稳，应加强支挡，此为“固脚”。边坡中部支挡主要防止局部浅层滑动。由于支挡形式很多，以下只简单归纳6种类型：

① 类均质土坡，总高度不足30m，可能从坡脚滑出时，如图7-1（a）所示，根据推力大小，可在坡脚作抗滑挡墙，或抗滑桩，渗水处设仰斜排水孔。

② 当边坡较高，只有一层滑面从坡脚滑出且推力较大时，可在坡脚或一级边坡平台上设一排抗滑桩，并应先作桩，后开挖桩前土体，以保坡体稳定，如图7-1（b）所示。

③ 近水平岩层下伏软弱岩层可能发生挤出型滑坡时，可用抗滑桩加固。也可对边坡用锚索加固，坡脚软岩用钢花管注浆加固，如图7-1（c）所示。

④ 当有多个软弱夹层会发生多层滑坡时，可采用分层支挡，浅层用锚索或长锚杆束支挡，深层用锚索抗滑桩或桩与锚索相结合，如图7-1（d）所示。

⑤ 当滑坡从边坡上剪出时，在坡脚作桩悬臂太高，不合理，可采用锚索支挡，如图7-1（e）所示。也可采用半坡抗滑桩支挡，但必须保证桩的锚固条件，如桩前边坡用锚索加固，如图7-1（f）所示。

⑥ 当滑体和滑床岩体较完整，滑带薄且推力不大时，可采用微型桩排（直径100~300mm）加固，桩头必须用钢筋混凝土梁进行联结。

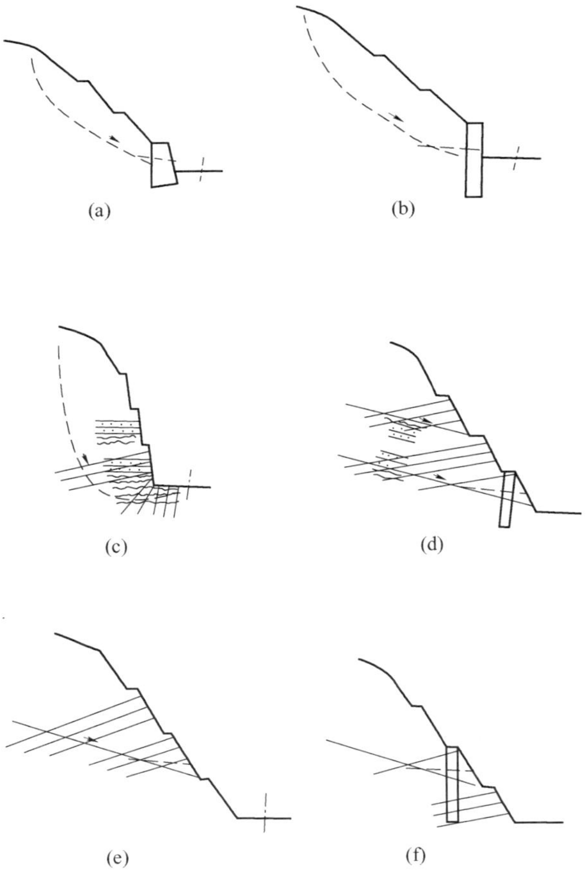

图7-1　边坡支挡方案示意图

7.2.2 路堤滑坡的处理方案

（1）变形类型：1）陡坡填堤；2）沟槽填堤；3）软基上填堤。

（2）变形原因：下伏土层软弱，坡度较陡，地下水发育且处理不当，填方加载。

（3）防治方案：

1）软基处理：挖除换填或做其他处理。

2）排水工程：地表截排水沟，堤体下盲水排水或仰斜孔排水。

3）支挡工程：可根据具体地形地质条件采用以下措施。

①路堤下侧反压护道；②抗滑挡土墙和支撑渗沟；③抗滑桩板墙或锚索框架；④滑坡钢锚管注浆加固（穿过滑带）。

7.3 公路滑坡治理方案应考虑的因素

公路滑坡治理方案应考虑的因素：

（1）滑坡的性质、规模和稳定状态是制定防治方案的地质基础。滑坡的类型、规模、地形地质条件、主要作用和诱发因素、破坏机理和模式、目前的稳定状态及其在人为和自然因素作用下的发展趋势的正确分析和判断是制定防治方案的基础，设计人员必须深入了解和掌握。在以往防治失败的教训中，绝大多数是由于对滑坡定性不准或判断失误造成的。如漏判了古老滑坡，施工后滑坡复活；漏判了深层滑面，使抗滑工程埋深不足而变形；对人为活动影响估计不足缺少预防措施，施工中滑坡复活或新生；滑坡推力计算偏小，造成支挡工程被破坏等等。

（2）防治的目的和原则是制定方案的根据：

1）保护对象的重要性不同，对滑坡稳定性的要求不同。如低等级公路与高等级公路，临时工程（如基坑）和永久工程，影响路基的滑坡与危害桥梁（特别是大桥）和隧道的滑坡，对滑坡治理后的稳定度要求不同，前者达1.15~1.20即可，后者常需达到1.20~1.30，甚至更高。高地震烈度区的滑坡还应考虑地震作用下的稳定系数，库岸滑坡应考虑水位变动下的稳定度。

2）滑坡的剧滑危险性和危害性不同，治理要求也不同。滑坡的滑面倾角陡，剧滑危险性大，灾害严重者，常需采取应急措施，如滑坡上部减重、前缘反压，地表和地下排水、夯填地表裂缝和加强监测等，防止剧滑破坏，并应尽快勘察，制定永久治理方案。对缓慢蠕动型滑坡，危害不很严重者，则可从容勘察和治理。前者安全系数取大值，后者则可适当减小。

3）“一次根治，不留后患”已成共识。但对规模巨大、性质复杂的滑坡，短期内不易查清其性质，治理投资巨大、危害不很严重者，则加强监测，统一规划，逐步勘察，分期治理。

4）是防治整个滑坡，还是只保建筑物安全？有些公路路基或桥梁位于滑坡的上缘，可以只保公路安全而不治理整个滑坡以节省投资。

（3）详细分析各种防治措施的适用条件及其对要防治的滑坡的适用性。防治滑坡的措施有改线绕避滑坡，局部改变线路平面位置和纵坡，减重、反压，排水和支挡工程等，必须结合要防治的滑坡的具体地形地质条件综合分析比选而形成合理的方案。如在选线阶段尽量避开大型滑坡和滑坡连续分布地段，岩层顺倾地段和厚层堆积层地段，否则应采取预防措施。减重、反压是治理滑坡见效快且经济的措施，但对环境保护要求高和有重要建筑物的地方不宜采用，只能采用支挡和排水措施。当地下水发育且分布比较清楚时，在滑体外或上部作隧洞截水是十分有效的，但地下水分布不清时则只能采用仰斜孔群排水，且孔深应穿过滑动带。当滑坡有多层滑面时，最好采用抗滑桩支挡，但当滑面在边坡上出露时抗滑桩悬臂太高，不经济，可用锚索框架或与桩联合支挡等。

（4）方案的可靠性、耐久性、先进性、经济性，对社会环境的影响及施工的难易等。综合分析以上各个因素，多方案比选，才能做出符合实际的优化方案。

7.4 滑坡治理方法分类

滑坡治理方法很多，分类方法也很多。本书将美国、日本以及国际上常用的滑坡治理工程措施，在这里逐一介绍。

（1）美国的滑坡治理工程分类（见表7-1）。

表7-1 美国滑坡治理工程分类表

类型	绕避或消除滑体	减少下滑力	增加抗滑力
主要方法与措施	1）改移道路；2）全部或部分清除不稳定体；3）架桥跨越滑体	1）改变线路位置或坡度；2）排除地表水；3）排除地下水；4）减重	1）排除地下水；2）扶壁或反压；3）设置桩群；4）设置锚杆；5）化学处理；6）电渗排水；7）焙烧处理

（2）日本的滑坡治理工程分类（图7-2）。

（3）国际岩土学会滑坡治理措施简表（见表7-2）。

以上为国际上滑坡治理主要措施。在总结公路行业滑坡治理方法分类基础上，结合笔者多年从事公路滑坡治理的经验，可将公路滑坡治理归并为四类：绕避、综合治水、力学平衡、滑带土改良等，具体见表7-3。

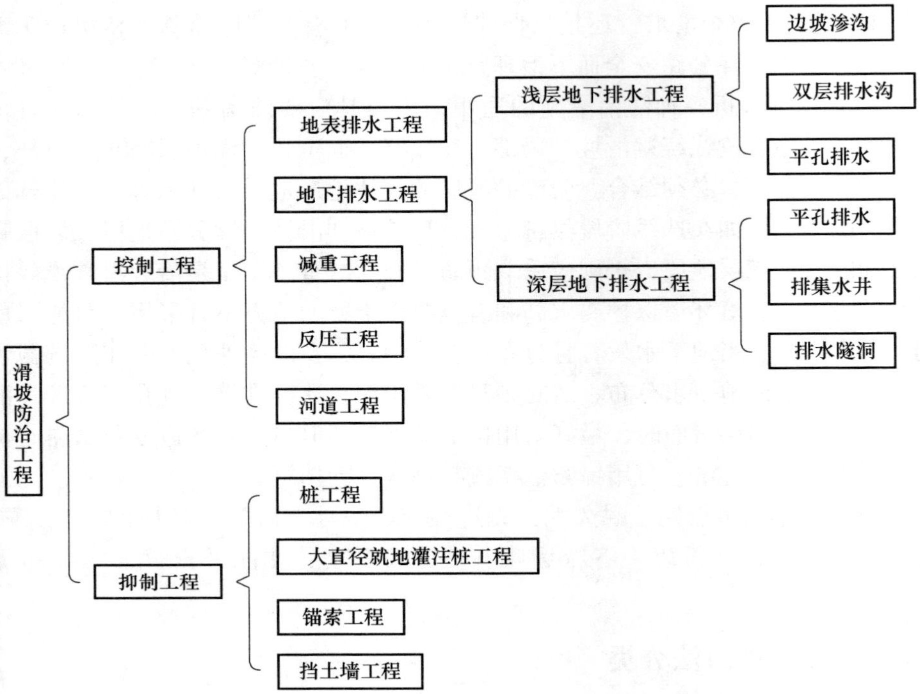

图 7-2　日本滑坡治理工程分类

表 7-2　国际岩土学会滑坡治理措施简表

分　类	治理方法细项
改变滑坡几何形态	削减推动滑坡产生区的物质（或以轻质材料置换）；增加维持滑坡稳定的物质（反压马道）；减缓斜坡总坡度
排水	将地表水引出滑动区之外（集水明沟或管道）；充填有自由排水土工材料（粗粒填料或土工聚合物）的浅或深排水暗沟；粗颗粒材料构筑成的支撑护坡墙（水文效果）；垂直（小口径）钻孔抽起地下水或自由水；垂直（大口径）钻孔重力排水；近水平或近垂直的排水钻孔；真空排水；虹吸排水；电渗析排水；种植植被蒸腾排水
支挡构筑物	重力式挡土墙；木笼块石墙；鼠笼墙（钢丝笼内充填卵石）；被动桩、墩、沉井；原地浇筑混凝土连续墙；加筋挡土墙（加聚合物、金属、板片）；粗颗粒材料构筑的支撑护坡墙；岩石坡面防护网；拦截的沟槽、堤、栅栏或钢丝网拦截系统；预防侵蚀的石块或混凝土块体
滑坡内部加固	岩石锚固；微型桩；土锚钉；锚索（有或无预应力）；灌浆；石灰桩或块石桩；热处理；冻结；电渗锚固；种植植被

表 7-3 我国公路行业滑坡治理措施表

类型	绕避	综合治水	力学平衡	滑带土改良
主要工程措施	1）改移线路； 2）用隧道避开滑坡； 3）用桥跨越滑坡； 4）清除滑坡	1）地表排水系统： ①滑体外截水沟； ②滑体内排水沟； ③自然沟防渗。 2）地下排水工程： ①截水盲沟； ②盲（隧）洞； ③水平钻孔群排水； ④垂直孔群排水； ⑤井群排水； ⑥虹吸排水； ⑦支撑渗沟； ⑧边沟渗沟； ⑨洞—孔联合排水； ⑩电渗排水	1）减重工程； 2）反压工程； 3）支挡工程： ①抗滑挡墙； ②挖孔抗滑桩； ③钻孔抗滑桩； ④锚索抗滑桩； ⑤锚索； ⑥支撑渗沟； ⑦抗滑键； ⑧排架桩； ⑨钢架桩； ⑩钢架锚索桩； ⑪微型桩群	1）滑带注浆； 2）滑带爆破； 3）旋喷张； 4）石灰桩； 5）石灰砂桩； 6）焙烧

7.5 公路滑坡治理方案的选择

首先应说明，除绕避滑坡的方案外，凡需治理的滑坡，其防治原则都是针对造成滑坡的主要原因采取主要措施，辅以其他措施进行综合治理。因此以下讨论均以主要措施为主。

7.5.1 绕避滑坡的方案

贯彻“地质选线”的原则，详细查明滑坡的状况，尽量避开大型滑坡和滑坡连续分布地段，可以用桥梁跨河绕避，也可以用隧道绕避，如图7-3所示。但新改线路不应有新的大型滑坡。隧道洞顶依据岩体质量好坏距离滑动面应大于10～15m，不使隧道开挖影响滑坡稳定，或滑坡滑动影响隧道安全。

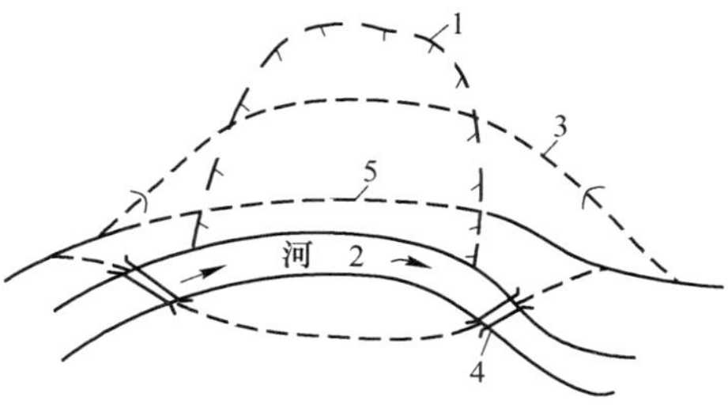

图 7-3 绕避滑坡方案示意图
1—滑坡；2—河流；3—隧道；4—桥梁；5—通过滑坡方案

7.5.2 线路通过滑坡的治理方案

当线路无法或不宜避开滑坡时，针对滑坡的不同情况可采用以下治理方案：

(1) 稳定性较高满足设计要求的滑坡，如某些崩塌性滑坡，滑动距离长，重心降低多，抗滑段较长，又无河（沟）水继续冲刷的，主要是控制人为作用因素，如填、挖工程位置和数量，灌溉水及生产、生活用水防渗等。完善地表排水系统，一般可不做支挡工程。当滑坡前缘有河沟水冲刷时，应做防冲刷工程。

（2）稳定性不满足设计要求的滑坡。

目前处于稳定状态，但在人类工程活动下可能局部或整体失稳的古老滑坡，或已经活动的滑坡，采用以下治理方案：

1）有条件时局部调整线路平面位置和纵坡，不在滑坡的主滑段和牵引段填方，不在抗滑段挖方，或尽量减小填、挖高度，最好在主滑和牵引段挖方减载，在抗滑段填方增加其稳定性，如图7-4所示。稳定性不足时需设排水和支挡工程。

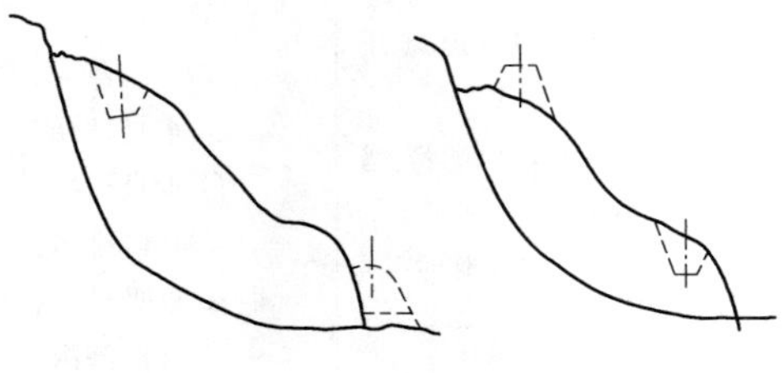

(a) (b)

图7-4 滑坡上填、挖方位置示意图
（a）正确的；（b）不正确的

2）当滑坡地下水发育时，应首先设置地下排水工程，降低滑坡地下水位和滑带土孔隙水压力，提高其稳定性，减少支挡工程量。

3）桥梁通过滑坡的治理方案。桥梁是重要建筑物，一旦被破坏后果十分严重。因此，一般不以桥梁通过滑坡。但近年来山区高速公路受地形限制，也为减少填方对滑坡稳定性的影响，采用了一些桥梁通过古老滑坡的方案，如云南保山至龙陵高速公路有多处滑坡是桥梁通过的。但桥梁对滑坡移动比路基更敏感，为保桥梁安全，可采用在桥墩山侧或河侧设一排抗滑桩或在每个桥墩前作三根抗滑桩保桥梁安全。有条件时，也可在滑坡前缘填土反压保滑坡稳定，如图7-5所示，并应先治滑坡后做桥梁墩台。

当桥梁位于上、下两级滑坡之间时，两级滑坡的滑动均可能危害桥梁，则需在桥梁山侧和河侧均设支挡工程。当填方高度不大时，不如将桥改为路基填方而设抗滑桩板墙更为经济。

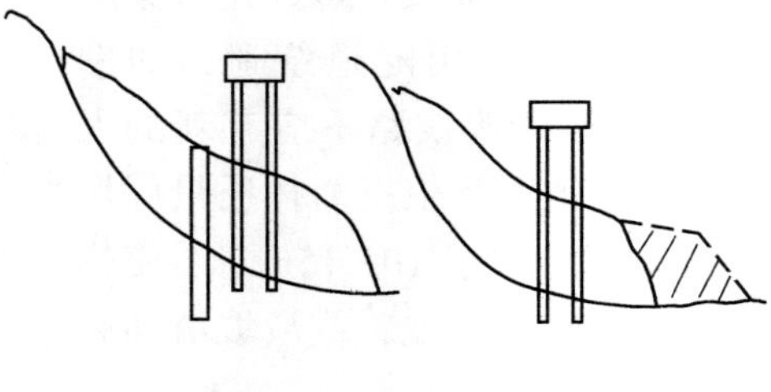

(a) (b)

图7-5 保护桥梁的支挡工程
（a）抗滑桩；（b）反压土堤

4）隧道通过滑坡的治理方案。隧道一般也不应穿过滑坡设置，不得已需穿越滑坡时，滑坡必须得到治理并确保稳定。

5）减重和反压方案。在滑坡的主滑和牵引段挖方减重，在抗滑段及前缘反压是最经济有效的处理方案，尤其对已经有变形迹象的滑坡能取得快速稳定滑坡的效果。与支挡工程结合，能减小滑坡推力，减少支挡工程量，节约投资。在有条件时应尽量采用。

减重不能引起上部和两侧山体新的变形（如浅层滑坡滑动）。对多级牵引式滑坡不能因前级减重引起后级滑动。

反压应有一定高度，不能造成滑坡“越顶”滑动。填土下应做透水垫层或盲沟排水，不能堵塞地下水通道。

6）只保工程安全而不处理整个滑坡的方案。当线路从滑坡后缘附近通过时，可在线路外侧做一排锚索抗滑桩或锚拉桩保线路安全而不治理整个滑坡，如图7-6所示。因为滑坡上部范围小，推力小，可节约投资。

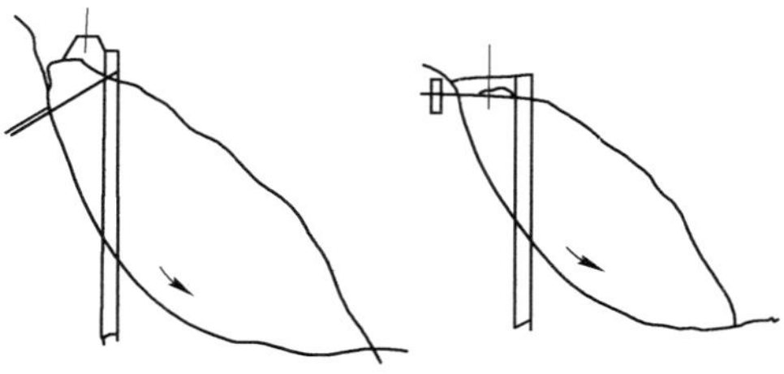

(a) (b)

图 7-6 锚索桩和锚拉桩

7）支挡工程方案的选择。支挡工程，包括抗滑挡墙、抗滑桩、锚索抗滑桩、锚索框架（地梁）、微型桩群和反压土石堤等，由于其稳定滑坡见效快，是大多数滑坡治理常采用的措施，但也是造价最昂贵的工程，它的合理选择非常重要。

① 支挡工程位置的选择。抗滑支挡工程一般设在滑坡的抗滑段滑体较薄处，充分利用滑坡自身的抗滑力而减少支挡工程量。但当被保护的对象如路基、桥梁、建筑物等位于滑坡的中、上部时，只能依据保护对象的需要选择支挡工程位置，已如前述。高速公路沿线的抗滑桩工程为保护环境和视角及施工中的安全，将桩埋入一级或二级边坡平台，是值得推广的方案。

② 结构形式的选择。结构形式的选择取决于滑坡推力大小，滑面埋深和施工条件。当滑坡推力小于300kN/m，滑动面埋深小于2~3m时，可用抗滑挡土墙。当滑体含水量较高时，可与墙后支撑渗沟一起使用。墙高应保证滑坡不会“越顶”滑出。当滑坡推力为300~1000kN/m时，采用普通抗滑桩或锚索抗滑桩，滑坡推力为1000~1500kN/m时，最好采用锚索抗滑桩以减小桩身截面和埋深。更大的滑坡推力，则需设两排桩，或桩与锚索框架共同抗滑，或分级支挡。

当有多层滑面时，应分层计算滑坡推力，支挡工程应保证各层滑坡的稳定。图7-7是抗滑桩的结构形式示意图供参考使用。

值得提出的是，多层滑面的滑坡，各层的活动状态和复活的可能并不相同，可采用不同的安全系数计算滑坡推力。当深层滑面在排水后无滑动可能时，抗滑桩不一定要锚入深层滑面以下。这样可减少桩长，节约投资。

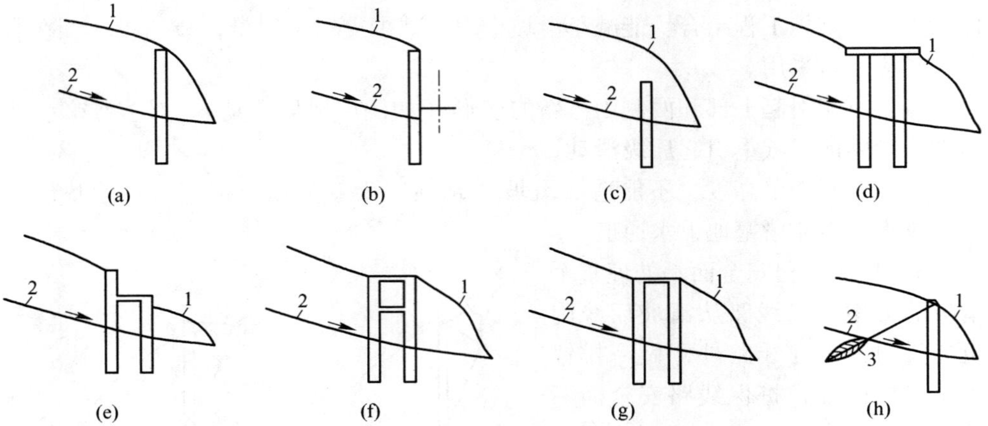

图 7-7　抗滑桩结构形式图

（a）全埋式桩；（b）悬臂桩；（c）埋入式桩；（d）承台式桩；
（e）椅式桩（h 形桩）；（f）排架桩；（g）刚架桩；（h）锚索桩
1—地面线；2—滑动面；3—锚索

8 地表排水措施设计

地表排水措施主要通过拦、截、排地表暴雨径流等，以减少滑坡体内雨水渗透，防止滑带土软化、滑体土自重增大以及滑坡体冲刷而造成滑坡或边坡滑塌。地表排水处理是公路滑坡防治的常用方法，也是公路滑坡防治的关键方法，在工程治理时可单独采用，更多的是辅助或结合其他方法使用。

8.1 地表水排水措施设计一般要求

（1）地表排水设施设计应根据滑坡的规模、范围及其重要程度合理确定降雨频率。高速公路、一级公路滑坡，降雨重现期采用 15 年，其他等级公路采用 10 年。

（2）地表防排水设计应根据滑坡范围的场地情况，合理布置各类排水设施，形成完善的排水系统，及时引排地表水。并应符合下列要求：

1）在滑坡后缘的稳定地层上设置环形截水沟，滑坡范围较大时，应在滑坡体范围内设置多道环形或树枝状排水沟，滑坡范围排水沟宜布置在渗透系数（入渗率）变化和地表坡度变化地带。

2）对滑坡范围泉水出露点应设置集水井汇水、通过排水沟引出滑体之外。当滑坡表层有积水湿地时，可将排水沟上端做成排水渗沟，伸进湿地内，达到疏干湿地内地下水和上层滞水的目的。

3）截水沟、排水沟断面形式可采用矩形、梯形、复合型、U 形等，断面尺寸应按《公路排水设计规范》（JTG/T D33）的有关规定进行水力计算确定。

4）截水沟、排水沟的冲刷强度超过土质抗冲刷能力，应采取浆砌片（块）石、混凝土预制块等防护加固措施。当排水沟通过裂缝时，应采取防渗和防裂措施。

5）截水沟设置在公路滑坡后缘边界以外 3.0~5.0m 处，排水沟设置在滑坡体内和前缘。

6）跌水槽或跌水井设置在排水高差较大而距离较短或坡度较陡的地段。水流通过坡度大于 10%，水头高差大于 1.0m 的陡坡地段或特殊陡坎地段时，应设置急流槽或跌水，出水口应采取消能措施，防止冲刷。急流槽底应设置防滑平台或凸榫，防止基底滑动。当跌水高差在 5m 以内时，宜采用单级跌水；跌水高差大于 5m 时，宜采用多级跌水。跌水槽一般为阶梯形结构，跌水井一般为竖井形结构，内设消能板等。

7）滑坡范围的地表裂缝应采用黏土或水泥浆等进行封填。封填前，应采用不透水材料覆盖裂缝区域，防止雨水或地表水入渗。

8.2　地表水汇流计算程序

地表水汇流计算程序如图 8-1 所示。

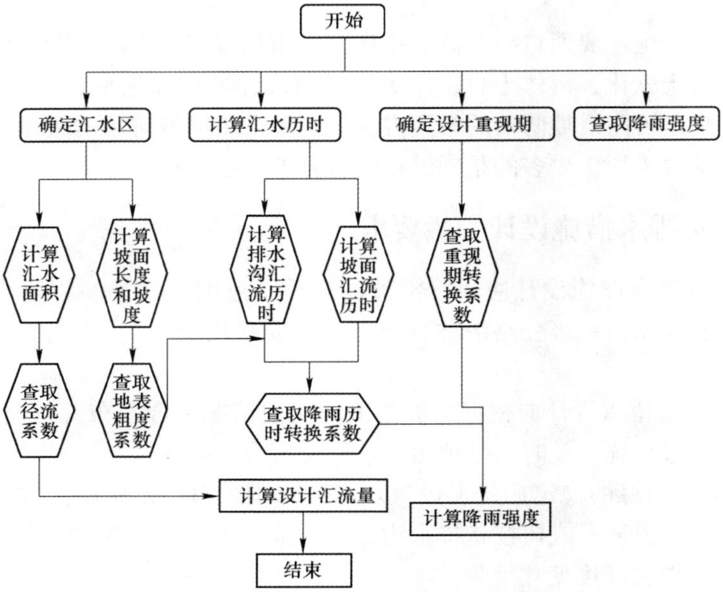

图 8-1　地表水汇流计算程序

8.3　截水沟设计

截水沟主要是截断或减少滑坡体外雨水进入滑坡体内，以减少滑坡体的地下水位或滑坡体内水体。要做好截水沟，一般要求：（1）设计前应进行现场查勘和分析，合理规划截水系统，确保水流畅通；（2）截水沟应结合地形布置，直接、平滑、快速，沟内水应尽量直接引至天然河沟渠内；（3）截水沟位置选择要合理，截水沟以上的地缝等应尽量用黏土填实，减少雨水渗透；（4）截水沟应能保证迅速排除地面水，沟底纵坡不应小于 0.5%，以免水流停滞。对土质地段的截水沟应采取措施，减少水流冲刷或渗漏。

8.3.1　截水沟流量计算

8.3.1.1　计算方法

该计算采用暴雨推算法。暴雨推理是运用成因分析与经验推算相结合的方法，从实测的暴雨资料入手，应用地区综合分析方法来分析暴雨资料和地区特征关系，从而间接地推求设计流量，是一种半理论半经验的计算方法。

一次暴雨降雨在满足了植物滞留、洼地蓄水和表土储存后，当后降雨强度超过入渗能力时，超渗的雨量将沿着坡面汇流入河网。而决定小流域洪峰流量大小（即影响产流与汇流）的主要因素，一般有降雨量、降雨强度、降雨的时空分布和下垫面（如植物滞留洼地蓄水、土壤蒸发、入渗；汇水区的大小、形状、坡度）等。暴雨推理法把汇水区上的产、汇流条件概括简化，并引入一些假定，从而建立起主要因素和洪峰流量之间的推理关系和经验关系，通过统计分析计算，定量其参数，最后得到计算公式见式（8-1）。

$$Q_p = 0.278\left(\frac{S_p}{\tau^n} - \mu\right)F \tag{8-1}$$

式中 Q_p——规定频率为 p 时的设计洪峰流量，m^3/s；

S_p——频率为 p 时的设计暴雨平均强度，俗称雨力，mm/h；

τ——流域汇流时间，h；

n——暴雨递减指数，按汇流时间及分区范围查表取值；

μ——损失参数，具体数值可参阅各地区的水文手册，mm/h；

F——流域面积，km^2。

8.3.1.2 计算参数的取得

（1）需要确定的汇水区几何参数有三个：即汇水面积 $F(km^2)$、主河沟长度 $L(km)$、主河沟平均坡度 I_Z（‰）。

（2）设计暴雨平均强度计算。设计暴雨推算长由以下几种路径获得：

1）根据省（区）水文手册（包括有关的水文图集，如《暴雨径流查算图表》）中绘制的暴雨参数等值线图，查算出统计历时的流域设计雨量，如24h设计暴雨量等。

2）将统计历时的设计雨量通过暴雨公式转化为任一历时的设计雨量；暴雨公式指在一定频率情况下时段平均暴雨强度与历时 t 的关系式，称为暴雨公式见式（8-2）：

$$i = \frac{S}{t^n},\ x = S\,t^{1-n} \tag{8-2}$$

3）按分区概化雨型或移用的暴雨典型同频率控制放大，得设计暴雨过程。

（3）损失参数 u 的计算。损失参数的计算考虑了以下几点：按超渗产流概念，假定把地面点的损失概化为产流历时的损失，等于常数；影响损失参数的因素，主要考虑了土壤种类、植被、降雨量、汇水面积及地形情况等几项；分类和分区给出个系数和指数值。按已扣除法（即计算固定损失率的方法）进行计算。计算公式为：

$$u = K_1 S_P^{\beta_1} \tag{8-3}$$

式中 K_1——系数，具体数值可参阅各地区的水文手册；

β_1——指数，具体数值可参阅各地区的水文手册。

（4）汇流时间 τ 的计算。汇流时间 τ 依据以下几点进行计算：

1）将汇水区内降雨概化为平均净雨过程，假定同一时段的汇水区内净雨是相同的。

小流域均按全面汇流计算。因汇水区面积小，汇流时间 τ 相应也短，故一般净雨（产流）历时 $t_c > \tau$ 时段的部分最大净雨造峰，即 $t_c \leqslant \tau$ 时，则此时可以 τ 取代 t_c 。

2）不计汇流过程，但计算最大汇流洪峰流量。主要考虑汇水区特征、降雨量和地形等因素。计算公式为：

$$\tau = K_3 \frac{L^{\alpha_1}}{\sqrt{I_Z}} \tag{8-4}$$

式中 τ——汇流时间，h；

I_Z——主河沟平均坡度，‰，现场勘查得，I_Z = 主河沟起终点高差/主河沟长度；

K_3——系数，具体数值可参阅各地区的水文手册；

α_1——指数，具体数值可参阅各地区的水文手册。

8.3.2 截水沟断面设计

8.3.2.1 截水沟断面形式

截水沟断面形状可为矩形、梯形、复合型及 U 形等（见图 8-2）。梯形、矩形断面排水沟，易于施工，维修清理方便，具有较大的水力半径和输移力，在滑坡防治排水工程设计时应优先考虑。

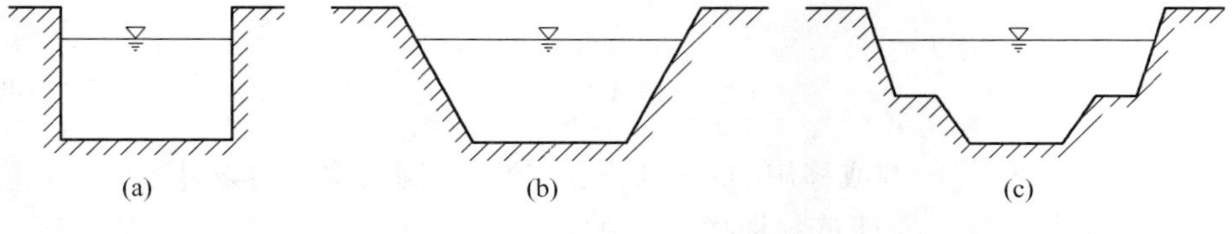

图 8-2 截水沟断面设计图

（a）矩形断面；（b）梯形断面；（c）复合型断面

8.3.2.2　截水沟断面尺寸计算

截水沟水力设计，应首先对截水系统各主、支沟段控制的汇流面积进行分割计算，并根据设计降雨强度和校核标准分别计算各主、支沟段汇流量和输水量；在此基础上，确定截水沟断面或校核已有截水沟过流能力。截水沟过流量计算公式为式（8-5）~式（8-7）。

$$Q = WC\sqrt{Ri} \tag{8-5}$$

式中　Q——过流量，m^3/s；

R——水力半径，m；

i——水力坡降；

W——过流断面面积，m^2；

C——流速系数，m/s，宜采用式（8-6）、式（8-7）计算。

（1）巴甫洛夫斯基公式：

$$C=R^y/n \tag{8-6}$$

式中　y——与 n、R 有关的指数。

$$y = 2.5\sqrt{n} - 0.13 - 0.75\sqrt{R}\left(\sqrt{n} - 0.10\right)$$

（2）满宁公式：

$$C = R^{1/6}/n \tag{8-7}$$

式中　R——水力半径，m（可采用表 8-1 中的参考值）；

n——糙率（可采用表 8-2 中的参考值）。

表 8-1　各种水沟的水力半径和过水断面面积计算表

断面形式	断面图	断面面积（A）	水力半径（R）
矩形	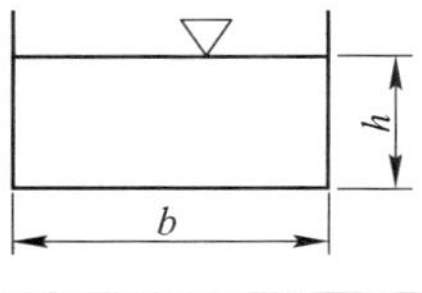	$A = bh$	$R = \dfrac{bh}{b + 2h}$
三角形	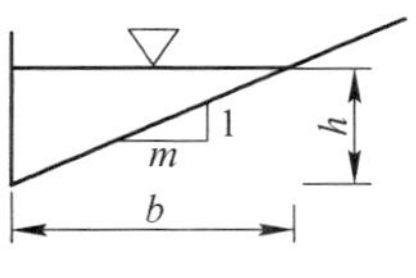	$A = 0.5bh$	$R = \dfrac{0.5b}{1 + \sqrt{1 + m^2}}$
三角形	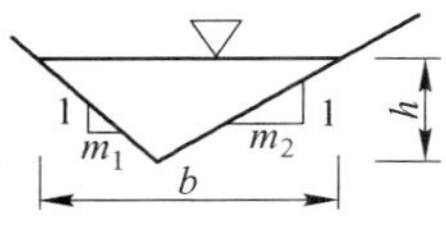	$A = 0.5bh$	$R = \dfrac{0.5b}{\sqrt{1 + m_1^2} + \sqrt{1 + m_2^2}}$

续表 8-1

断面形式	断面图	断面面积（A）	水力半径（R）
梯形	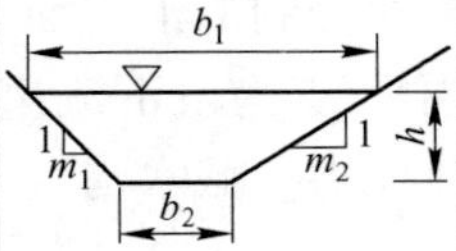	$A=0.5(b_1+b_2)h$	$R=\dfrac{0.5(b_1+b_2)h}{b_2+h(\sqrt{1+m_1^2}+\sqrt{1+m_2^2})}$
圆形	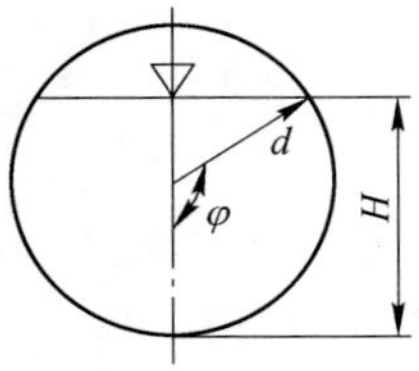 充满度 $\alpha=H/2d$, $\varphi=\arccos(1-2\alpha)$, φ 为弧度	$A=d^2\left(\varphi-\dfrac{1}{2}\sin2\varphi\right)$	$R=\dfrac{d}{2}\left(1-\dfrac{\sin2\varphi}{2\varphi}\right)$

表 8-2　水沟边壁的糙率

水流边壁类型及其表面特征	糙率 n 值
（1）混凝土衬砌	—
1）壁面顺直，有抹光的水泥浆面层或经磨光表面光滑者	0.011～0.012
2）壁面顺直，采用钢模且拼接良好者	0.012～0.013
3）壁面顺直，采用木模拼接且缝间凹凸度在 3～5mm 之内者	0.013～0.014
4）壁面不够顺直，木模拼接不良，缝间凹凸度达 5～20mm 者	0.014～0.016
5）粗糙的混凝土	0.016～0.018
（2）喷混凝土	—
1）围岩表面平整	0.020～0.025
2）围岩表面高低不平整	0.025～0.030
（3）喷浆护面	0.016～0.025
（4）水泥浆砌块石护面	—
1）渠底，壁面较顺直，砌石面较平整，拼接良好，1m^2 内不平整度约 30～50mm 者	0.015～0.020
2）平整度较差	0.020～0.030
（5）干砌块石或乱石护坡	—
1）渠底，壁面欠顺直，干砌石拼接一般	0.021～0.023
2）干砌块石平整度较差或乱石护坡	0.023～0.035
（6）岩石	—
1）经过良好修整的	0.025～0.030

续表 8-2

水流边壁类型及其表面特征	糙率 n 值
2）经过中等修整的	0.030~0.033
3）未经修正，凹凸甚大者	0.035~0.045
（7）土	—
1）平整顺直，养护良好	0.020~0.023
2）平整顺直，养护一般	0.023~0.025
3）床面多石，杂草丛生，养护较差	0.025~0.028

8.3.3 截水沟断面形式选择

截水沟断面形状可为梯形、矩形、复合型及 U 形，梯形、矩形断面应优先考虑。截水沟进出口已采用喇叭口或八字形导流翼墙，导流翼墙长度取设计水深的 3~4 倍。当排水沟断面变化时，采用渐变段衔接，其长度取水面宽度之差的 5~20 倍。排水沟的安全超高不小于 0.3m；对弯曲段凹岸，还要考虑水位壅高的影响。

截水沟弯曲段弯曲半径，不小于最小容许半径及沟底宽度的 5 倍。最小容许半径按式（8-8）计算。

$$R_{\min} = 1.1v^2A^{1/2} + 12 \tag{8-8}$$

式中 $R_{\min}$——最小容许半径，m；

v——沟道中水流流速，m/s；

A——沟道过水断面面积，m^2。

8.4 排水沟设计

8.4.1 排水沟的平面布置

排水沟主要布置在滑坡体内，排出滑坡体内雨水或生产生活用水。排水沟布置应尽量采用直线，减少弯曲或折线，必须转弯时半径不宜小于 10~20m。

对于较小的滑坡，可以在滑坡体前缘设置一道排水沟，对较大的滑坡体必须设置多道排水沟，其布置可依地形而定。排水沟布置时还需结合滑坡体周边排水系统的规划，统一考虑，确保排水沟内雨水等能及时排出滑坡体外。

8.4.2 排水沟流量计算

排水沟主要排出滑坡体内雨水或积水，若控制汇水面积较小，流量不大，可以参考截水沟的汇流量计算方法计算排水沟流量。简单方法可直接通过设计降雨强度和控制汇水面积估算。

8.4.3 排水沟断面形式

排水沟断面形式一般为矩形，也有梯形、U形等，其断面大小应根据排水流量确定，深度与底宽一般不宜小于0.3～0.5m。排水沟沟底纵坡一般不小于0.5%，过缓会影响到排水沟排水效果。对土质地段排水沟应做好衬砌和防护，以防水流冲刷和渗漏，软质岩石段排水沟也需衬砌和防护。当排水沟通过裂缝时，设置成叠瓦式沟槽，可用土工合成材料或钢筋混凝土预制板制成。有明显开裂变形的坡体，用黏土或水泥浆填实裂缝，整平积水坑、洼地。排水沟进出口宜采用喇叭口或八字形导流翼墙，导流翼墙长度取设计水深的3～4倍。当排水沟断面变化时，采用渐变段衔接，其长度取水面宽度之差的5～20倍。排水沟的安全超高不小于0.3m。对弯曲段凹岸，要考虑水位壅高的影响。

9 地下排水措施设计

地下水是诱发公路滑坡的重要因素之一，而地下水的存在往往是形成和产生滑坡的主要条件。截流、疏干或降低滑坡体内地下水，也是防治公路滑坡的常用措施之一，效果有时很明显，因为排除地下水，特别是滑面（带）积水，可使滑坡体土体干燥，从而提高其强度指标，降低滑坡岩土体的重度，并可消除地下水的水压力，以提高滑坡体的稳定性。

地下水排水处理措施特别适用于地下水对滑坡体稳定性很敏感且严重影响滑坡体的稳定性的公路滑坡。治理滑坡体内地下水"宜疏而不宜堵"，设计工程师应充分考虑滑坡体的水文地质条件，特别是滑带的地下水分布类型、补给来源及方式，合理采用拦截、疏干、引排等地下水防治措施，达到"追踪寻源、截断水流、降低水位、晾干土体，提高岩土抗剪强度，稳定滑坡"的目的。

常用地下水处理方法有：截水明沟、截水盲沟、盲沟、排水隧洞、排水平洞等，针对不同滑坡地质条件和周边环境条件可选择不同的地下水处理方法，也可与其他处理措施结合采用。

9.1 地下排水措施设计的一般要求

9.1.1 地下排水支撑渗沟设计要求

（1）地下排水支撑渗沟可用于规模较小、滑面埋深宜小于 10m 的滑坡。宜顺滑坡滑动方向平行布置在滑坡表层有积水的湿地和地下水露头处。

（2）支撑渗沟基础应置于滑动面（带）以下的稳定地层内 0.5m 以上，寒冷地区应置于最大冻深线以下 0.25m，或对基底换填非冻胀性土质。当滑动面坡度较大时，基底应设置为台阶状，台阶宽度宜为 2.0~3.0m，台阶向外倾斜坡度宜为 2%~4%。

（3）支撑渗沟断面宽度一般为 2.0~4.0m，横向间距应根据土质情况和渗水量确定，黏性土地段，间距宜为6~8m；重砂黏土夹碎、片块石地段，间距宜为 8~10m。

（4）支撑渗沟内部充填料宜选用干砌片石，也可采用块石、碎石、卵石等渗水性材料。沟壁两侧和顶部应设置反滤层（见图 9-1），反滤层厚度不宜小于 0.25m，反滤层可采用透水性砂砾或透水土工布。沟底部可采用浆砌片石铺砌，厚度不宜小于0.30m，必要时可设置透水管加强排水。在寒冷地区，渗沟出口应考虑防冻措施。

地下排水支撑渗沟（见图9-2）对规模较小、滑面埋深浅的滑坡有较好的效果，其一方面可起到排除滑坡体中地下水或上层滞水的作用，另一方面也可起到抗滑支撑的作用。但当滑面埋深大，特别是含水量高时，采用支撑渗沟往往开挖困难，沟壁易坍塌，危险性大，且需要大量支撑材料，造价高。

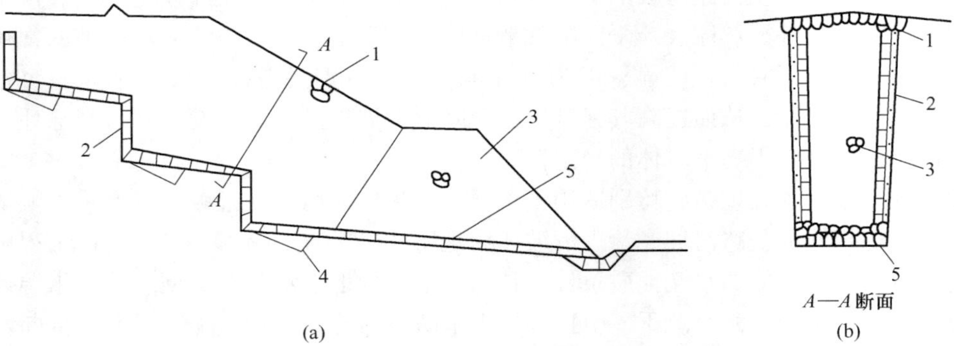

图9-1 滑坡地下排水支撑渗沟断面示意图

1—大块干砌片石；2—反滤层；3—干砌片石；4—浆砌片石；5—牙石

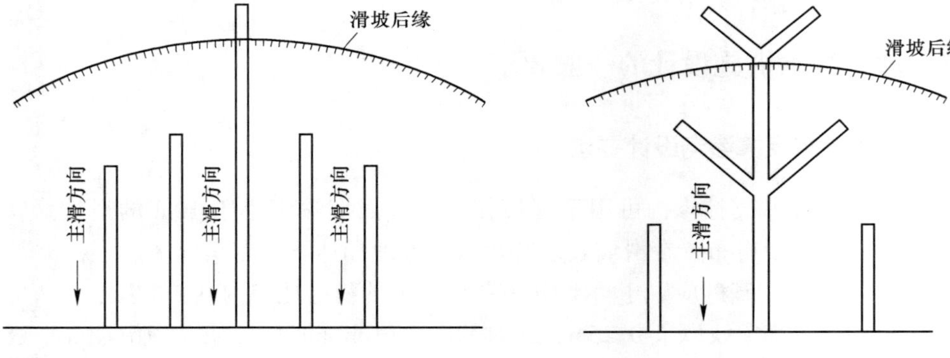

图9-2 支撑渗沟平面布置图

（a）一字形；（b）Y字形

9.1.2 仰斜排水孔设计要求

仰斜式排水孔可用于引排滑坡内的地下水，长度应伸至含水层底部、地下水富集部位或潜在滑动面，并宜根据滑坡地下水情况成群布置。仰斜式排水孔仰角不宜小于6°，当含水层粉细砂颗粒较多时，也不宜大于15°，避免土体流失。排水孔钻孔直径宜为 75~150mm ，孔内应设置透水管。透水管直径宜为 50~100mm，可选用软式透水管或带孔的塑料管等材料。透水管应外包透水土工布作为反滤层。

仰斜式排水孔一般布设于地下水发育的滑坡上部或前缘，以降低滑坡体内的地下水位，减少孔隙水压力，提高滑带土的抗剪强度，增加滑坡的稳定性。

仰斜式排水孔往往成群布设，钻孔密度和深度，主要取决于含水层层数、厚度、水量大小以及渗透系数。当存在多层含水层时，也可与集水井、排水隧洞联合使用。

仰斜式排水孔的布设方向宜与滑坡的主滑方向一致，以免滑坡变形或滑动时被错断，导致排水失效。

9.1.3 井点降水设计要求

滑坡内地下水埋藏较深、分布不均匀，采用其他排水措施难以有效排除地下水、且造价昂贵时，可采用井点降水方式引排滑体内的地下水。井点降水宜用于滑坡应急抢险工程或在施工期临时降低地下水位。

井点降水工程量小，造价低，在公路滑坡治理中得到了一定程度的应用。但由于抽水需要电源，且抽水具有连续性，所以主要应用于滑坡应急抢险工程，或在滑坡施工过程中作为降低地下水位的临时措施。当滑坡区地下水丰富，施工抗滑桩或其他结构时基坑开挖过程中土体容易坍塌，施工困难，采用井点降水可迅速有效降低临时地下水位，增强土体稳定性。

潜水泵型号和抽水间隔时间根据涌水量大小确定。

9.1.4 排水隧洞设计要求

（1）排水隧洞可用于引排滑坡内深层地下水。其通常由排水隧洞、垂直渗井（管）、检查井等组成，见图 9-3。排水隧洞四周应设置若干渗井、渗管或仰斜排水孔，将滑动面以上的其他含水层引入洞内。排水隧洞以下存在承压含水层时，宜在洞底部设置渗水孔。

（2）排水隧洞的埋设深度应根据主要含水层的埋藏深度确定，并应设置在稳定地层内，顶部设在滑动面（带）以下深度不宜小于 2. 0~3. 0m。

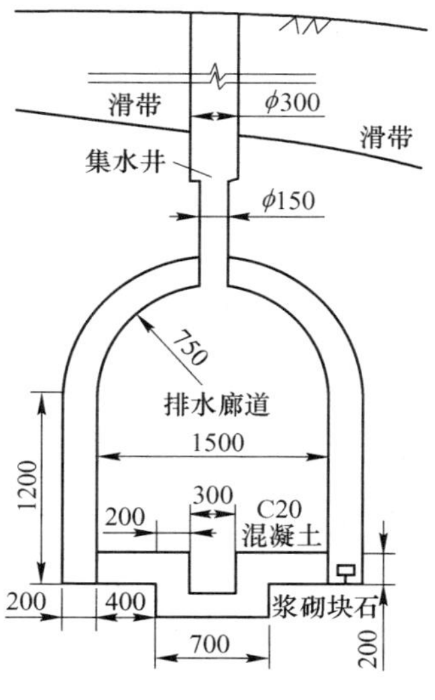

图 9-3 滑坡地下排水隧洞剖面示意图

（单位为 mm，结构尺寸仅供参考）

(3) 洞底排水纵坡不宜小于1%，当纵坡较大时，应设置台阶跌水消能。

(4) 隧洞平面轴线宜顺直，拦截滑坡体后部深层地下水及降低滑坡体内地下水位的横向排水隧洞应置于滑坡体后缘滑动面以下，与地下水流向基本垂直；纵向排水疏干隧洞可置于滑坡体（或老滑坡）内，两侧设置与地下水流向基本垂直的分支截排水隧洞和仰斜排水孔。

(5) 隧洞最小断面尺寸应满足施工要求，隧洞横断面净高不宜小于1.8m，净宽不宜小于1.2m。

(6) 排水隧洞结构设计应符合《公路隧道设计规范》(JTG D70)的相关规定。

9.2 渗透系数的确定

要排出滑坡内地下水，先需了解滑坡体土层的渗透系数，并通过详细调查、勘探等方法查明使滑动面（带）产生孔隙水压力的地下水分布状况，测定其水压力，以便采用合理的地下水排水方案。

地下水调查可采用地质调查方法，对于水文地质条件较复杂的地区，除采用一般调查分析外，还应结合钻孔、坑探和平洞等方法，地下水调查内容包括其类型和补给来源，含水层与不透水层的性质、层数和层厚，泉水出露的埋藏深度、水位变化规律和变化幅度，运行调度及库水位变幅范围，地下水的流向、流速、水力坡度和流量等。

公路滑坡地下水的流向可采用三点法测定，在边长为50~150m的等边三角形的顶点布置钻孔，按各钻孔的地下水水位高程绘制等水位线。垂直等水位线的方向即为地下水的流向。另外，向钻孔内投放着色指示剂，可测定地下水的流速，或利用已知的水力坡度和渗透系数来计算流速。

确定渗透系数的方法可采用室内试验方法或现场试验方法。采用室内试验时，可采用常水头或变水头渗透试验确定。常水头渗透试验适用于透水性高的粗粒岩土，而变水头渗透试验适用于透水性中等或低的细粒岩土。

现场试验又有抽水试验和注水试验。抽水试验适用于地下水位较高的含水层，注水试验则适用于地下水位较低的含水层。而在公路滑坡区一般采用抽水试验。抽水试验一般用垂直钻孔进行，抽水的深度应达到含水层下部的弱透水层或滑带以下。通常在抽水孔的周围，沿地下水流动的方向按20~30m间距设置水位观测钻孔，这些观测孔也应深至所需要的含水层。通过对现场的抽水试验，测定抽水量和水位随时间的变化数据后，可通过计算确定渗透系数。各类滑坡体岩土的渗透系数，随其性质和组成岩土的颗粒成分、大小及其密实程度等的不同而相差很大，同类岩土的渗透系数变化范围也很大。表9-1为部分岩土的渗透系数参考值。

表 9-1　部分岩土的渗透系数参考值

序号	岩土名称	渗透系数/$cm \cdot s^{-1}$	序号	岩土名称	渗透系数/$cm \cdot s^{-1}$
1	黏土	$<6\times10^{-6}$	6	中砂	$6\times10^{-3}\sim2\times10^{-2}$
2	粉质黏土	$6\times10^{-6}\sim6\times10^{-4}$	7	粗砂	$2\times10^{-2}\sim6\times10^{-2}$
3	粉土	$1\times10^{-4}\sim6\times10^{-4}$	8	砾石	$6\times10^{-2}\sim1\times10^{-1}$
4	砂土	$6\times10^{-4}\sim1\times10^{-3}$	9	卵石	$1\times10^{-1}\sim6\times10^{-1}$
5	细砂	$1\times10^{-3}\sim6\times10^{-3}$	10	漂石	$6\times10^{-1}\sim1$

9.3　滤水沟设计

9.3.1　支撑渗沟设计

9.3.1.1　支撑渗沟长度计算

对于规模小、滑面埋深较浅的滑坡，采用支撑渗沟排除滑坡体地下水，具体施工简便、效果明显的优点，并可起到抗滑支撑的作用。

支撑渗沟长度计算采用式（9-1）为：

$$L = \frac{K_s T\cos\alpha - T\sin\alpha\tan\varphi}{\gamma h b\tan\varphi} \tag{9-1}$$

式中　L——支撑渗沟长度，m；

T——作用于盲沟上的滑坡推力；

α——支撑渗沟后的滑坡滑动面倾角，(°)；

h，b——支撑渗沟的高、宽，m；

γ——盲沟内填料容量，采用浮容量，kN/m^3；

φ——盲沟基础与地基内摩擦角，(°)；

K_s——设计安全系数，取值 1.3。

9.3.1.2　支撑渗沟出水量计算

支撑渗沟排除地下水的出水量计算采用式（9-1）、式（9-2）计算。

（1）设计盲沟长度大于 50m 时：

$$Q = LK\frac{H^2 - h^2}{2R} \tag{9-2}$$

式中　Q——盲沟出水量，m^3/d；

L——盲沟长度，m；

K——渗透系数，m/d；

H——含水层厚度，m；

h——动水位至含水层底板的高度，m；

R——影响半径，m。

（2）当设计盲沟长度小于50m时：

$$Q = 0.685K\frac{H^2 - h^2}{\lg\dfrac{R}{0.25L}} \tag{9-3}$$

式中符号意义同前。

9.3.1.3 支撑渗沟支撑力计算

（1）支撑渗沟单独承受的滑坡推力可按挡土墙方法计算，其支撑力 P 为：

$$P = N_y f - N_x \quad N = hLb\gamma \tag{9-4}$$

式中 h——支撑渗沟的平均深度，m；

L——支撑渗沟的平均长度，m；

b——支撑渗沟的宽度，m；

γ——支撑渗沟填料的容重，kN/m^3；

f——支撑渗沟基底与土基间的摩擦系数；

N——支撑渗沟体重量，kN；

N_x——重量 N 在滑面方向分力，kN；

N_y——重量 N 在滑面法向分力，kN。

滑坡体作用在一条支撑渗沟上的总下滑力 T 为各分块下滑力之和。

支撑渗沟以上的土体对支撑渗沟的作用按天然拱考虑，拱矢度常在盲沟宽度的1/2~1/3之间，一般取1/2。拱的形状随滑坡岩土体密实程度和 c、φ 值而异，一般多采用抛物线或圆曲线。支撑渗沟承受左、右两端自然拱以上1/2土体的下滑力（靠边的支撑渗沟亦同）。

当支撑力与下滑力处于极限平衡时，有：

$$P = T\cos\alpha - fT\sin\alpha \tag{9-5}$$

式中 α——滑动面倾角，（°）；

f——滑坡体与滑坡床的摩擦系数；

P、T 意义同前。

（2）支撑渗沟与抗滑挡土墙联合承受滑坡推力。支撑渗沟与抗滑挡土墙联合使用时，先计算滑坡推力，滑坡推力计算算至墙后，减去盲沟的支撑力，剩余下滑力由挡土墙支承。计算下滑力时，在渗水沟范围内采用疏干后的滑带土抗剪强度数值，工程应用时可按流塑、软塑、可塑的顺序提高一级考虑。

支撑渗沟支撑力 P 的计算方法同前。其单位宽度内的支撑力按式（9-6）

计算。

$$P_1 = P/d \tag{9-6}$$

式中 P_1——单位宽度内的支撑力，kN；

P——每条支撑渗沟的支撑力，kN；

d——支撑渗沟的间距，m。

作用于挡土墙的推力 T，可按式（9-7）计算：

$$T = E - \frac{P'}{\cos\alpha} \tag{9-7}$$

其中水平分力 T' 可按式（9-8）计算：

$$T' = E \cdot \cos\alpha - P' \tag{9-8}$$

工程设计中应根据滑动面的深度、含水状态及施工方法，先决定渗沟的布置、长度、断面尺寸及支撑力 P，然后再按 T 或 T' 设计抗滑挡土墙。

实践证明，用较长的支撑渗沟和较小的抗滑挡土墙比短沟大墙效果好。

9.3.1.4 支撑渗沟设计

支撑渗沟一般按抗滑支撑力控制设计，在计算中取抗滑稳定系数 $k \geqslant 1.30 \sim 1.50$，即

$$k = \frac{P + fT\sin\alpha}{T\cos\alpha} \tag{9-9}$$

$$P = kT\cos\alpha - fT\sin\alpha \tag{9-10}$$

在设计中，一般是根据滑动面的埋藏深度和施工条件，先给定 h 和 b，然后按抗滑力的要求计算出支撑渗沟的长度：

$$L = \frac{kT\cos\alpha - fT\sin\alpha}{hb\gamma f} \tag{9-11}$$

9.3.2 坡面滤水沟设计

坡面滤水沟的作用是疏干潮湿的边坡和引排边坡上局部出露的泉水或上层滞水，减轻坡面冲刷。

坡面滤水沟垂直嵌入坡体，基底埋入潮湿土层以下较干燥而稳定的土层内，做成有2%~4%泄水坡的阶梯式，基底一般要铺砌防滤水。当边坡上只是局部潮湿且面积不大时，宜布置成条带形；当局部潮湿的面积较大时，宜布置成分岔形；当边坡普遍潮湿时，应布置成拱形或人字形。

坡面滤水沟的间距取决于地下水的分布、流量和边坡土质等因素，间距一般为6~10m。坡面滤水沟的宽度为1.2~1.5m，其深度可根据边坡潮湿土层的厚度而定。由于引排的地下水流量较小，故沟底填以大粒径石料作为排水通道，沟壁

做反滤层，其余空间可用筛洗干净的滤水材料填充。分岔形布置的分岔部分和拱形、人字形布置的拱部、人字形部分的断面下侧可用黏土铺筑隔水防滤水。滤水沟顶部一般用单层干砌片石覆盖，其表面大致与边坡面齐平。

坡面滤水沟的下部出水口一般用干砌片石垛支挡滤水沟内的填料和排出所汇集的地下水。

9.3.3 截水盲沟设计

截水盲沟的作用是截断或减少滑坡体以外的地下水向滑坡体内渗流，以减少滑坡体内的地下水。当有丰富的深层地下水进入滑坡体时，可在垂直于地下水流的方向上设置截水盲沟以拦截地下水，并排出滑坡体外。

截水盲沟与地表水截水沟有共同点，都是防止滑坡体外水流向滑坡体内，不同点是截水盲沟一般截断滑坡体外较深层的地下水，而地表水截水沟仅截断地表雨水等。

截水盲沟应修筑在滑坡后缘边线范围3.0~5.0m以外的稳定岩土体内，平面上呈环形或折线形，深度一般不小于10m，在三峡库区湖北秭归香溪镇1号滑坡体防治措施中深度达20m左右，截水效果明显。

截水盲沟断面大小不受流量控制，主要取决于施工方便。基底应埋入最低一层含水层下的不透水层或基岩内。当基底未埋入完整基岩时，应采用浆砌块石修筑沟槽。滤水沟的迎水沟壁应设反滤层，背水沟壁应设隔水层。在不致冲刷四周孔壁的前提下，尽量采用较陡的流水纵坡。滤水沟的排水管高度应不小于1m，以便养护人员进入检查和疏通。

截水盲沟在不同土层中注意做好反滤，以防截水盲沟被泥土堵塞。截水盲沟一般深而长，为便于维修与疏通孔道，在直线段每隔30~50m或在截水盲沟的转弯、变坡处应设置检查井。检查井井壁应设泄水孔，以排除附近的地下水。

9.4 排水隧洞设计

排水隧洞是滑坡防治措施之一，它可单独采用，但更多的是结合其他滑坡防治措施一起采用。排水隧洞作用主要是截排或引排集中于滑面附近埋藏较深的地下水。对于滑面以上的其他含水层，可在排水隧洞顶上设置若干滤水井或滤水管将水引入排水隧洞内。对于排水隧洞以下的承压含水层，可在洞的底部设滤水孔将水引入排水隧洞内。

9.4.1 排水隧洞排水能力计算

为拦截滑坡体后山和滑坡体后部深层地下水及降低滑坡体内地下水位，须将横向拦截排水隧洞修于滑坡体后缘滑动面以下，与地下水流向基本垂直；纵向排水疏干隧洞，可建在滑坡体（或老滑坡）内，两侧设置与地下水流向基本垂直的分支截排水隧洞和仰斜排水孔。配有排水孔的截排水隧洞，其排水能力可由下式计算（见式（9-12））：

$$Q = \frac{1.36K(2H - S_w)S_w}{\lg \frac{d}{\pi r_w} + \frac{1.36 b_1 b_2}{db}} \tag{9-12}$$

式中 Q——单井涌水量，m^3/d；

K——渗透系数，m/d；

H——水头或潜水含水层厚度，m；

S_w——排水孔中水位降深，m；

d——井距之半，m；

r_w——井半径，m；

b_1——井排至排泄边界的距离，m；

b_2——井排至补给边界的距离，m。

9.4.2 排水隧洞类型

滑坡中的排水隧洞类型按其作用可分为截水隧洞、疏排隧洞等。

9.4.2.1 截水隧洞

当查明补给滑坡的地下水来源是在滑坡体以外的上方或一侧时，就应在地下水流入滑坡体内前设置截水隧洞将其截断。一般截水隧洞布置在滑坡体以外，其轴线应大致与地下水流向垂直，其底部应最少低于隔水层顶面 0.5m。若截水隧洞设置在滑坡后部滑动面之下，其开挖顶线必须切穿含水层不小于 0.5m，即切穿隔水的滑动带，且衬砌顶拱必须低于滑动面 0.5m。

9.4.2.2 疏排隧洞

疏排隧洞主要是排出滑坡体内地下水并尽可能疏干滑坡体。当滑坡体内有封闭式积水时，可设排水隧洞将其积水排出。这种排水隧洞穿过正在活动的滑坡体时，应全部埋于滑动面（或可以发展为滑动面）的下部不小于 0.5m 处。穿过滑坡稳定部分，排水隧洞应低于含水层底面（距离不小于 0.5m），直接排出积水。

对于一些尚处于稳定状态的老滑坡，在库水位或地下水的频繁作用下，会湿润软化前缘抗滑土体，特别是滑带土。削弱滑坡体抗滑能力，可沿平行滑动方向设置疏干隧洞群，洞内回填片石，以疏干滑体。

疏干隧洞底部位于滑动面以下不小于 0.5m 处。若潮湿土体厚度较大，可于洞顶设渗井、渗管等以增大疏干范围。

9.4.3 排水隧洞结构断面

排水隧洞断面的结构形式可参考水工排水隧洞，可采用城门洞形、鹅卵形、矩形或梯形等。

9.4.3.1 城门洞形断面

城门洞形排水隧洞的拱圈多为圆弧形，边墙内、外直立或为斜坡。当排水隧洞处在较好的岩层中，如强度系数 $f=2\sim4$ 时，采用城门洞形断面，其边墙可用 C15 混凝土或 M10 浆砌片石筑成直墙式；顶部可以采用 C15 混凝土预制块拼装或整体灌注。排水隧洞的横断面宽度一般为 1.0~1.5m，高度为 1.5~2.0m。

9.4.3.2 鹅卵形断面

鹅卵形排水隧洞的衬砌断面，受力条件好，衬砌厚度小，在风化破碎岩层及堆积层中，岩层强度系数 $f=1.5$ 时，均可使用。并采用带有泄水孔的 C15 混凝土块拼装砌筑，厚度为 20cm，其横断面的宽度为 1.0~1.5m，高度为 1.5~1.8m。这种排水隧洞的特点是能承受较大压力，但是施工比较复杂。当岩层松散，强度系数 $f<1.5$ 时，衬砌断面应加厚，但一般不超过 0.4m。

9.4.3.3 矩形和梯形断面

矩形和梯形断面在滑坡排水隧洞用得相对少些。它可构成拼装式钢筋混凝土结构，适用于松散地层，其最大优点是可以预制构件，随挖随撑，一次完成正式建筑物，既节约支撑工程，又保证安全。

框架间留适当间距或拱圈及边墙各块做凹槽，以利泄水。矩形和梯形横断面宽度一般为 1.2~1.6m，高度为 1.8~2.0m。

9.4.4 排水隧洞布置

排水隧洞适用于地下水埋藏较深（大于 15~30m），含水层有规律，水量较大，且多位于滑动面附近的滑动区。修筑排水隧洞，一方面可截断地下水流，疏于滑坡体，以增加其滑坡体稳定性；另一方面又可避免因开挖太深而引起的施工困难。这种排除滑体及滑带水的排水隧洞，国内采用得较多。

排水隧洞应尽可能避免在活动的土体中开挖。一般汇水隧洞洞身应置于滑动面以下的稳定地层内，洞身设置方向最好垂直于地下水流向，出口应置于滑坡体以外的稳定区域。它可事先按衬砌断面分块预制，边掘进边装拼衬砌，这种施工既快捷、节省，又安全、可靠，是一种行之有效的措施。一般根据地下水的水源、流向、含水层、水位等资料进行排水隧洞的设计。

把排水隧洞与集水井连接起来，可利用集水井沉渣。当地下水沿着滑坡区外明显流入滑坡区时，可在地下水流入滑坡区前，用隧洞将其截断并加以排除，这种方法施工时的危险性较小。也有的在滑坡区背后的山地上设置洞口进行排水。

为了确保排水隧洞洞身的稳定，隧洞基底必须做在滑动面以下的基岩或稳定的地层中。当含水层较多，被不透水层分隔时，应视当地地质及水文地质状况，可埋在最低一层，也可埋在水量最大的一层。

9.4.5 排水隧洞排水能力复核

排水隧洞的断面不受水流量的控制，主要取决于施工和养护的方便，并考虑节约投资。但一般排水隧洞的断面都较大，因此其排水能力无须计算即能满足滑坡体地下排除量的要求。

9.4.6 辅助排水滤管

当排水隧洞顶上滑坡体内有一层或数层地下水时，可设渗水井或渗管将地下水汇入隧洞中排出。

渗井、渗管的间距根据集水半径设计，一般隔 10~15m 设置一处渗管，每隔 20~30m 设置一处渗井。渗管利用带孔的铁管、钢管或塑料管放入钻孔中，四周回填粗砂、砾石等渗水填料而成。渗井、渗管连接于隧洞上侧或直接连于隧洞顶上。

渗管施工比较简便，但是由于管径小，集水效能不大，而且易被淤塞，故不常采用。渗井采用支撑施工，从地面向下开挖，达到隧洞顶后再逐层填充，并随填随拆除支撑。在渗井与隧洞连接处应特别加固，以防隧洞承压过大遭到破坏。

9.5 排水孔设计

排水孔包括水平排水孔和垂直排水孔。排水孔作用主要是在滑坡体内增加排水通道，加快滑坡体内水体疏排，降低滑坡体内地下水位。用排水孔排除滑坡地下水，具有布置灵活、施工方便、工期较短、节省材料等诸多特点，是一种经济有效的滑坡体内地下水排出处理措施。

水平排水孔的设置可根据滑坡体内地下水的分布情况和滑坡体的地层结构确定。为了便于滑坡体内地下水顺利排出体外，一般要求水平排水孔进口水位高，出口水位低，倾角为 10°~20°，水平排水孔主要是疏干滑坡体内滞水，孔小而数量多、水量少，故其孔径大小一般不受流量控制。

9.5.1 排水孔布置

排水平孔的设置位置和数量应视滑坡体地下水分布的情况和滑坡体地质条件

而定。排水平孔一般上倾10°~15°。

其孔径大小一般不受流量控制，主要取决于施工机具和孔壁加固材料，通常孔径在数十毫米以上。由于其孔径较小，集水能力较小，若不是汇集来自透水性很强的砾石层的地下水，则排水量不大。因此，要排除来自透水性弱的地层中的地下水，就必须采用较密排水孔间距，对于100mm以上的大孔径钻孔作用不大，且由于土质关系（例如遇到砾石或夹巨砾的砂土），有时也不能很好钻进。平孔排水可单独使用，也可与砂井、竖孔、竖向集水井等联合使用。与砂井或竖孔联合使用时，用砂井或竖井汇集滑坡体内的地下水，用平孔连砂井或竖孔把水排出；与竖向集水井联合使用时，可在其井壁上打些短的水平钻孔，使附近的地下水汇集到集水井中，再在坡面上设置水平钻孔，使竖向集水井中的集水自然地流到滑坡体外，这样可以缩短水平钻孔的尺度，降低工程造价。

9.5.1.1 排水孔平面布置

依滑坡体内水文地质条件的不同，平孔可布置为平行排列或扇形放射状排列。原则上其方向应与滑动方向一致，以免因滑坡滑动而遭破坏。当滑床顶面具有汇水洼槽时，应集中布置于洼槽部分。

9.5.1.2 排水孔立面布置

依据地质纵断面确定，在汇水面积较大的滑面洼部，地下水集中分布处，钻孔一般穿过或伸入滑床。可以根据要求确定地下水层数、滑动面的陡缓和要求疏干的范围，布置单层或多层。平孔的位置必须埋于地下低水位以下，隔水层顶板之上，尽量找到其渗水疏干面积。

因此，设计时应该在充分研究分析水文地质的条件下，先用直孔或物探找到地下水分布规律之后再设计水平钻孔，力求达到每孔出水。

9.5.2 排水孔设计参数

平孔间距可按滑坡体含水层渗透系数和要求疏干的程度确定，实际工程中一般采用5.0~15.0m。平孔深度可随含水层分布位置和滑坡体的形态确定，为增加排水效果，应尽量加大排水深度。

根据机械设备能力和排水效果，目前国内使用的平孔孔径为127~148mm，孔内设107~125mm滤水套管，以防孔壁坍塌堵死和有利于泄水。插入孔内滤水管可用镀锌管、硬质韧性的塑料管或竹管。

除管底部分做流水槽外，在上部约3/4范围内均匀钻孔径为0.5~1.0cm的孔眼，以利排水，孔眼间距5.0~10.0cm，呈梅花状排列。为防止孔眼被堵塞，管周应包裹土工布或填以砂砾石，其颗粒直径级配视含水层土颗粒大小和孔眼大小而定。

平孔排水施工安全，操作方便，钻一个孔只需2~3天，与开挖渗沟相比较，可大量节省挖方和支撑木材，是疏导滑坡内地下水的良好办法。但是平孔排水亦存在着问题，即管径太小，无反滤层，对于平孔的淤塞、使用年限、平孔的吸引管范围和合理间距的确定等问题，均有待进一步研究解决。

对于有多个含水层的滑坡，有时需打多层孔分别排水，其间距视土的渗透性而定，一般为5~30m不等，并和一定数量的竖孔或立井联合使用，以穿通各个含水层。

9.5.3　垂直排水孔

当坡内含水层的渗透性较强，滑带以下有含水层时，还可采用垂直钻孔群或振动挤密砂桩等垂直通道排水。它是将滑坡体内的部分或全部水，借助一般勘探钻孔群或振动挤密砂桩等垂直通道将被滑床等隔离水转移到其下另一较强透水层或含水层的一种工程措施。目的在于提高滑坡的稳定性。它适用于排除处在相对稳定阶段的滑坡的地下水，相对排水隧洞排水，它施工安全，工效高，造价低。

排水钻孔钻机一般用水文、工程地质勘探用的100型或150型，也可用振动挤密砂桩机或振冲设备等将透水层间垂直贯通。孔群最好成排地平行地下水线等高线，即每排孔群方向垂直于地下水流向。

孔距要看含水层的渗透能力和要求下降预定水位的工期而定。

10 重力式抗滑挡土墙设计

10.1 重力式抗滑挡土墙设计的一般要求

重力式抗滑挡土墙设计的一般要求：

（1）重力挡墙适用于居民区、工业和厂矿区以及航运、道路建设涉及的规模小、厚度薄的滑坡阻滑治理工程。

（2）设计挡土墙应与其他治理工程措施相配合，根据地质地形条件设计多个方案，通过技术经济分析、对比后，确定最优方案，以达到最佳工程效果。

（3）挡土墙工程应布置在滑坡主滑地段的下部区域。当滑体长度大而厚度小时宜沿滑坡倾向设置多级挡土墙。

（4）当坡面无建筑物或其他用地，且地质和地形条件有利时，挡土墙宜设置为向坡体上部凸出的弧形或折线形，以提高整体稳定性。

（5）挡土墙墙高不宜超过8m，否则应采用特殊形式挡土墙，或每隔4~5m设置厚度不小于0.5m、配比适量构造钢筋的混凝土构造层。

（6）墙后填料应选透水性较强的填料，当采用黏土作为填料时，宜掺入适量的石块且夯实，密实度不小于85%。

10.2 设计原则与程序

10.2.1 重力式抗滑挡土墙设计原则

（1）抗滑挡土墙一般适合中小型水库滑坡，布置时可将抗滑挡土墙布设在滑坡体前缘或下滑力较小、基床埋深较浅处。

（2）抗滑挡土墙不应超过8.0~10.0m，对于多级滑坡体或者滑坡推力较大时，可分级布设抗滑挡土墙，以减小单级抗滑挡土墙高度。

（3）对于滑坡体中、下部有稳定岩层锁口时，可将抗滑挡土墙设在锁口处，而锁口处以下部分滑体另做处理，或另设抗滑挡土墙等整治工程。

（4）支挡滑动面出口在构筑物附近，且滑坡前缘距建筑物有一定距离时，为防止修建抗滑挡土墙所进行的基础开挖引起滑坡体活动，应尽可能将抗滑挡土墙靠近建筑物布置，以便墙后留有余地填土加载，增加抗滑力，减少下滑力。

（5）抗滑挡土墙应设置在稳定的滩地或垭口处，并在抗滑挡土墙前缘抛石护脚，防止库水波动冲刷引起抗滑挡土墙的失稳，并可增加阻滑力。

（6）对于滑坡体内地下水丰富或滑坡体前缘有泉水的滑坡地段，必须做好辅助排水系统，包括反滤层等，并在抗滑挡土墙上做好排水。

（7）抗滑挡土墙在库水位波动区内时，应考虑到水库蓄水的上升和下降对抗滑挡土墙的影响，设计时应注意做好排水滤水措施。

10.2.2　重力式抗滑挡土墙设计程序

抗滑挡土墙设计程序如图 10-1 所示。

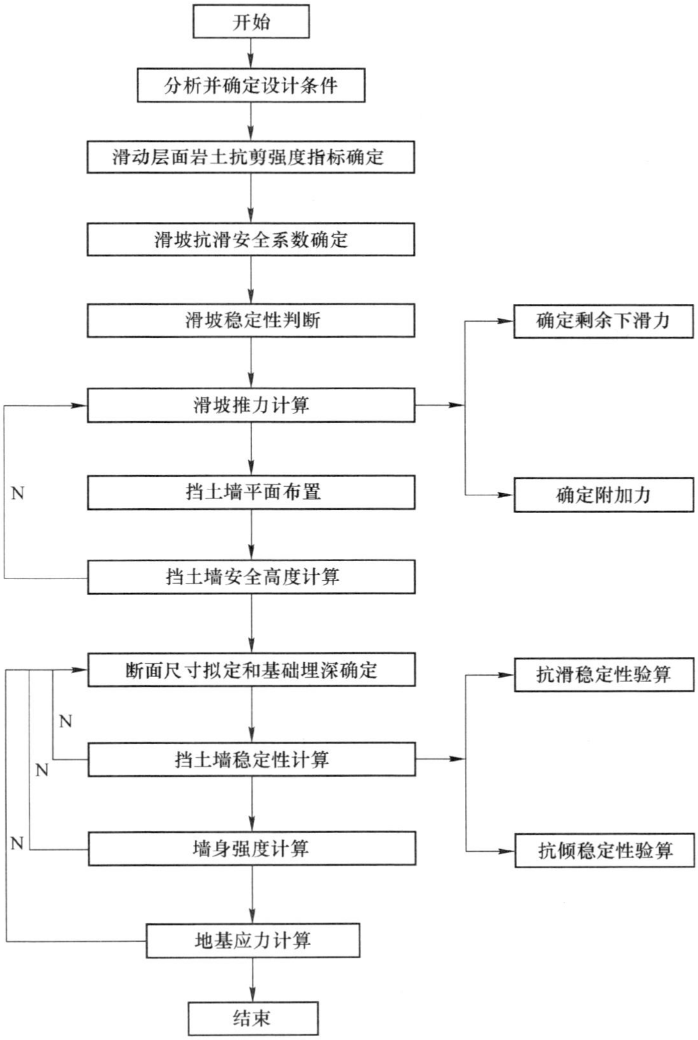

图 10-1　重力式抗滑挡土墙设计程序

10.3 重力式抗滑挡土墙设计

10.3.1 重力抗滑式挡土墙滑坡推力、主（被）动土压力

挡土墙所受压力可采用以下滑坡推力公式和土压力计算公式计算，取其最大值。土压力的计算方法及有关规定如下：

（1）作用在墙背上的主动土压力，可按库仑理论计算。计算公式见下文。

（2）挡土墙前部的被动土压力，一般不予考虑。但当基础埋置较深，且地层稳定，不受水流冲刷和扰动破坏时，结合墙身位移条件，可采用1/3～1/2被动土压力值或静止土压力。被动土压力可按库仑理论计算，计算公式见下文。

（3）衡重式挡土墙上墙土压力，当出现第二破裂面时，用第二破裂面公式计算，不出现第二破裂面时，以边缘点联线作为假想墙背按库仑公式计算，下墙土压力采用力多边形法计算，不计入墙前土的被动土压力。

挡土墙工程结构设计安全系数根据推荐如下：

（1）基本荷载情况下，抗滑稳定性 $K_s \geqslant 1.3$；抗倾覆稳定性 $K_s \geqslant 1.5$；

（2）特殊荷载情况下，抗滑稳定性 $K_s \geqslant 1.2$；抗倾覆稳定性 $K_s \geqslant 1.3$。

10.3.1.1 滑坡推力计算

（1）滑动面为单一平面或圆弧形（见图10-2）。

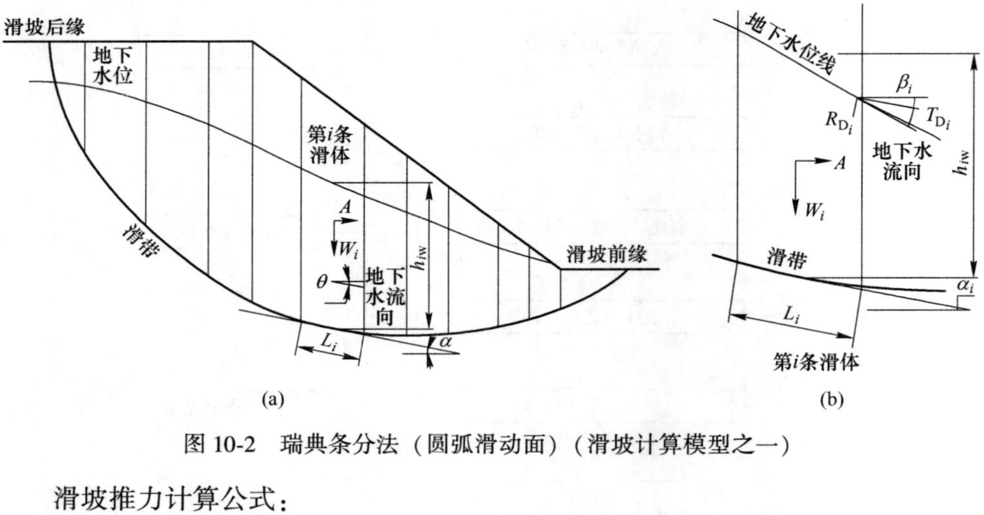

图10-2 瑞典条分法（圆弧滑动面）（滑坡计算模型之一）

滑坡推力计算公式：

对剪切而言：$H_s = (K_s - K_f) \times \sum (T_i \times \cos\alpha_i)$ (10-1)

对弯矩而言：$H_m = (K_s - K_f) / K_s \times \sum (T_i \times \cos\beta_i)$ (10-2)

式中 H_s，H_m——推力，kN；

K_s——设计的安全系数；

T_i——条块重量在滑面切线方向的分力。

（2）滑动面为折线形（见图 10-3）。

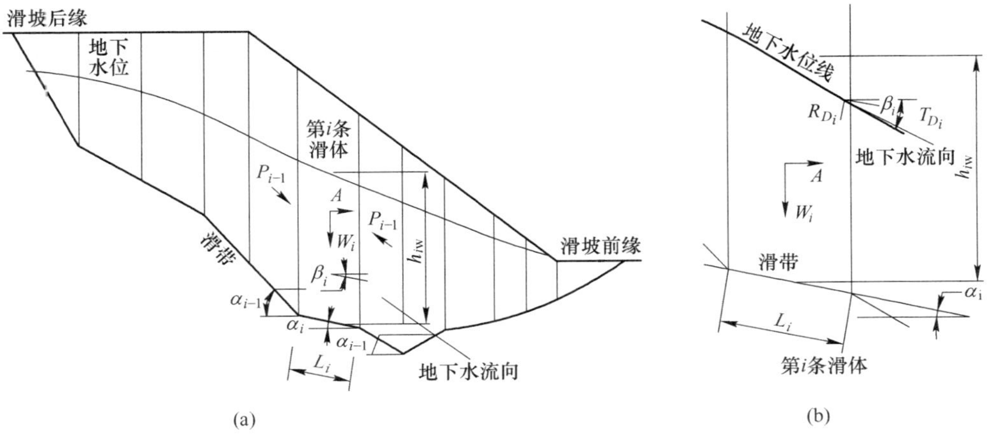

图 10-3 传递系数法（折线形滑面）（滑坡计算模型之二）

应按传递系数法计算，公式如下：

$$P_i = P_{i-1}\psi + K_s T_i - R_i \tag{10-3}$$

式中 P_i——第 i 条块的推力，kN/m；

P_{i-1}——第 i 条块的剩余下滑力，kN/m。

下滑力 T_i：

$$T_i = W_i(\sin\alpha_i + A\cos\alpha_i) + \gamma_w h_{iw} L_i \tan\beta_i \cos(\alpha_i - \beta_i) \tag{10-4}$$

抗滑力 R_i：

$$R_i = W_i(\cos\alpha_i + A\sin\alpha_i) - N_{W_i} - \gamma_w h_{iw} L_i \tan\beta_i \cos(\alpha_i - \beta_i)\tan\varphi_i + C_i L_i \tag{10-5}$$

传递系数：

$$\psi = \cos(\alpha_{i-1} - \alpha_i) - \sin(\alpha_{i-1} - \alpha_i)\tan\varphi_i \tag{10-6}$$

孔隙水压力 N_{W_i}：

$$N_{W_i} = \gamma_w h_{iw} L_i \tag{10-7}$$

即近似等于浸润面以下土体的面积 $h_{iw}L_i$ 乘以水的容重 γ_w。

渗透压力平等滑面的分力 T_{D_i}：

$$T_{D_i} = \gamma_w h_{iw} L_i \tan\beta_i \cos(\alpha_i - \beta_i) \tag{10-8}$$

渗透压力垂直滑面的分力：

$$R_{D_i} = \gamma_w h_{iw} L_i \tan\beta_i \sin(\alpha_i - \beta_i) \tag{10-9}$$

当采用孔隙压力比时，抗滑力 R_i 可采用式（10-10）：

$$R_i = \{[W_i(1 - r_U)\cos\alpha_i - A\sin\alpha_i] - \gamma_w h_{iw} L_i\}\tan\varphi_i + C_i L_i \qquad (10\text{-}10)$$

式中 r_U——孔隙压力比。

10.3.1.2 土压力计算

（1）重力挡土墙主动土压力计算公式（不考虑地震作用）。作用在墙背上的主动土压力，可按库仑理论公式计算，计算公式见式（10-11）和式（10-12）：

$$P_a = \frac{1}{2}\gamma K_a H^2 \qquad (10\text{-}11)$$

$$K_a = \frac{\cos^2(\varphi - \varepsilon)}{\cos^2\varepsilon\cos(\varepsilon + \delta)\left[1 + \sqrt{\dfrac{\sin(\varphi + \delta)\sin(\varphi - \beta)}{\cos(\delta + \varepsilon)\cos(\varepsilon - \beta)}}\right]^2} \qquad (10\text{-}12)$$

式中 P_a——主动土压力，kN/m；
δ——土与墙背间的摩擦角，其值参见表 10-1；
φ——土的内摩擦角，（°）；
β——墙顶土坡坡度，（°）；
ε——墙背与铅垂向夹角，（°）；
K_a——主动土压力系数，无量纲；
H——墙高，m；
γ——土体容重，kN/m^3。

表 10-1 土对挡土墙墙背的摩擦角

挡土墙情况	摩擦角（δ）
墙背平滑，排水不良	0~0.33φ
墙背粗糙，排水良	0.33~0.50φ
墙背很粗糙，排水良好	0.50~0.67φ
墙背与填土间不可能滑动	0.67~1.0φ

（2）抗震地区墙后主动土压力。重力式挡墙墙背地震主动土压力可按式（10-13）计算：

$$E_a = \left[\frac{1}{2}\gamma H^2 + qH\frac{\cos\alpha}{\cos(\alpha - \beta)}\right]K_a - 2cH K_{ca} \qquad (10\text{-}13)$$

式中　γ——填土重度，kN/m，水下采用浮重度；

H——墙高，m；

q——滑裂模体上的均布荷载标准值，地面倾斜时为单位斜面积上的重力标准值，kPa；

α——墙面与竖直方向之间的夹角，(°)，如图 10-4 所示；

β——填土表面与水平面的夹角，(°)，如图 10-4 所示；

c——黏性填土的黏聚力，kPa（当为砂性土时，$c=0$）；

K_a——地震主动土压力系数；

K_{ca}——系数。

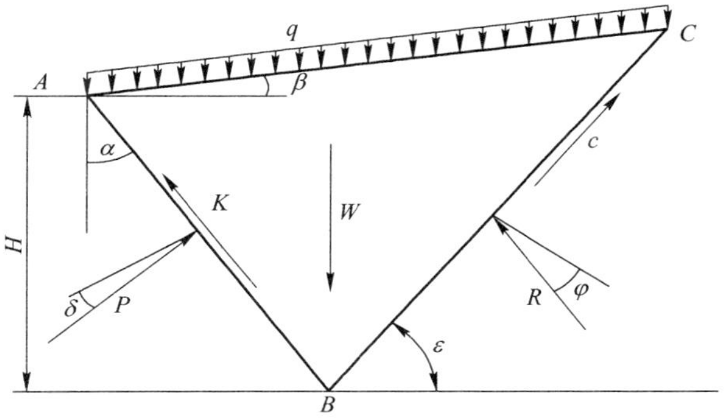

图 10-4　地震土压力计算示意图

式（10−13）中的 K_a 可按式（10-14）计算：

$$K_a = \frac{\cos^2(\varphi - \alpha - \theta)}{\cos\theta\cos^2\alpha\cos(\alpha + \delta + \theta)\left[1 + \sqrt{\dfrac{\sin(\varphi + \delta)\sin(\varphi - \beta - \theta)}{\cos(\alpha - \beta)\cos(\alpha + \delta + \theta)}}\right]^2} \tag{10-14}$$

式中　φ——填土的内摩擦角，(°)；

δ——填土与挡土墙背的摩擦角，(°)；

θ——地震角，(°)，可按表 10-2 取值。

式（10-13）中的 K_{ca} 可按式（10-15）计算：

$$K_{ca} = \frac{1 - \sin\varphi}{\cos\varphi} \tag{10-15}$$

表 10-2　地震角取值表

设计基本地震动峰值加速度		0.10 g（0.15 g）	0.20 g（0.30 g）	0.40 g
θ/（°）	水上	1.5	3.0	6.0
	水下	2.5	5.0	10.0

（3）重力挡土墙被动土压力计算公式（不考虑地震作用）：

$$P_P = \frac{1}{2}\gamma K_P H^2 \tag{10-16}$$

$$K_a = \frac{\cos^2(\varphi + \varepsilon)}{\cos^2\varepsilon\cos(\varepsilon - \delta)\left[1 + \sqrt{\frac{\sin(\varphi + \delta)\sin(\varphi + \beta)}{\cos(\delta - \varepsilon)\cos(\varepsilon - \beta)}}\right]^2} \tag{10-17}$$

式中 P_P——被动土压力，kN/m；

K_P——被动土压力系数，无量纲。

其他符号意义同上。

（4）抗震地区被动土压力计算。地震被动土压力可按式（10-18）计算：

$$E_{ep} = \left[\frac{1}{2}\gamma H^2 + qH\frac{\cos\alpha}{\cos(\alpha - \beta)}\right]K_{psp} + 2cHK_{ep} \tag{10-18}$$

式中 K_{psp}——地震被动土压力系数：

$$K_{psp} = \frac{\cos^2(\varphi + \alpha - \theta)}{\cos\theta\cos^2(\alpha - \delta + \theta)\left[1 + \sqrt{\frac{\sin(\varphi + \delta)\sin(\varphi + \beta - \theta)}{\cos(\delta + \theta - \alpha)\cos(\alpha - \theta)}}\right]^2} \tag{10-19}$$

K_{ep}——系数：

$$K_{ep} = \frac{\sin(\varphi - \theta) + \cos\theta}{\cos\theta\cos\varphi} \tag{10-20}$$

（5）地震土压力作用点位置。地震土压力作用点的位置，当 $q = 0$ 时，可取在距墙底 $H/3$ 处；当 $q \neq 0$ 时，H 应加上 q 折算的填土高度。

10.3.2 重力式抗滑挡土墙墙背荷载及组合

作用在挡土墙上的荷载力系及其组合，视挡土墙类型不同分别考虑。基本荷载应考虑墙背承受由填料自重产生的侧压力、墙身自重的重力、墙顶上的有效荷载、基底法向反力、摩擦力及常水位时静水压力和浮力；附加荷载涉及库水位的静水压力和浮力、江水位降落时的水压力和波浪压力等；特殊荷载考虑地震力及临时荷载。

墙身所受的浮力应根据地基渗水情况，按下列原则确定：位于砂类土、碎石类土和节理很发育的岩石地基，按计算水位的100%计算；位于完整岩石地基，其基础与岩石间灌注混凝土，按计算水位的50%计算；不能肯定地基土是否透水时，宜按计算水位的100%计算。

10.4 重力式抗滑挡土墙构造要求

（1）挡土墙墙型的选择宜根据滑坡稳定状态、施工条件、土地利用和经济性等因素确定。在地形地质条件允许情况下，宜采用仰斜式挡土墙；施工期间滑坡稳定性较好且土地价值低，宜采用直立式；施工期间滑坡稳定性较好且土地价值高，宜采用俯斜式（见图 10-5）。

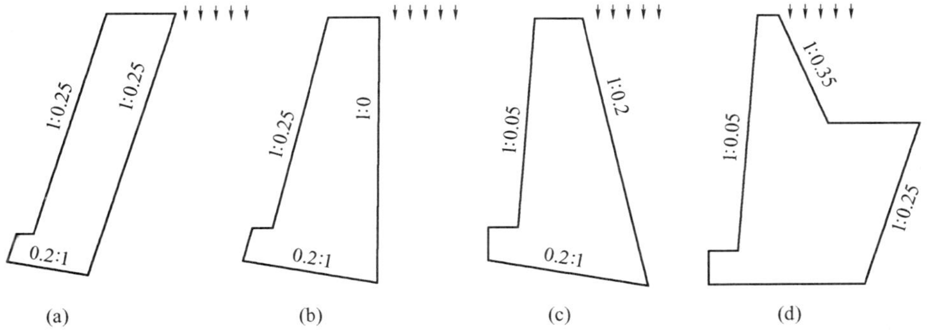

图 10-5　重力式抗滑挡土墙一般类型图

（a）俯斜式挡土墙；（b）直立式挡土墙；（c）仰斜式挡土墙；（d）衡重式挡土墙

（2）在设计中可根据地质条件采用特殊形式挡土墙，如减压平台挡土墙、锚定板挡土墙及加筋土挡土墙等（见图 10-6）。

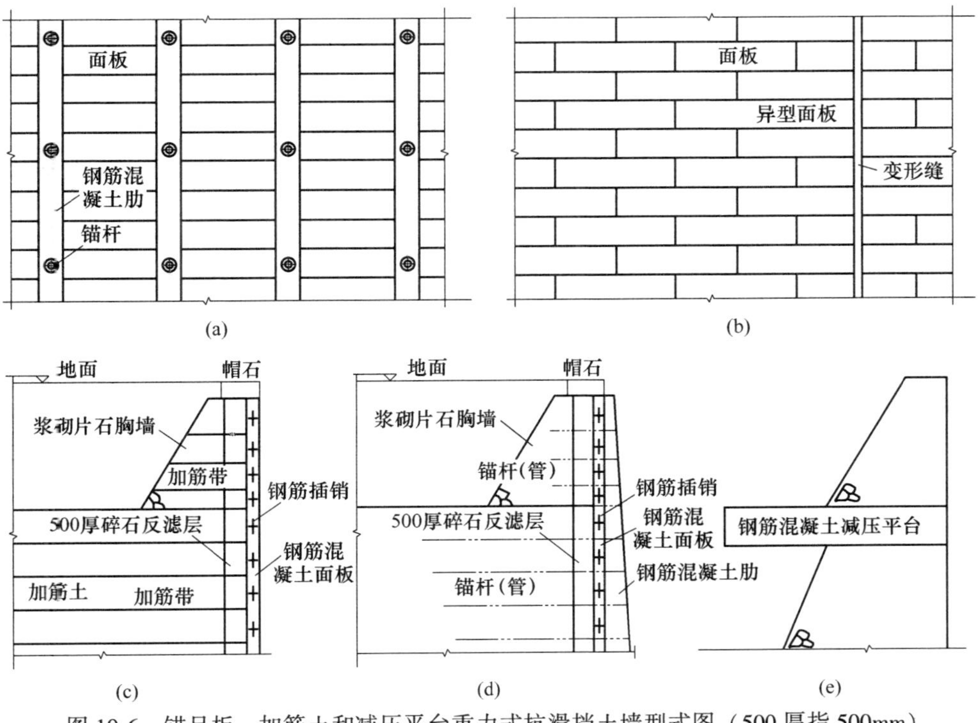

图 10-6　锚足板、加筋土和减压平台重力式抗滑挡土墙型式图（500 厚指 500mm）

（a）肋柱式锚定板挡土墙正视图；（b）加筋土挡墙正视图；（c），（d）加筋土挡墙结构剖面图；（e）带减压平台的重量式挡土墙剖面

(3) 挡土墙基础埋置深度必须根据地基变形、地基承载力、地基抗滑稳定性、挡土墙抗倾覆稳定性、岩石风化程度以及流水冲刷计算确定。土质滑坡挡土墙埋置深度必须置于滑动面以下不小于1~2m。

(4) 重力式挡土墙采用毛石混凝土或素混凝土现浇时，毛石混凝土或素混凝土墙顶宽不宜小于0.6m，毛石含量15%~30%。

(5) 挡土墙墙胸宜采用1∶0.5~1∶0.3坡度。墙高小于4.0m，可采用直立墙胸，地面较陡时，墙面坡度可采用1∶0.2~1∶0.3。

(6) 挡土墙墙背可设计为倾斜的、垂直的台阶形的，整体倾斜度不宜小于1∶0.25。

(7) 挡土墙基础宽度与墙高之比宜为0.5~0.7，基底宜设计为0.1∶1~0.2∶1的反坡，土质地基取小值，岩质地基取大值。

(8) 墙基沿纵向有斜坡时，基底纵坡不陡于5%，当纵坡陡于5%时，应将基底做成台阶式。

(9) 当基础砌筑在坚硬完整的基岩斜坡上而不产生侧压力时，可将下部墙身切割成台阶式，切割后应进行全墙稳定性验算。

(10) 在挡土墙背侧应设置200~400mm的反滤层，孔洞附近1m范围内应加厚至400~600mm。回填土为砂性土时，挡土墙背侧最下一排泄水孔下侧应设倾向坡外，厚度不小于300mm的防水层。

(11) 挡土墙后回填表面设置为倾坡外的缓坡，坡度取1∶20~1∶30，或墙顶内侧设置排水沟，可通过挡土墙顶引出，但注意墙前坡体冲刷。

(12) 为排出墙后积水，须设置泄水孔。根据水量大小，泄水孔孔眼尺寸宜为50mm×100mm、100mm×100mm、100mm×150mm方孔，或ϕ50~ϕ200圆孔。孔眼间距2~3m，倾角不小于5%。上下左右交错设置，最下一排泄水孔的出水口应高出地面不低于200mm。

(13) 在泄水孔进口处应设置反滤层，且必须用透水性材料（如卵石、砂砾石等)。为防止积水渗入基础，须在最低排泄水孔下部，夯填至少300mm厚的黏土隔水层。

(14) 挡墙沉降缝每5~20m设置一道，缝宽20~30mm，缝中填沥青麻筋、沥青木板或其他有弹性的防水材料，沿内、外、顶三方填塞，深度不小于150mm。

(15) 下列地段须设置栏杆：

1) 墙顶高出地面6m，且连续长度大于20m。

2) 墙顶高出地面4m，且位于码头、道路附近或靠近居民集中点。

3) 位于悬崖、陡坎或地面横坡陡于1∶0.75，且连续长度大于20m。

10.5 重力式抗滑挡土墙验算

重力式抗滑挡土墙验算（见图 10-7）包括：土压力计算，滑动稳定性验算，倾覆稳定性验算，地基应力及偏心距验算，截面强度验算，对钢筋混凝土底板基础，还需要作基础强度计算。

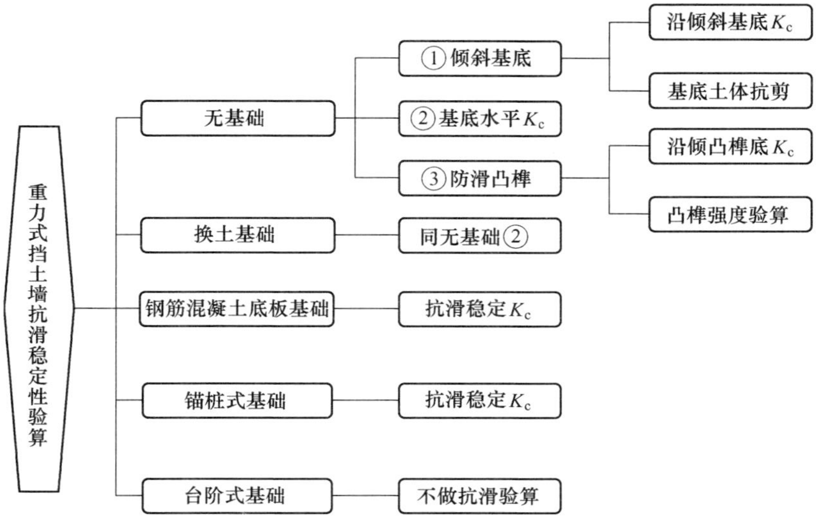

图 10-7 重力式挡墙抗滑稳定验算内容

10.5.1 滑动稳定性验算

10.5.1.1 水平基底的滑动稳定系数 K_c

计算重力式挡土墙沿基底的滑动稳定系数 K_c 分无基础和有基础两种情况。

计算简图如图 10-8 所示：

计算公式为：

(1) 无基础时：

$$K_c = \frac{(W + E_y)f}{E_x} \qquad (10\text{-}21)$$

(2) 有基础时：

$$K_c = \frac{(W + W_j + E_y)f}{E_x} \qquad (10\text{-}22)$$

式中 K_c——沿基底的滑动稳定系数；

f——挡土墙墙底摩擦系数；

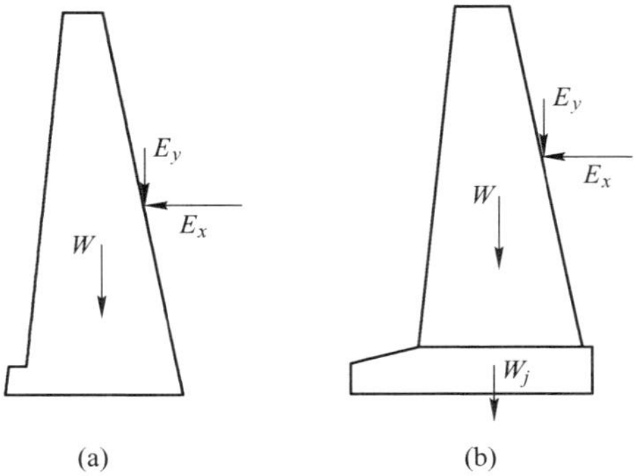

图 10-8 抗滑稳定计算简图

(a) 无基础时；(b) 有基础时

W——挡土墙的自重重力，kN；

W_j——挡土墙基础的自重重力，kN；

E_x——作用挡土墙上土压力的水平分力，kN；

E_y——作用挡土墙上土压力的竖向分力，kN。

10.5.1.2 倾斜基底时的滑动稳定系数 K_c

如图10-9所示，把基底设置成倾斜就是保持墙面高度不变，而使墙踵下降一定高度。与水平基底相比，可以减小滑动力，增大抗滑力，从而增强抗滑稳定性。这时，不仅要作沿基底的抗滑稳定性验算，同时，还要验算地基土沿墙踵平面的抗剪稳定性验算。

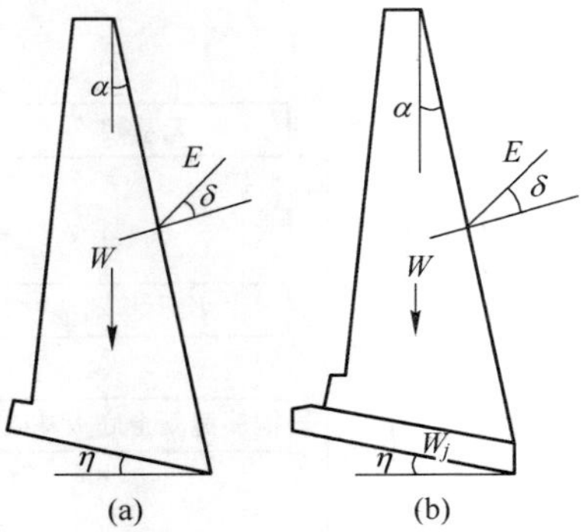

图10-9 倾斜基底抗滑稳定计算简图

A 沿斜基底面滑动

（1）无基础时：

$$K_c = \frac{(W_N + E_N)f}{E_T - W_T} = \frac{[W\cos\eta + E\sin(\alpha + \delta + \eta)]f}{E\cos(\alpha + \delta + \eta) - W\sin\eta} \tag{10-23}$$

（2）有钢筋混凝土基础时：

$$K_c = \frac{(W_N + E_N + W_{jN})f}{E_T - W_T - W_{jT}} = \frac{[W\cos\eta + E\sin(\alpha + \delta + \eta) + W_j\cos\eta]f}{E\cos(\alpha + \delta + \eta) - (W + W_j)\sin\eta} \tag{10-24}$$

式中 K_c——沿基底的滑动稳定系数；

f——挡土墙墙底摩擦系数；

α——铅垂线与挡土墙背坡面的交角，(°)，逆时针为正，顺时针为负；

δ——挡土墙背坡面与挡土墙背面填土之间的内摩擦角，(°)；

η——挡土墙倾斜基底面与水平面的交角，(°)，逆时针为正，顺时针为负；

W——挡土墙的自重重力，kN；

W_j——基础的自重重力，kN；

W_N——挡土墙的自重重力在倾斜基底法线方向的分力，kN；

W_T——挡土墙的自重重力在倾斜基底切线方向的分力，kN；

E——挡土墙承受的土压力，kN；

E_N——挡土墙承受的土压力在倾斜基底法线方向的分力，kN；

E_T ——挡土墙承受的土压力在倾斜基底切线方向的分力，kN。

B 地基土抗剪稳定性验算

（1）无基础：

$$K_{c2} = \frac{(W + E_y + 0.5\gamma B_4 h_4) f_4}{E_x} \tag{10-25}$$

（2）有钢筋混凝土基础：

$$K_{c2} = \frac{(W + W_j + E_y + 0.5\gamma B_4 h_4) f_4}{E_x} \tag{10-26}$$

式中 K_{c2} ——沿基底面水平方向地基土抗剪强度的滑动稳定系数；

W ——挡土墙的自重重力，kN；

W_j ——基础的自重重力，kN；

E_x ——挡土墙承受的土压力在水平方向的分力，kN；

E_y ——挡土墙承受的土压力在竖直方向的分力，kN；

f_4 ——倾斜基础底下地基土的摩擦系数；

B_4 ——倾斜基础底下三角形土楔体的宽度，m；

h_4 ——倾斜基础底下三角形土楔体的高度，m；

γ——倾斜基础底下三角形土楔体的容重，kN/m^3。

10.5.1.3 设有防滑凸榫时的滑动稳定系数 K_c

设置防滑凸榫也是增加抗滑稳定性的一种措施。如图 10-10 所示，在基础地面设置一个与基础连成整体的榫状凸块，利用榫前土体所产生的被动土压力以增加挡土墙的抗滑稳定性。凸榫的深度 H_t 根据抗稳定的要求确定，凸榫的宽度按凸榫截面强度的要求确定。因此，既要验算抗滑稳定性，也要验算凸榫截面强度。

$$K_c = \frac{H_t e_p + 0.5(\sigma_2 + \sigma_3) B_2 f}{E_x} \tag{10-27}$$

$$e_p = 0.5\lambda(\sigma_1 + \sigma_3)\tan^2(45° + \varphi/2) \tag{10-28}$$

（1）当有墙前被动土压力 E_p 时：

$$K_c = \frac{H_t e_p + 0.5(\sigma_2 + \sigma_3) B_2 f + E_p}{E_x} \tag{10-29}$$

（2）当有附加外力 F 时：

$$K_c = \frac{H_t e_p + 0.5(\sigma_2 + \sigma_3) B_2 f}{E_x - F} \tag{10-30}$$

式中 K_c ——沿防滑凸榫底面水平方向地基土抗剪强度的滑动稳定系数；

E_p ——挡土墙前被动土压力，kN；
F ——挡土墙上附加外力，向右为正，kN；
H_t ——基底下防滑凸榫的高度，m；
e_p ——基底下防滑凸榫前的被动土压应力平均值，kPa；
λ——防滑凸榫前的被动土压力修正系数；
σ_1——墙趾处基底的压应力，kPa，σ_1按普通的力学方法计算；
σ_2——墙踵处基底的压应力，kPa，σ_2按普通的力学方法计算；
σ_3——防滑凸榫前缘处基底的压应力，kPa；
B_2 ——防滑凸榫前缘处到墙踵处的水平距离，m；
f——防滑凸榫面处天然地基土或换填土的摩擦系数；
E_x ——挡土墙承受的土压力在水平方向的分力，kN；
φ ——防滑凸榫面处天然地基土或换填土的内摩擦角，(°)。

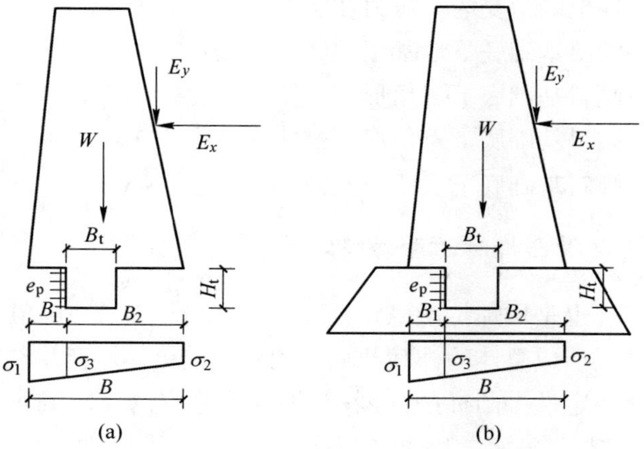

图 10-10 防滑凸榫抗滑稳定计算简图
（a）天然地基设置凸榫；（b）换填土设置凸榫

10.5.1.4 采用锚桩基础时的滑动稳定系数 K_c

除台阶式基础外，其余几种基础类型均应作抗滑稳定性验算，当采用锚桩式基础时（见图 10-11），按式（10-31）验算抗滑稳定性。

（1）计算简图如图：

（2）计算公式：

$$K_c = \frac{(W + W_j + E_y)f + \sum_{i=1}^{n} A_{gi}[\tau_g]/s}{E_x} \tag{10-31}$$

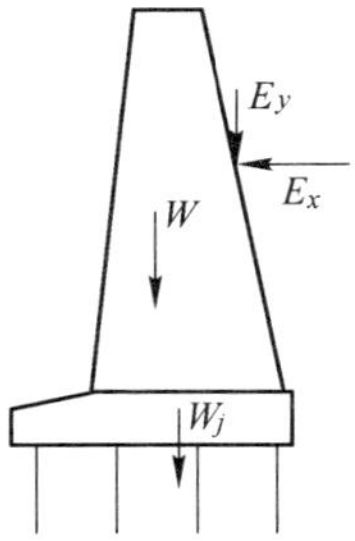

图 10-11　锚杆基础抗滑简图

式中　K_c——采用锚桩基础时的沿基础地面的滑动稳定系数；

W——挡土墙的自重重力，kN；

W_j——基础的自重重力，kN；

E_x——挡土墙承受的土压力在水平方向的分力，kN；

E_y——挡土墙承受的土压力在竖直方向的分力，kN；

f——挡土墙基础底面处地基土的摩擦系数；

s——锚桩的纵向间距，m；

$\sum_{i=1}^{n} A_{gi}[\tau_g]$——锚桩的抗剪力，kN，等于所有锚桩的钢筋面积乘钢筋的容许抗剪强度；

A_{gi}——第 i 根锚桩的钢筋面积，m^2；

$[\tau_g]$——钢筋的容许抗剪强度，kPa。

10.5.2　倾覆稳定性验算

重力式挡土墙抗倾覆稳定计算分为下列几种情况：

（1）无基础时，绕墙趾点的抗倾覆稳定。

（2）钢筋混凝土底板基础时，同时考虑基础自重产生的抵抗力矩。

（3）采用有锚杆的台阶式基础时，需考虑基础自重及锚杆拉力产生的抵抗力矩。

（4）采用锚桩式基础时，同时考虑基础自重及锚杆拉力产生的抵抗力矩。

10.5.2.1　无基础

（1）计算简图如图 10-12 所示：

（2）计算公式：

$$K_0 = \frac{WZ_w + E_y Z_x}{E_x Z_y} \tag{10-32}$$

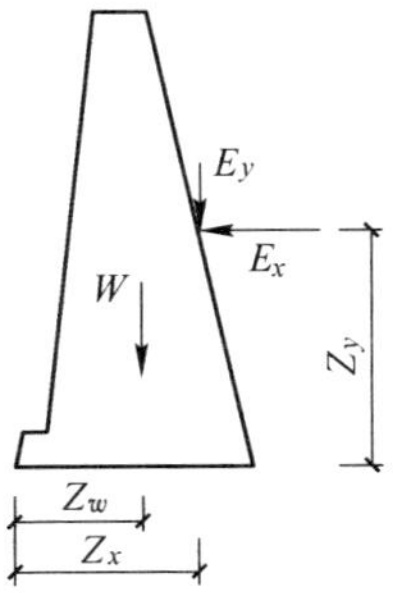

图 10-12　无基础时倾覆稳定计算简图

式中　K_0——挡土墙绕墙趾或基础趾点的抗倾覆稳定系数；

W——挡土墙的自重重力，kN；

E_x——挡土墙承受的土压力在水平方向的分力，kN；

E_y——挡土墙承受的土压力在竖直方向的分力，kN；

Z_y——挡土墙承受的土压力在水平方向的分力到倾覆计算点的竖向距离，m；

Z_w ——挡土墙的自重重力的重心到倾覆计算点的水平距离，m。

10.5.2.2 钢筋混凝土底板基础时

（1）计算简图如图 10-13 所示：

（2）计算公式：

$$K_0 = \frac{WZ_w + W_jZ_{wj} + E_yZ_x}{E_xZ_y} \tag{10-33}$$

式中 W_j ——基础的自重重力，kN；

Z_{wj} ——挡土墙基础的自重重力的重心到倾覆计算点的水平距离，m；

其他符号意义同式（10-32）。

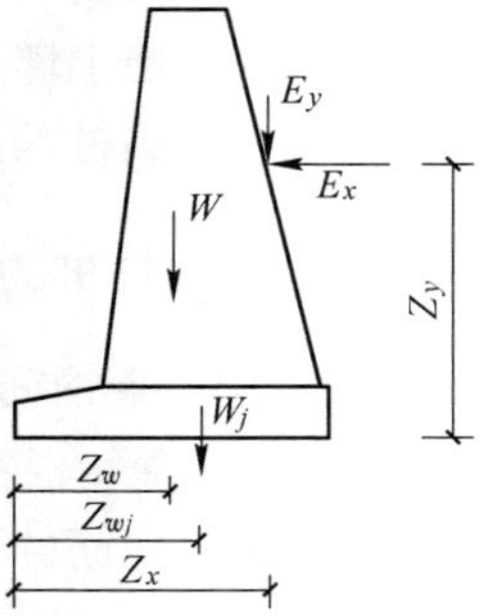

图 10-13 有基础时倾覆稳定计算简图

10.5.2.3 采用有锚杆的台阶式基础

当采用台阶式基础且有锚杆时，还需要考虑锚杆产生的抵抗力矩。

（1）计算简图如图 10-14 所示。

（2）计算公式：

$$K_0 = \frac{WZ_w + W_jZ_{wj} + E_yZ_x + M_{mg}/s}{E_xZ_y} \tag{10-34}$$

$$M_{mg} = Z_1P_{x1} + Z_2P_{x2} + Z_3P_{x3} + X_1P_{y1} + X_2P_{y2} + X_3P_{y3} \tag{10-35}$$

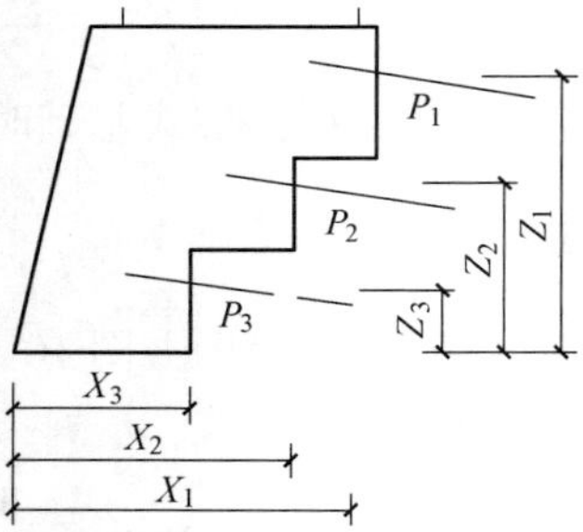

图 10-14 台阶式基础倾覆稳定计算简图

式中 K_0 ——挡土墙绕基础趾点的抗倾覆稳定系数；

s ——锚杆的纵向间距，m；

M_{mg} ——锚杆拉力对基础趾点产生的抵抗力矩，kN·m；

P_{xi}，P_{yi} ——第 i 根锚杆设计抗拉力的水平分量与竖直分量，kN；

Z_i ——第 i 根锚杆设计抗拉力的水平分量到倾覆计算点的竖向距离，m；

X_i ——第 i 根锚杆设计抗拉力的竖直分量到倾覆计算点的水平距离，m；

其他符号意义同上。

注意：锚杆的设计抗拉力的确定，取以下三个力中的最小值，即锚杆的设计抗拉力 = Min ｛钢筋抗拉力，钢筋与砂浆之间的黏结力，砂浆与锚孔壁之间的黏结力｝。

10.5.2.4　采用锚桩式基础

（1）采用锚桩式基础的挡土墙，还需要计算锚桩产生的抵抗力矩，绕基础趾点的抗倾覆稳定系数 K_0 计算如下，计算简图如图 10-15 所示：

（2）计算公式：

$$K_0 = \frac{WZ_w + W_jZ_{wj} + E_yZ_x + M_{mg}}{E_xZ_y} \tag{10-36}$$

$$M_{mg} = \frac{P_b}{Z_1}(Z_1^2 + Z_2^2 + Z_3^2 + \cdots + Z_n^2)n_g \tag{10-37}$$

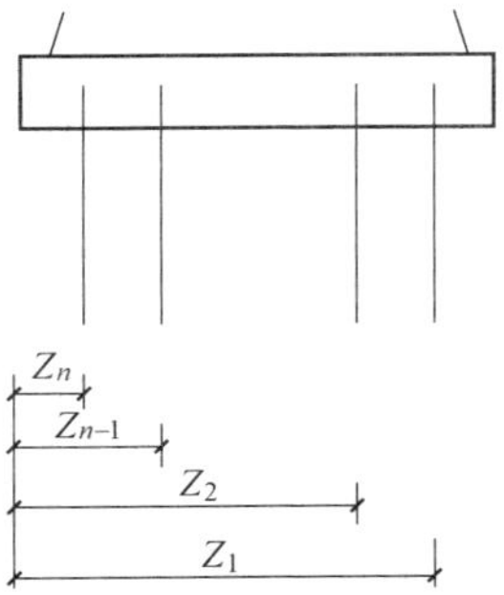

图 10-15　锚桩式基础倾覆稳定计算简图

式中　K_0——挡土墙绕基础趾点的抗倾覆稳定系数；

M_{mg}——锚桩拉力对基础趾点产生的抵抗力矩，kN · m；

P_b——单根锚桩的设计抗拔力，kN；

Z_i——i 等于 1 到 n，分别为第 i 根锚桩设计抗拔力到倾覆计算点的水平距离，m，最远端桩编号为 1；

n_g——计算宽度内锚桩的个数；

其他符号意义同上。

注意：单根锚桩的设计抗拔力取钢筋抗拉力、砂浆与锚孔壁之间的黏结力中之小值。即：锚桩的设计抗拔力 = Min｛钢筋抗拉力，砂浆与锚孔壁之间的黏结力｝。

10.5.3　地基应力与偏心距验算

当挡土墙采用天然地基、换土地基、钢筋混凝土底板式基础时，一般须作基底应力和偏心距的验算。

10.5.3.1　偏心距 e

（1）计算简图如图 10-16 所示。

（2）计算公式：

$$e = \frac{B}{2} - Z_x = \frac{B}{2} - \frac{M_{all}}{W_{all}} \tag{10-38}$$

1）无基础时：

$$M_{all} = WZ_w + E_yZ_x - E_xZ_y \tag{10-39}$$

$$W_{all} = W + E_y \tag{10-40}$$

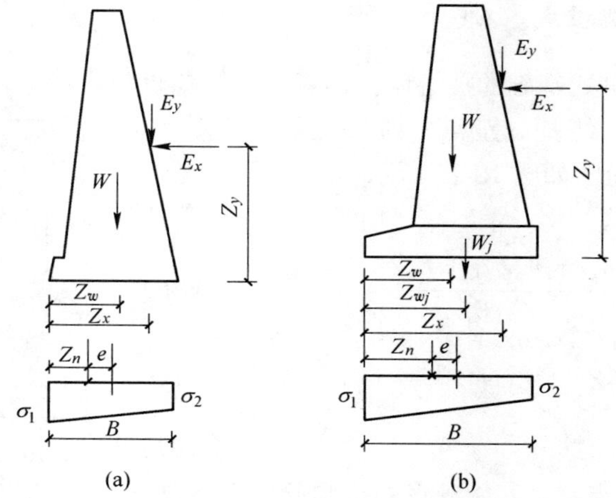

图 10-16　偏心距计算简图

（a）无基础时；（b）有基础时

2）有基础时：

$$M_{all} = WZ_w + W_jZ_{wj} + E_yZ_x - E_xZ_y \tag{10-41}$$

$$W_{all} = W + W_j + E_y \tag{10-42}$$

式中　e——挡土墙（基础）底截面的偏心距，m，基底的合力偏心距应满足下列要求：土质地基，$e \leqslant B/6$；软弱岩石地基，$e \leqslant B/5$；不易风化的岩石地基，$e \leqslant B/4$；

B——挡土墙或基础底截面的宽度，m；

M_{all}——作用挡土墙上全部荷载对墙或基础墙趾的弯矩，kN · m，顺时针为正；

W_{all}——作用挡土墙上全部竖向荷载之和，kN，向下为正；

Z_n——地基反力的合力作用点到挡土墙墙趾的距离，m；

W——挡土墙的自重重力，kN；

E_y——挡土墙承受的土压力在竖直方向的分力，kN；

E_x——挡土墙承受的土压力在水平方向的分力，kN；

Z_x——挡土墙承受的土压力在竖直方向的分力到墙趾点的水平距离，m；

Z_y——挡土墙承受的土压力在水平方向的分力到墙趾点的竖向距离，m；

Z_w——挡土墙的自重重力的重心到墙趾点的水平距离，m；

W_j——挡土墙基础的自重重力，kN；

Z_{wj}——挡土墙基础的自重重力的重心到倾覆计算点的水平距离，m。

10.5.3.2　地基应力 σ

（1）$e \leqslant B/6$ 时：

$$\sigma_{1、2} = \frac{W_{\text{all}}}{B}\left(1 \pm \frac{6e}{B}\right) \tag{10-43}$$

$$\sigma_{1、2} \leqslant \lambda_{1、2}[\sigma] \tag{10-44}$$

$$\sigma \leqslant \lambda_3[\sigma] \tag{10-45}$$

其中天然地基：

$$\sigma = 0.5(\sigma_1 + \sigma_2) \tag{10-46}$$

换填土地基底部：

$$\sigma = \frac{0.5(\sigma_1 + \sigma_2)B + \gamma h}{L} \tag{10-47}$$

式中　σ_1，σ_2——分别为挡土墙墙趾、墙踵的地基应力，kPa；

σ——挡土墙基础底面的平均压应力，kPa；

λ_1，λ_2——分别为墙趾、墙踵的地基承载力提高系数；一般挡墙：墙趾提高系数，默认为1.2；墙踵提高系数，默认为1.3；抗震挡墙：墙趾提高系数，默认为1.5；墙踵提高系数，默认为1.625；

λ_3——地基平均承载力提高系数；一般挡墙默认为1.0；抗震挡墙默认为1.25；

$[\sigma]$——挡土墙地基允许的承载力，kPa；

B——墙底截面宽度，m；

γ——换填土平均容重，kPa；

h——换填土高度（见图10-17），m；

L——换填土扩散线间距离（见图10-17），m；

其他符号意义同上。

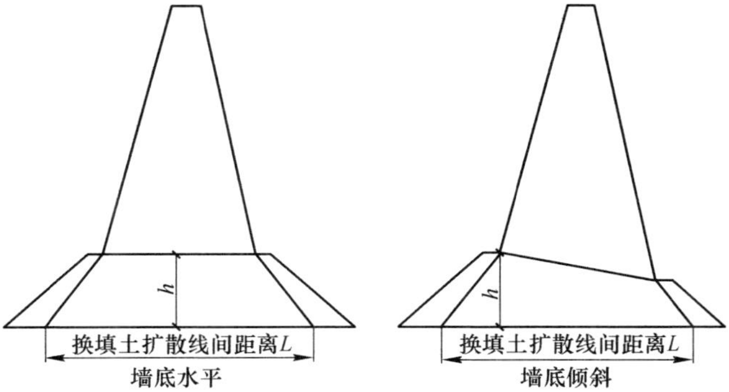

图10-17　换填土基础下地基应力计算简图

（2）$e > B/6$时。当$e > B/6$时，基底出现拉应力，不考虑地基承受拉力，则地基应力重分布，按下式计算：

$$\sigma_{max} = \frac{2W_{all}}{3Z_n} \tag{10-48}$$

$$Z_n = M_{all}/W_{all} \tag{10-49}$$

式中　σ_{max}——地基应力重分布之后，最大的地基压应力，kPa；

$[\sigma]$——挡土墙地基允许的承载力，kPa；

Z_n——地基反力的合力作用点到挡土墙地基反力最大点的距离，m；

其他符号意义同上。

注意：

1）σ_{max} 满足公式（10-48）和式（10-49）要求；

2）挡土墙倾斜基底倾斜面上的偏心距和应力的验算方法同上，只是基础底宽取斜面宽度，验算倾斜面上的偏心距和应力，如图10-18所示。

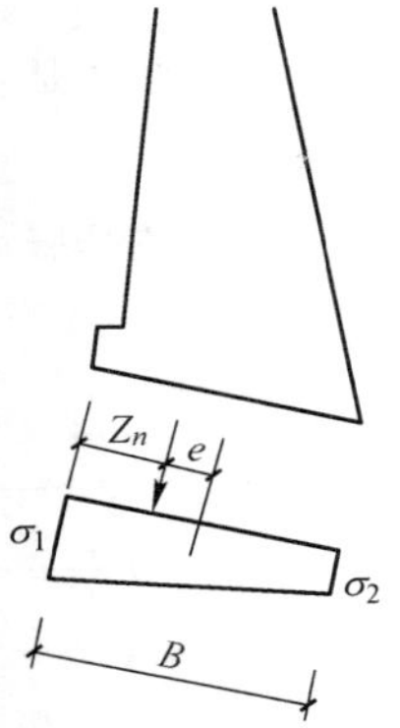

图10-18　倾斜基底偏心距计算简图

10.5.4　墙身截面强度验算

对墙底截面和墙趾台阶顶截面（见图10-19）做强度验算。

需要说明的是，当有第二破裂面时，作用于实际墙背的土压力与作用于第二破裂面上的土压力之间的关系为：

（1）与 E'_x 作用高度相同；

（2）$E'_x = E_x$；

（3）$E_y = E_x \tan\alpha$；

其中，α 为上墙墙背的倾斜角度（°）。

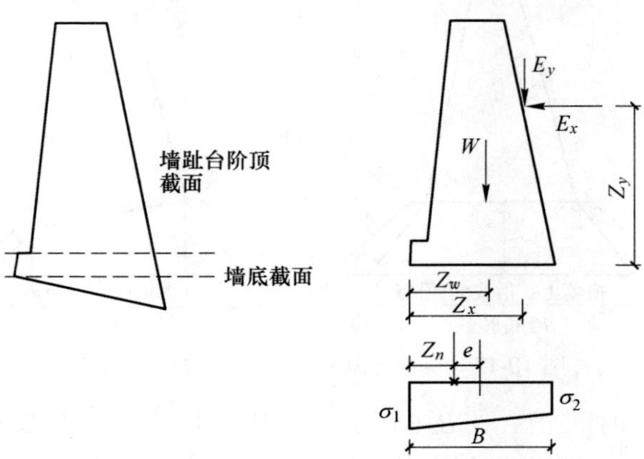

图10-19　墙身截面验算简图

10.5.4.1 正应力检算

$$e = \frac{B}{2} - Z_n = \frac{B}{2} - \frac{M_{all}}{W_{all}} \tag{10-50}$$

$$M_{all} = WZ_w + E_yZ_x - E_xZ_y \tag{10-51}$$

$$W_{all} = W + E_y \tag{10-52}$$

$$\sigma_{min}^{max} = \frac{W_{all}}{B}\left(1 \pm \frac{6e}{B}\right) \tag{10-53}$$

$$\sigma_{min}^{max} \leqslant [\sigma] \tag{10-54}$$

式中 e——挡土墙计算截面处的偏心距，m，要求 $e \leqslant 0.3B$；

B——挡土墙计算截面处的截面宽度，m；

Z_n——挡土墙计算截面处的内侧到截面作用合力点的距离，m；

M_{all}——作用挡土墙计算截面处的全部荷载对墙内侧的弯矩，kN·m，顺时针为正；

W_{all}——作用挡土墙计算截面处的全部竖向荷载之和，kN，向下为正；

W——挡土墙的自重重力，kN；

Z_w——挡土墙的自重重力的重心到计算截面处内侧的水平距离，m；

E_y——挡土墙承受的土压力在竖直方向的分力，kN；

E_x——挡土墙承受的土压力在水平方向的分力，kN；

Z_x——挡土墙承受的土压力在竖直方向的分力到计算截面处内侧的水平距离，m；

Z_y——挡土墙承受的土压力在水平方向的分力到计算截面处的竖向距离，m；

σ_{max}——挡土墙计算截面处的最大应力，kPa；

σ_{min}——挡土墙计算截面处的最小应力，kPa；

$[\sigma]$——材料的抗压（抗拉）设计强度（允许值），kPa；

其他符号意义同上。

注意： $\sigma>0$ 时为压应力，要求压应力小于材料的抗压强度允许值；$\sigma<0$ 时为拉应力，要求拉应力小于材料的抗拉强度设允许值。

挡土墙墙体容许压应力 $[\sigma]$ 可以从《公路设计手册—路基（第二版）》P604 表 3-3-21 查询。

10.5.4.2 剪应力检算

$$\tau = \frac{E_x - (W + E_y)f}{B} \tag{10-55}$$

$$\tau \leqslant [\tau] \tag{10-56}$$

式中　τ——挡土墙计算截面处的剪应力，kPa；

E_y——挡土墙承受的土压力在竖直方向的分力，kN；

E_x——挡土墙承受的土压力在水平方向的分力，kN；

W——挡土墙的自重重力，kN；

B——挡土墙计算截面处的截面宽度，m；

f——圬工（挡土墙）间摩擦系数；

$[\tau]$——挡土墙计算截面处材料抗剪强度设计值（允许值），kPa；

其他符号意义同上。

注意：土压力计算中，验算墙底截面时，土压力计算时假定破裂面通过墙踵点；验算墙趾台阶顶截面时，土压力计算时假定破裂面通过 A 点。如图10-20所示。

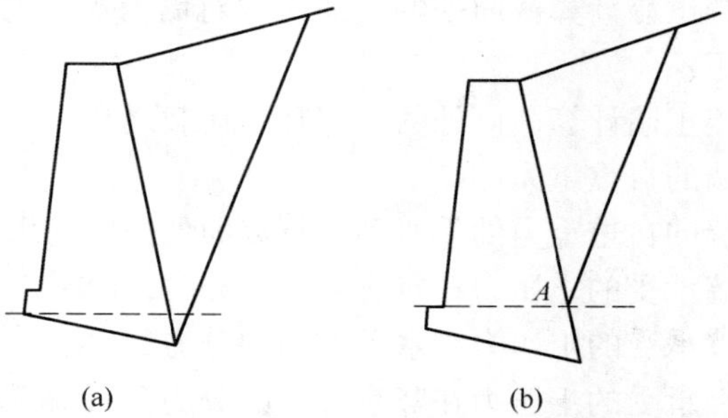

图10-20　墙身截面验算时破裂面位置

（a）墙底截面；（b）墙趾台阶顶截面

10.5.5　基础强度验算

对如图10-21所示钢筋混凝土底板基础进行包括悬挑部分剪应力验算、主拉应力验算、凸榫宽度检算，并计算所需钢筋面积。

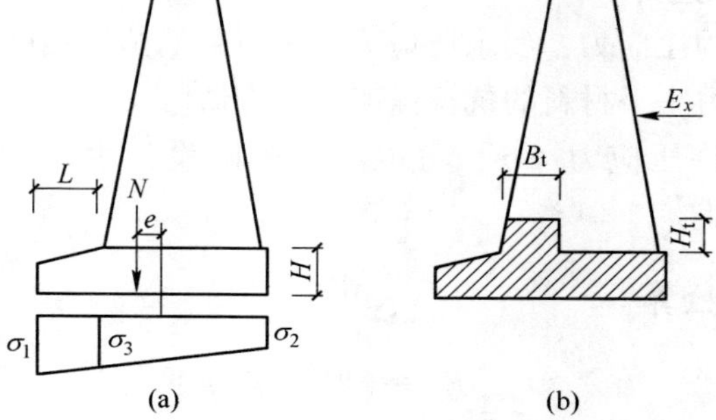

图10-21　基础强度验算

10.5.5.1 悬挑部分剪应力验算（不考虑钢筋的抗剪能力）

$$H \geqslant \frac{Q}{[\tau]} \tag{10-57}$$

式中 H——钢筋混凝土底板墙趾处的厚度，m；

Q——钢筋混凝土底板与墙身衔接处每延米的剪力，kN；

$[\tau]$——混凝土的容许剪应力，kPa。

10.5.5.2 悬挑部分主拉应力验算

$$H \geqslant \frac{Q}{0.87[\tau_1]} + a \tag{10-58}$$

式中 H——钢筋混凝土底板墙趾处的厚度，m；

Q——钢筋混凝土底板与墙身衔接处每延米的剪力，kN；

$[\tau_1]$——混凝土的容许主拉应力，kPa；

a——钢筋中心到底面的距离，m。

10.5.5.3 凸榫宽度检算

$$B_t \geqslant \frac{E_x}{[\tau]} \tag{10-59}$$

式中 B_t——钢筋混凝土底板上凸榫的宽度，m；

E_x——钢筋混凝土底板以上土压力的水平分力，kN；

$[\tau]$——混凝土的容许剪应力，kPa。

10.5.5.4 钢筋面积计算

（1）弯矩计算：

$$M = \frac{\sigma_3 L^2}{2} + \frac{(\sigma_1 - \sigma_3)L^2}{6} \tag{10-60}$$

（2）钢筋面积计算：

$$A_s = \frac{10^6 \times M}{0.87[\sigma_g](H - a)} \tag{10-61}$$

式中 A_s——钢筋混凝土底板计算的受拉钢筋配筋面积，mm^2/m；

M——钢筋混凝土底板与墙身衔接处每延米的弯矩，kN·m；

σ_1——基础计算截面处的最大应力，kPa；

σ_3——基础悬挑根部处应力，kPa；

L——基础悬挑长度，m；

$[\sigma_g]$ ——钢筋的容许拉应力，kPa；

H ——钢筋混凝土底板墙趾处的厚度，m；

a ——钢筋中心到底面的距离，m。

10.5.6　场地环境影响

10.5.6.1　浸水挡墙验算

浸水挡墙在主要力系和附加力系的作用下，分别验算滑移、倾覆、地基应力及偏心距、截面强度等项。

浸水挡墙验算时，水压力的影响主要表现在两个方面：

(1) 用库仑理论计算土压力时破坏楔体要考虑水压力的作用。

(2) 在计算墙体受力时要考虑静水压力和水浮力的影响，可以考虑墙体内外侧不同的情况，但只考虑静水压力的作用，不考虑渗透水压力的作用。

图10-22中，P_1 和 P_1' 为挡土墙内外侧的静水压力，作用方向为垂直于墙面，P_2 为上浮力。

$$P_1 = 0.5\gamma_w H_b^2/\cos\alpha \tag{10-62}$$

$$P_1' = 0.5\gamma_w H_b'^2/\cos\alpha' \tag{10-63}$$

$$P_2 = 0.5\lambda\gamma_w(H_b' + H_b)B \tag{10-64}$$

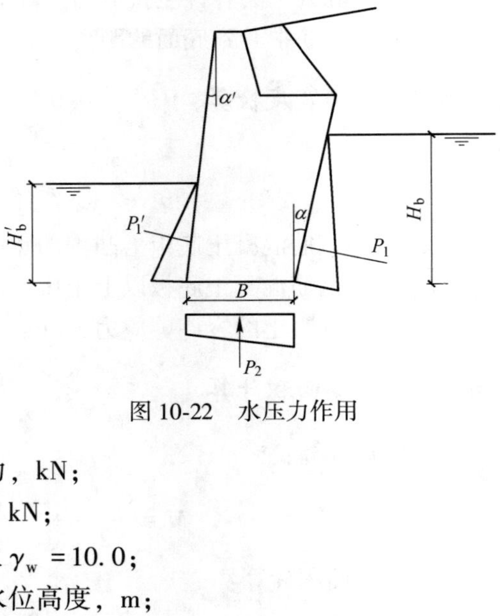

图10-22　水压力作用

式中　P_1 ——挡土墙内侧的静水压力，kN；

P_1' ——挡土墙外侧的静水压力，kN；

P_2 ——挡土墙底面的上浮力，kN；

γ_w ——水的重度，kN/m³，取 $\gamma_w = 10.0$；

H_b', H_b ——挡土墙内、外侧的静水位高度，m；

α，α' ——挡土墙墙背、墙面的倾斜角度（°）；

λ ——考虑水进入基础底的程度的浮力系数；

B ——挡土墙底面的宽度，m。

注意：

(1) 挡土墙浮力矩，即可作为抗倾覆力矩的减项也可作为倾覆力矩的加项参与倾覆稳定安全计算。

（2）非抗震地区，抗滑力计算中，墙踵填土水上部分采用浮重度，另外考虑 y 向静水压力，滑动力考虑 x 向静水压力。

10.5.6.2　地震挡墙验算

计算简图如图 10-23 所示：

公路重力式挡土墙可采用静力法验算挡土墙体抗震强度和稳定性。设计基本地震动峰值加速度大于或等于 0.10g 地区的高速公路、一级公路上的挡土墙，高度超过 20m，且地基处于抗震危险地段的，应做专门研究。

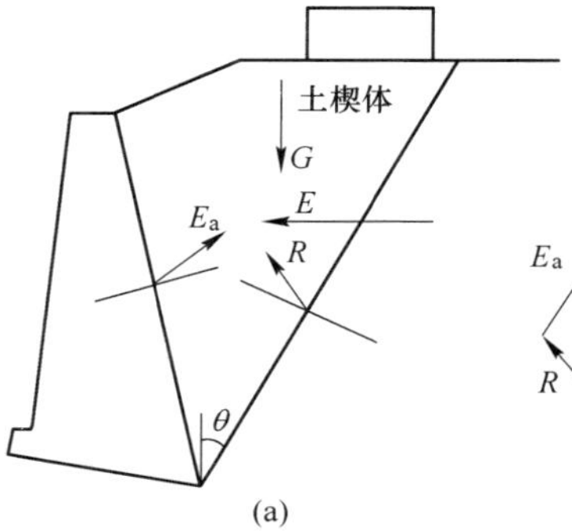

图 10-23　地震作用计算简图

（a）破裂角示意图；（b）力多边形

（1）按静力法验算时，挡土墙第 i 截面以上墙身重心处的水平地震作用可按式（10-65）和式（10-66）计算：

$$E_{ih} = \frac{C_i C_z A_h \psi_i G_i}{g} \quad (10\text{-}65)$$

式中　E_{ih} ——第 i 截面以上墙身重心处的水平地震作用，kN；

C_i ——抗震重要性修正系数，应按表 10-3 采用；

C_z ——综合影响系数，重力式挡土墙取 0.25，轻型挡土墙取 0.3；

A_h ——水平向设计基本地震动峰值加速度；

G_i ——第 i 截面以上墙身圬工的重力，kN；

ψ_i ——水平地震作用沿墙高的分布系数，按式（10-66）计算取值；

$$\psi_i = \begin{cases} \dfrac{1}{3}\dfrac{h_i}{H} + 1.0 (0 \leqslant h_i \leqslant 0.6H) \\ \dfrac{3}{2}\dfrac{h_i}{H} + 0.3 (0.6H < h_i \leqslant H) \end{cases} \quad (10\text{-}66)$$

式中　h_i ——挡土墙墙趾至第 i 截面的高度。

（2）位于斜坡上的挡土墙，作用于其重心处的水平向总地震作用可按式（10-67）和式（10-68）计算：

岩基，
$$E_h = \frac{0.30 C_i A_h W}{g} \quad (10\text{-}67)$$

土基，
$$E_h = \frac{0.35 C_i A_h W}{g} \quad (10\text{-}68)$$

式中　E_h ——作用于挡土墙重心处的水平向总地震作用，kN；

W ——挡土墙的总重力，kN。

表 10-3　重力式抗滑挡土墙抗震重要性修正系数 C_i

公路等级	构筑物重要程度	抗震重要性修正系数
高速公路、一级公路	抗震重点工程	1.7
	一般工程	1.3
二级公路	抗震重点工程	1.3
	一般工程	1.0
三级公路	抗震重点工程	1.0
	一般工程	0.8
四级公路	抗震重点工程	0.8

10.5.7　整体稳定计算

按瑞典条分法计算整体稳定性，采用有效应力法。图 10-24 为整体稳定性计算示意图，计算公式见式（10-69）。

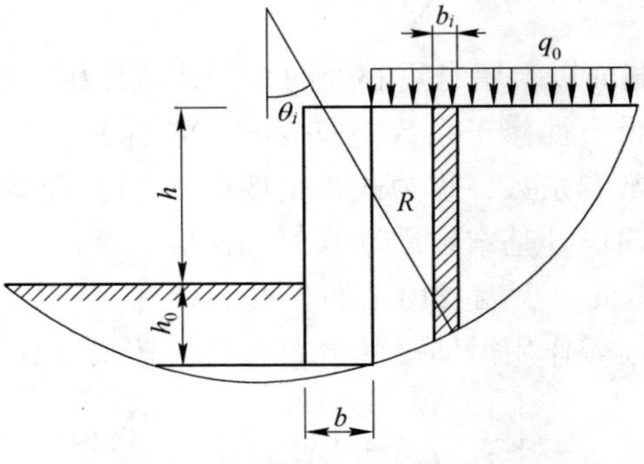

图 10-24　整体稳定计算示意图

$$K=\frac{M_k}{Q_k}=\frac{\Sigma c'_{ik}l_i+\Sigma(q_0b_i+w'_i)\cos\theta_i\tan\varphi'_{ik}+p_s+p'_w}{\Sigma(q_0b_i+w_i)\sin\theta_i+p_e+p_w} \tag{10-69}$$

式中　K——整体稳定安全系数；

M_k——抗滑力矩，kN·m；

Q_k——滑动力矩，kN·m；

c'_{ik}、φ'_{ik}——最危险滑动面上第 i 土条滑动面上土的固结排水（慢）剪黏聚力（kPa）、内摩擦角标准值，(°)；

l_i——第 i 土条的滑裂面弧长，m；

b_i——第 i 土条的宽度，m；

w_i——作用于滑裂面上第 i 土条的重量，水位以上按上覆土层的天然土重计算，水位以下按上覆土层的饱和土重计算，kN/m；根据界面交互的浮重度+10 后采用；

w_i'——作用于滑裂面上第 i 土条的重量，水位以上按上覆土层的天然土重计算，水位以下按上覆土层的浮重度计算，kN/m；

θ_i——第 i 土条弧线中点切线与水平线夹角，(°)；

q_0——作用于坡面上的荷载，kPa；

p_{s}——筋带作用力产生的抗滑力矩，kN·m；

p_{e}——地震作用力产生力矩，kN·m；

p_{w}'——当墙前（面侧）水位高于墙前地面线时，水的水平压力产生的力矩，kN·m，其他情况取 0；

p_{w}——当墙后（背侧）水位高于墙后坡面起始点时，水的水平压力产生的力矩，kN·m，其他情况取 0。

11 抗滑桩设计

11.1 概述

抗滑桩是承受侧向荷载的桩体，它穿过滑坡体在滑床的一定深度处锚固，抵抗滑坡推力，适用于深层滑坡和各类非塑性流滑坡。工程实践表明，抗滑桩是一种经济、安全、高效的滑坡治理措施，近年来在滑坡工程中发展较快。

抗滑桩埋入滑面以下的部分称为锚固段，滑面以上部分称为受力段。抗滑桩的受力段承受滑坡推力作用，传递至锚固段，在滑床的桩周地层产生反力嵌住桩身，桩的强度如能承受这些推力和反力，也就可以阻止桩背滑体的滑动。

抗滑桩布设需根据滑坡范围、滑坡推力、滑面位置、滑床岩土性质、保护对象等因素确定，一般布置在滑坡体前缘滑坡推力较小、滑床埋深浅、施工方便之处。

抗滑桩结构形式按制作材料分为混凝土桩、钢筋混凝土桩、钢桩；按断面形式分有圆桩、管桩、方桩、“H”形桩；按布置形式分有密排桩、间隔桩、单排桩、多排桩；按施工方法分有打入法、钻孔法、挖孔法等。

对于浅层滑坡，可用混凝土桩（墩）或混凝土钻孔桩，使滑坡体稳定；对于岩层整体性强、滑动面明确的浅层或中厚层滑坡，当修建抗滑挡土墙圬工量较大，或开挖坡脚易引起滑动时，可在滑坡前缘设置混凝土人工挖孔桩或混凝土钻孔桩等（以跳槽挖桩方式施工）；对于推力较大的大型滑坡，可采用大截面的挖孔桩或拉锚桩，采用单级或多级间隔设桩方式，以平衡滑坡推力，桩之间可以设置混凝土挡板或圬工挡墙，阻止桩间土滑落。

抗滑桩优点是抗滑能力大，在滑坡推力较大、滑动面深的情况下设桩位置灵活，可集中设置在公路滑坡的前缘附近，也可设置在滑坡体其他部位，可单独使用，也可结合其他构筑物联合使用，分级设置时还可将滑坡推力分割成若干个分散的单元体，对滑坡起分而治之的功效；每根桩开挖工程量不大，施工中对滑坡稳定性影响小，对正在活动的滑坡，采用自两侧向中间主轴施工的方法，可避免加剧滑坡活动；桩孔本身是一个很好的深探井，通过开挖桩孔，可更进一步了解和分析滑坡体地层结构，使处理效果更可靠。

11.2 设计原则与程序

11.2.1 抗滑桩设计原则

抗滑桩设计应考虑设置抗滑桩后滑坡的整体稳定性、桩顶以上岩土体稳定性、桩间岩土体稳定性，必须防止滑体从桩顶滑出或从桩底产生新的深层滑动的可能。其设计应遵循以下基本原则。

（1）桩的平面布置、桩长和截面尺寸等应综合考虑确定，达到安全可靠、经济合理，并与周围景观相协调。

（2）抗滑桩宜布置在滑体厚度较薄、推力较小、锚固段地基强度较高、且锚固段地层稳定的地段。对于性质复杂，规模较大的滑坡，应进行多种形式支挡方案比选。

（3）滑坡沿滑动方向长度较大时，可视地表形态、滑面倾角、推力分布、滑体厚度等因素设置多排抗滑桩进行分段阻滑。每段宜以单排布置，若弯矩过大，应采用预应力锚索抗滑桩，锚索锚固段应置于稳定岩层内。

（4）抗滑桩中对中间距宜为 5~10m。根据滑坡性状及要求，可设置成单桩或为排架式。土质滑坡的桩前悬臂段临空时，可在桩间设置挡土板；当采用暗埋式抗滑桩时，桩间不设挡土板。必要时，抗滑桩之间应用钢筋混凝土联系梁联接，以增强整体稳定性。

（5）抗滑桩桩长宜小于 35m。对于滑带埋深大于 25m 的滑坡，应充分论证抗滑桩阻滑的可行性。滑带埋深较大的滑坡，可采用埋入式抗滑桩或其他减少桩内力的措施。

（6）布设于路堑边坡平台的抗滑桩，其埋置深度除应考虑桩体位置滑动面埋深外，还应考虑桩前斜坡坡度的影响，保证足够的有效锚固段长度。抗滑桩宜采用预应力锚索桩。

（7）桩板式抗滑挡土墙用于治理滑坡时，应满足以下要求。

1）结合路线与滑坡的位置关系，以及路基填、挖情况，可采用路堑、路肩或路堤桩板墙。

2）桩板式挡土墙的桩间距、桩长和截面尺寸应综合考虑确定。桩的自由悬臂长度不宜大于 15m，桩间距宜为 5~8m。当桩的滑面以上长度大于 15m、桩侧滑坡推力或土压力较大时，可在桩上部加设预应力锚索。

3）桩板墙顶位移应小于桩悬臂端长度的 1/100，且不宜大于 10cm。

4）预制钢筋混凝土挡土板为支撑在桩上的简支板，可按受弯构件设计。其计算详见相关规范。

11.2.2 抗滑桩设计程序

抗滑桩设计程序如图11-1所示。

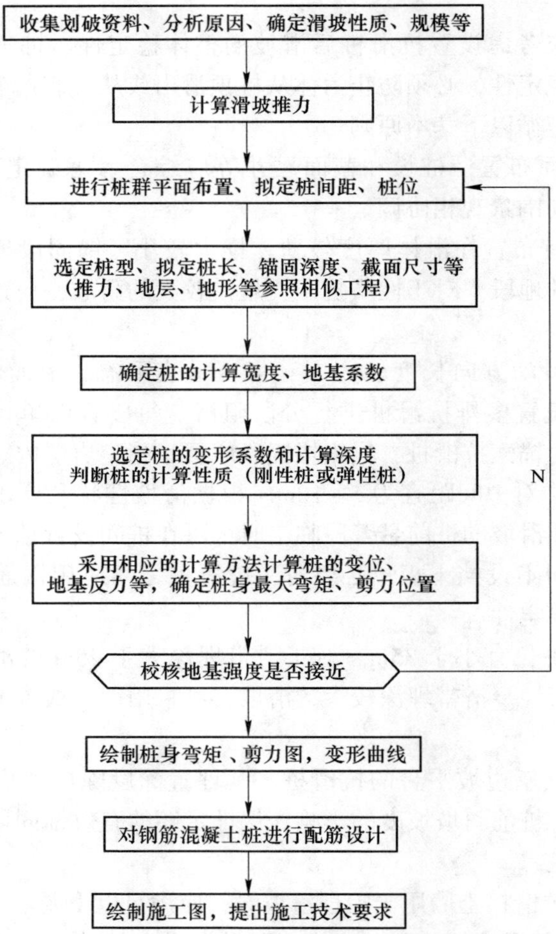

图11-1 抗滑桩设计程序

11.3 抗滑桩布置

11.3.1 抗滑桩平面位置

抗滑桩的平面位置和间距，一般应根据水库滑坡的地层性质、推力大小、滑动面坡度、滑坡厚度、施工条件、桩截面大小以及锚固深度等因素综合考虑决定。

（1）滑体的上部，滑动面陡，拉张裂缝多，不宜设桩；中部滑动面往往较深且下滑力大，亦不宜设桩；下部滑动面较缓，下滑力较小或系抗滑地段，经常是较好的设桩位置。实践表明，对地质条件简单的中小型滑坡，宜在滑体前缘设一排抗滑桩，布置方向应与滑体滑动方向垂直或接近垂直。对于轴向很长的多级滑动或推力很大的滑坡，宜设两排或三排抗滑桩分级阻滑，也可采用在上部设抗滑桩，下部设挡土墙联合防治。但一般不在同一轴线附近设置两排或多排抗滑桩共同组成支挡构筑物，实践证明，前后排桩难以共同分担下滑力。

（2）抗滑桩的间距受许多因素的影响，目前尚无较成熟的计算方法。合适的桩距应该使桩间滑体具有足够的稳定性，在下滑力作用下不致从桩间挤出。也就是说，可按桩间土体与两侧被桩所阻止的土体的摩擦力大于桩所承受的滑坡推力来估算。有条件时可通过模拟试验，取得土体能形成土拱效应的桩间距值，并结合实践经验来考虑桩的间距。一般情况下，当滑体完整、密实或滑坡推力较小时，桩距可取大些；反之，应取小些。此外，滑坡主轴附近桩距应小，两侧边部桩距宜大。目前一般采用4~10m的桩距。

11.3.2 抗滑桩锚固深度

抗滑桩埋入滑面以下稳定地层内的适宜锚固深度，与该地层的强度、桩所承受的滑坡推力、桩的相对刚度以及桩前滑面以上滑体对桩的反力等因素有关。原则上由桩的锚固段传递到滑面以下地层的侧向压应力不得大于该地层的容许侧向抗压强度、桩基底的压应力不得大于地基的容许承载力来确定。

锚固深度是抗滑桩发挥抵抗滑体推力的赖以生存的前提和条件，锚固深度不足，抗滑桩不足以抵抗滑体推力，容易引起桩的失效。但锚固过深则又造成工程浪费，并增加施工难度。可采取缩小桩的间距，减少每根桩所承受的滑坡推力，或增加桩的相对刚度等措施来适当减少锚固深度。当锚固段地层为土层及严重风化破碎岩层时，桩身对地层的侧压应力应符合下列条件：

$$\sigma_{\max} \leqslant \frac{4}{\cos\varphi}(\gamma l \tan\varphi + c) \tag{11-1}$$

式中 $\sigma_{\max}$——桩身对地层的侧压应力，kPa；

γ——地层岩（土）的重度，kN/m^3；

φ——地层岩（土）的内摩擦角，（°）；

c——地层岩（土）的黏聚力，kPa；

l——地面至计算点的深度，m。

桩底可按自由支承处理，即令 $Q_b=0$，$M_b=0$。

当锚固段地层为比较完整的岩质、半岩质地层时，桩身对围岩的侧向压应力应符合下列条件：

$$\sigma_{max} \leqslant K_1' K_2' R_0 \tag{11-2}$$

式中 σ_{max} ——桩身对围岩的侧压应力，kPa；

K_1' ——折减系数，根据岩层产状的倾角大小，取 0.5~1.0；

K_2' ——折减系数，根据岩层的破碎和软化程度，取 0.3~0.5；

R_0 ——围岩岩石单轴抗压极限强度，kPa。

桩底可按铰支承情况处理，即令 $X_b=0$，$M_b=0$。

根据工程实践经验，对于土层或软质岩层，锚固深度取 1/3~1/2 桩长比较合适，对于完整、较坚硬的岩层可取 1/4 桩长。

11.4 抗滑桩外力计算

11.4.1 滑坡推力计算

11.4.1.1 基本假定

（1）在顺滑动主轴方向的地质纵断面图上，按滑面的产状和岩土性质划分为若干铅直条块，由后向前计算各条块分界面上的剩余下滑力即是该部位的滑坡推力；

（2）每段滑体的下滑力方向与其所在的条块的滑面平行；

（3）横向按每米宽计算，略去两侧的摩擦阻力不计；

（4）视滑体为连续而无压缩的介质，由后向前传递下滑力做整体滑动，不记滑体内部的局部应力作用；

（5）作用在任一分界面上的推力分布图形，当滑体上层和下层的滑动速度大体一致时，可假定为矩形；对软塑体或流塑体滑坡，底部滑速往往大于其表层，其推力分布图形为三角形；介于上述两种情形之间为梯形。

11.4.1.2 滑体上的作用力

滑体上的作用力分为基本力系和特殊力系两类（见图 11-2）。

（1）基本力系：滑体自重 W_i、自上一条块传递来的剩余下滑力 E_{i-1}、下一条块产生的支撑力 E_i、滑床反力 N_i、滑面的抗滑力 T_i；

（2）特殊作用力（在可能出现的情况下才列入计算）：

1）作用在条块上的外部荷载 P；

2）动水压力 D_i（滑体饱水或其下部饱水且与滑带水相连通时考虑）；

3）滑床上产生的浮托力：U_i；

4）裂隙充水的静水压力：p_{wi}、$p_{w(i-1)}$；

5）滑头水系有压头 H_0 的承压时的浮托力 S_i'；

6）地震力：E_{si}。

注意：

（1）假定动水压力作用方向平行于滑动面，浮托力作用方向垂直滑动面。在系统中选择“总应力法”时，不考虑水的浮力作用，即令 $U_i=0$；

（2）假定地震力作用方向平行于滑动面，抗滑部分不考虑地震力的作用；

（3）T_i在图中表示第 i 滑块滑面的抗滑力（kN），方向平行于滑动面；

（4）N_i在图中表示第 i 滑块滑面的有效法向反力（kN），方向垂直于滑动面。

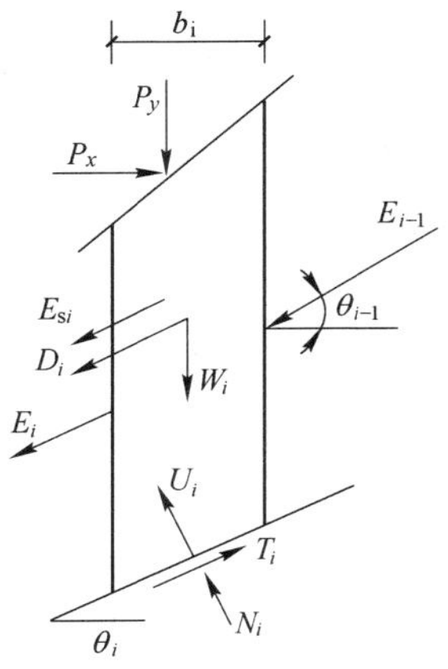

图 11-2 剩余下滑力计算示意图

11.4.1.3 基本力系作用下的剩余下滑力计算

$$E_i = E_1 + E_2 + E_3 + E_4 \tag{11-3}$$

$$E_1 = KW_i\sin\alpha_i \tag{11-4}$$

$$E_2 = E_{i-1}[\cos(\alpha_{i-1} - \alpha_i) - \sin(\alpha_{i-1} - \alpha_i)\tan\varphi_i] \tag{11-5}$$

$$E_3 = - W_i\cos\alpha_i\tan\varphi_i \tag{11-6}$$

$$E_4 = - c_i l_i \tag{11-7}$$

$$\psi_i = \cos(\alpha_{i-1} - \alpha_i) - \sin(\alpha_{i-1} - \alpha_i)\tan\varphi_i \tag{11-8}$$

式中 E_i——第 i 个条块滑体的剩余下滑力，kN/m，方向指向下滑方向并平行于第 i 个条块滑面；$E_i\leqslant 0$，在给定的安全系数下，不会发生滑动；$E_i>0$，在给定的安全系数下，会发生滑动；

E_1——为本滑块体产生的下滑力，kN/m；

E_2——第 $i-1$ 块滑体产生的下滑力或上滑力，kN/m；

E_3——本滑块体产生的抗滑力，kN/m；

E_4——本滑块体滑面产生的黏聚抗滑力，kN/m；

E_{i-1}——第 $i-1$ 个条块滑体的剩余下滑力，kN/m，方向平行于第 $i-1$ 个条块滑面；

K——抗滑计算时，考虑所需要的安全系数；

W_i——第 i 个条块滑体的重量，kN/m；

α_i——第 i 个条块滑面的倾角，(°)；

α_{i-1}——第 $i-1$ 个条块滑面的倾角，(°)；

φ_i——第 i 个条块所在滑面上的摩擦角（°）；

c_i——第 i 个条块所在滑面上的单位黏聚力，kPa；

l_i——第 i 个条块所在滑面的长度，m；

ψ_i——剩余下滑力传递系数。

注意：系统提供由安全系数反算滑块 i 的抗剪强度指标 c 或 φ 的功能，反算时公式（11-3）满足 $E_i=0$。

11.4.1.4　特殊作用力下的剩余下滑力计算

A　外部荷载作用

$$E_1 = KW_i\sin(\alpha_i) + \sum K_{1j}P_{xj}\cos(\alpha_i) + \sum K_{1j}P_{yj}\sin(\alpha_i) \tag{11-9}$$

$$E_3 = -W_i\cos(\alpha_i)\tan(\varphi_i) + \sum K_{1j}P_{xj}\sin(\alpha_i)\tan(\varphi_i) - \sum K_{1j}P_{yj}\cos(\alpha_i)\tan(\varphi_i) \tag{11-10}$$

式中　P_{xj}——第 i 个条块滑体上作用的第 j 个水平外荷载，kN/m，正、负确定：方向向左为正，反之为负；

P_{yj}——第 i 个条块滑体上作用的第 j 个竖直外荷载，kN/m，正、负确定：方向向下为正，反之为负；

K_{lj}——抗滑计算时，考虑所需要的安全系数；当外荷载产生作用的方向与整体滑坡的下滑方向相同时，取 $K_{lj}=K$；当外荷载产生作用的方向与整体滑坡的下滑方向相反时，取 $K_{lj}=1$；

其他符号意义同前。

B　动水压力作用

$$E_1 = KW_i\sin(\alpha_i) + K_1D_i \tag{11-11}$$

$$D_i = \gamma_w\Omega_i n_i\sin(\alpha_i) \tag{11-12}$$

$$E_3 = -W_i\cos(\alpha_i)\tan(\varphi_i) + S_i\tan(\varphi_i) \tag{11-13}$$

$$S_i = \gamma_w\Omega_i(1-n_i)\cos(\alpha_i) \tag{11-14}$$

式中　K_1——抗滑计算时，考虑所需要的安全系数；当动水压力产生作用的方向与整体滑坡的下滑方向相同时，取 $K_1=K$；当动水压力产生作用的方向与整体滑坡的下滑方向相反时，取 $K_1=1$；

D_i——第 i 个条块滑体中动力水头产生的下滑力，kN/m；

S_i——第 i 个条块滑体中动力水头在滑床上产生的浮托力，kN/m；

γ_w——水的重力密度，kN/m³；

Ω_i——第 i 个条块滑体的饱水面积，m²；

n_i——第 i 个条块滑体土的孔隙度；

α_i——第 i 个条块的滑面倾角，（°）。

C　裂隙水压力作用

$$E_1 = KW_i\sin(\alpha_i) + K_1(P_{w(i-1)} - P_{wi})\cos(\alpha_i) \tag{11-15}$$

$$E_3 = -W_i\cos\alpha_i\tan\varphi_i + (P_{w(i-1)} - P_{wi})\sin\alpha_i\tan\varphi_i \tag{11-16}$$

$$P_{w(i-1)} = \gamma_w h_{w(i-1)}^2/2 \tag{11-17}$$

$$P_{wi} = \gamma_w h_{wi}^2/2 \tag{11-18}$$

式中　K_1——抗滑计算时，考虑所需要的安全系数；当 $P_{w(i-1)}-P_{wi}\geqslant 0$ 时，取 $K_1=K$；当 $P_{w(i-1)}-P_{wi}<0$ 时，取 $K_1=1$；

$P_{w(i-1)}$——第 i-1 个条块滑体与第 i 个条块滑体之间的裂隙静水压力，kN/m；

P_{wi}——第 i 个条块滑体与第 i+1 个条块滑体之间的裂隙静水压力，kN/m；

$h_{w(i-1)}$——第 i-1 个条块滑体与第 i 个条块滑体之间裂隙静水位到滑面的高度，m；

h_{wi}——第 i 个条块滑体与第 i+1 个条块滑体之间裂隙静水位到滑面的高度，m；

其他符号意义同前。

D　承压水压力作用

仅在式（11-3）右侧第三项中增加承压水作用荷载，表达式如下：

$$E_3 = -W_i\cos\alpha_i\tan\varphi_i + S_i'\tan\varphi_i \tag{11-19}$$

$$S_i' = \gamma_w h_{w0} l_0 \tag{11-20}$$

式中　S_i——第 i 个条块滑体所受的承压水的浮托力，方向与滑体的反力相反，kN/m；

H_{w0}——第 i 个条块滑体所受的承压水头的高度，m；

l_0——有效的滑动面长度，m；

其他符号意义同前。

E　地震荷载作用

仅在式（11-3）右侧第一项增加地震作用荷载，表达式如下：

$$E_1 = KW_i\sin\alpha_i + K_1E_{si} \tag{11-21}$$

$$E_{si} = C_iC_zK_hG_i \tag{11-22}$$

式中　K_1——抗滑计算时，考虑所需要的安全系数；当 $E_{si}\geqslant 0$ 时，取 $K_1=K$；当 $E_{si}<0$ 时，取 $K_1=1$；

E_{si}——作用于第 i 个条块滑体的地震力，kN/m；

C_i——第 i 个条块滑体地震力计算的重要性系数；

C_z——第 i 个条块滑体地震力计算的综合影响系数，取 $C_z=0.25$；

K_h——水平地震系数；

G_i——第 i 个条块滑体的重力，kN，有地下水时，采用饱和重度；

其他符号意义同前。

11.4.2 地基反力计算

11.4.2.1 地基反力的两种情况

当抗滑桩桩前的土体不能够保持稳定有可能失稳时，则不需要考虑抗滑桩前土体对桩作用的反力，仅需要考虑滑动面以下的地基土对抗滑桩的反力；当抗滑桩桩前土体能够保持稳定时，抗滑桩则需按所谓的全埋式桩考虑，可以将抗滑桩桩前土体的抗力作为已知的外力来考虑，并且仍然可将桩看成悬臂桩考虑。

抗滑桩将滑坡推力传递给滑面以下的桩周土时，桩的锚固段前后土体受力后发生变形，并由此产生土体的反力。反力的大小与土体的变形形状有关。当处于弹性阶段时，可按弹性抗力计算，但处于塑性阶段变形时，情况是比较复杂的，但是地基反力不应该超过锚固段地基土的侧向容许承载能力。

另外，桩与地基土间的黏结力、摩阻力、桩变形引起的竖向压力一般情况下对于桩的安全是有利的，通常可忽略不计，为了简化计算，桩的自重和桩底应力等也忽略不计。

11.4.2.2 地基反力系数

桩侧岩土体的弹性抗力系数简称为地基反力系数，是地基承受的侧压力与桩在该位置处产生的侧向位移的比值。也即单位土体或岩体在弹性限度内产生单位压缩变形时所需施加于其单位面积上的力。目前常采用的有三种假设：（1）假设地基系数不随深度而变化，即地基系数为常数的 K 法；（2）假定地基系数随深度而呈直线变化的 m 法；（3）地基反力系数沿深度按凸抛物线增大的 C 法。地基反力系数 K，m 应通过试验确定。一般情况下，试验资料不易获得，设计时可参考表 11-1 及表 11-2 建议值。

表 11-1 不同土层地基的 m 值

序号	土的名称	$m/\mathrm{kN\cdot m^{-3}}$	序号	土的名称	$m/\mathrm{kN\cdot m^{-3}}$
1	流塑性岩土、淤泥	3000~5000	4	半坚硬的黏性土，粗砂	20000~30000
2	硬塑形黏土、粉砂	5000~10000	5	砾砂、角砾砂、砾石土、碎石土、卵石土	30000~80000
3	硬塑形黏土、细砂、中砂	10000~20000	6	块石土、漂石	80000~120000

表 11-2 较完整岩层的地基系数 K_V 值

序号	饱和极限抗压强度 R/MPa	K_V /kN·m^{-3}	序号	饱和极限抗压强度 R/MPa	K_V /kN·m^{-3}	序号	饱和极限抗压强度 R/MPa	K_V /kN·m^{-3}
1	10	$(1\sim2)\times10^5$	4	30	4.0×10^5	7	60	12.0×10^5
2	15	2.5×10^5	5	40	6.0×10^5	8	80	$(15\sim25)\times10^5$
3	20	3.0×10^5	6	50	8.0×10^5	9	>80	$(25\sim28)\times10^5$

当地基土为多层土时，采用按层厚以等面积加权求平均的方法求算地基反力系数。

当地基土为 2 层时，有：

$$m = \frac{m_1 l_1^2 + m_2(2l_1 + l_2)l_2}{(l_1 + l_2)^2} \tag{11-23}$$

当地基土为 3 层时，有：

$$m = \frac{m_1 l_1^2 + m_2(2l_1 + l_2)l_2 + m_3(2l_1 + 2l_2 + l_3)l_3}{(l_1 + l_2 + l_3)^2} \tag{11-24}$$

式中 m_1，m_2，m_3——分别为第 1 层、第 2 层、第 3 层地基土的 m 值；

l_1，l_2，l_3——分别为第 1 层、第 2 层、第 3 层地基土的厚度。

其他多层土可仿此进行计算。

当采用 C 法时，地基反力系数式为 $C_x = Cx^{\frac{1}{2}}$，C 为地基反力系数的比例系数，x 为深度。研究表明，当 x 达到一定深度时，地基反力系数渐趋于常数。比例系数 C 值参见表 11-3。

表 11-3 C 法的比例系数 C 值

序号	土 类	C 值/MN·m$^{3.5}$	$[y_0]$ /mm
1	$I_L>1$ 的流塑性黏土、淤泥	3.9~7.9	≤6
2	$0.5\leqslant I_L\leqslant1.0$ 的软塑性黏土、粉砂	7.9~14.7	≤5~6
3	$0<I_L<0.5$ 的硬塑性黏土、细砂、中砂	14.7~29.4	≤4~5
4	半干硬性黏土、粗砂	29.4~49.0	≤4~5
5	砾砂、角砾砂、砾石土、碎石土、卵石土	49.0~78.5	≤3
6	块石、漂石夹砂土	78.5~117.7	≤3

注：$[y_0]$ 为桩在地面处的水平位移允许值。

11.5 抗滑桩内力计算

11.5.1 抗滑桩类型判别

抗滑桩在受到土体产生的滑坡推力后，将会产生一定量的变形。根据桩和桩周土的性质和桩的几何性质，其变形有两种情况：

（1）抗滑桩的位置发生了偏离，但桩轴线仍然保持为原有线型，则变形是由桩周土的变形所导致的。这时，抗滑桩犹如刚体一样，仅发生了转动，故称其为刚性桩。

（2）抗滑桩的轴线和位置同时发生了变化，即抗滑桩轴线和桩周土同时发生了变形，故称其为弹性桩。

经过试验研究得出，当抗滑桩埋入稳定的地层内的计算深度为某一临界值时，可视抗滑桩的刚度为无穷大，桩的侧向极限承载力只取决于桩周土的弹性抗力的大小。工程中就把这个临界值作为判断抗滑桩是刚性桩还是弹性桩的标准。

（3）抗滑桩类型规定如下（刚性桩或弹性桩的判别）：

1）按 K 法计算，$h_2\beta \leqslant 1.0$，抗滑桩属于刚性桩；当 $h_2\beta > 1.0$，抗滑桩属于弹性桩；

2）按 m 法计算，$ah_2 \leqslant 2.5$，抗滑桩属于刚性桩；当 $ah_2 > 2.5$，抗滑桩属于弹性桩。

其中 β 为桩的变形系数，以 m^{-1} 计，按下面式（11-25）计算；

$$\beta = \left(\frac{KB_{\mathrm{p}}}{4EI}\right)^{\frac{1}{4}}$$

$$a = \left(\frac{mB_{\mathrm{p}}}{EI}\right)^{\frac{2}{5}} \tag{11-25}$$

式中 K，m——侧向地基系数，$\mathrm{kN/m^3}$；

B_{p}——桩的正面计算宽度，m，对于矩形桩 $B_{\mathrm{p}}=b+1$；

E——桩的弹性模量，kPa；

I——桩的截面惯性矩，$\mathrm{m^4}$，$I=\dfrac{1}{12}bh^3$。

11.5.2 抗滑桩内力计算

11.5.2.1 弹性桩的计算（m 法）

桩顶受水平荷载的挠曲微分方程为：

$$EI\frac{\mathrm{d}^4x}{\mathrm{d}y^4}=-myxB_\mathrm{p} \tag{11-26}$$

采用幂级数的解法，整理上式后得：

$$x_y=x_\mathrm{A}A_1+\frac{\varphi_A}{a}B_1+\frac{M_A}{a^2EI}C_1+\frac{Q_A}{a^3EI}D_1 \tag{11-27a}$$

$$\varphi_y=a\left(x_AA_2+\frac{\varphi_A}{a}B_2+\frac{M_A}{a^2EI}C_2+\frac{Q_A}{a^3EI}D_2\right) \tag{11-27b}$$

$$M_y=a^2EI\left(x_AA_3+\frac{\varphi_A}{a}B_3+\frac{M_A}{a^2EI}C_3+\frac{Q_A}{a^3EI}D_3\right) \tag{11-27c}$$

$$Q_y=a^3EI\left(x_AA_4+\frac{\varphi_A}{a}B_4+\frac{M_A}{a^2EI}C_3+\frac{Q_A}{a^3EI}D_3\right) \tag{11-27d}$$

$$\sigma_y=myx \tag{11-27e}$$

式中　x_y，φ_y，M_y，Q_y——锚固段桩身任意截面的位移、转角、弯矩和剪力；
x_A，φ_A，M_A，Q_A——滑面处桩的位移转角、弯矩和剪力；
E——混凝土的弹性模量；
a——桩的变形系数。

$$A_i=\sum_{n=0}^{m}\frac{(ay)^{5n-i+1}(-1)^n\prod_{j=0}^{n}[5(j-1)+1]}{(5n-i+1)!} \tag{11-28}$$

当 $j=0$ 时，取 $5(j-1)+1$ 为 1；

$$B_i=\sum_{n=0}^{m}\frac{(ay)^{(5n-i+2)}(-1)^n\prod_{j=0}^{n}[5(j-1)+2]}{(5n-i+2)!} \tag{11-29}$$

当 $j=0$ 时，取 $5(j-1)+1$ 为 2；

$$C_i=\sum_{n=0}^{m}\frac{(ay)^{(5n-i+3)}(-1)^n\prod_{j=0}^{n}[5(j-1)+3]}{(5n-i+3)!} \tag{11-30}$$

当 $j=0$ 时，取 $5(j-1)+1$ 为 3；

$$D_i=\sum_{n=0}^{m}\frac{(ay)^{(5n-i+4)}(-1)^n\prod_{j=0}^{n}[5(j-1)+4]}{(5n-i+4)!} \tag{11-31}$$

当 $j=0$ 时，取 $5(j-1)+1$ 为 4；

式（11-27）~式（11-31）中，为了保证其计算精度，各式中应取 m 为不小于 6 的正整数。

（1）当桩底为固定端时，$x_B=0$、$\varphi_B=0$、$M_B\neq 0$、$Q_B\neq 0$代入式（11-27）前两式联立求解得：

$$
\begin{aligned}
x_A &= \frac{M_A}{a^2EI}\frac{B_1C_2-C_1B_2}{A_1B_2-B_1A_2}+\frac{Q_A}{a^3EI}\frac{B_1D_2-D_1B_2}{A_1B_2-B_1A_2}\\
\varphi_A &= \frac{M_A}{aEI}\frac{C_1A_2-A_1C_2}{A_1B_2-B_1A_2}+\frac{Q_A}{a^2EI}\frac{D_1A_2-A_1D_2}{A_1B_2-B_1A_2}
\end{aligned}
\tag{11-32}
$$

（2）当桩底为固定端时，$x_B=0$、$\varphi_B\neq 0$、$M_B=0$、$Q_B\neq 0$代入式（11-27a）和式（11-27b）联立求解得：

$$
\begin{aligned}
x_A &= \frac{M_A}{a^2EI}\frac{B_3C_1-C_3B_1}{A_3B_1-B_3A_1}+\frac{Q_A}{a^3EI}\frac{B_3D_1-D_3B_1}{A_3B_1-B_3A_1}\\
\varphi_A &= \frac{M_A}{aEI}\frac{C_3A_1-A_3C_1}{A_3B_1-B_3A_1}+\frac{Q_A}{a^2EI}\frac{D_1A_2-A_1D_2}{A_3B_1-B_3A_1}
\end{aligned}
\tag{11-33}
$$

（3）当桩底为固定端时，$x_B\neq 0$、$\varphi_B\neq 0$、$M_B=0$、$Q_B=0$代入式（11-27a）、式（11-27b）联立求解得：

$$
\begin{aligned}
x_A &= \frac{M_A}{a^2EI}\frac{B_3C_4-C_4B_3}{A_3B_4-B_4A_3}+\frac{Q_A}{a^3EI}\frac{B_3D_4-D_4B_3}{A_3B_4-B_4A_3}\\
\varphi_A &= \frac{M_A}{aEI}\frac{C_3A_4-A_3C_4}{A_3B_4-B_4A_3}+\frac{Q_A}{a^2EI}\frac{D_3A_4-A_4D_3}{A_3B_4-B_4A_3}
\end{aligned}
\tag{11-34}
$$

式（11-32）~式（11-34）中为各种边界条件下相应的x_A、φ_A，代入式（11-27），即可求得滑动面以下桩身任意截面的位移和内力。

11.5.2.2 刚性桩的计算

把滑面以上抗滑桩受荷载段上所有的力均当做外力，桩前的滑体抗力按其大下从外荷载中减去，对滑动面以下的桩段取脱离体，滑面以上的外荷载对滑面处桩界面产生的弯矩和剪力。滑面下桩周土的侧向应力和土的抗力可以由脱离体的平衡求得，进而计算桩的内力。

（1）$y\leqslant y_0$时：

桩身变位：

$$\Delta x=(y-y_0)\Delta\varphi$$

桩测应力：

$$\sigma_y=(A+my)(y_0-y)\Delta\varphi$$

桩身剪力：

$$Q_y=Q_A-\frac{1}{2}B_pA\Delta\varphi y(2y_0-y)-\frac{y_1}{6}B_pm\Delta\varphi y^2(3y_0-2y)$$

桩身弯矩：

$$M_y = M_A + Q_A y - \frac{1}{6}B_p A\Delta\varphi y^2(3y_0 - y) - \frac{1}{12}B_p m\Delta\varphi y^3(2y_0 - y)$$

(2) $y > y_0$ 时：

桩测应力：

$$\sigma_y = (A' + my)(y_0 - y)\Delta\varphi$$

桩身剪力：

$$Q_y = Q_A - \frac{1}{6}B_p m\Delta\varphi y^2(3y_0 - 2y) + \frac{1}{2}B_p A'\Delta\varphi (y - y_0)^2$$

桩身弯矩：

$$M_y = M_A + Q_A y - \frac{1}{6}B_p A\Delta\varphi y_0{}^2(3y - y_0) - \frac{1}{12}B_p m\Delta\varphi y^3(2y - y_0) + \frac{1}{6}B_p A'\Delta\varphi (y - y_0)^3$$

由 $\sum H = 0$ 得：

$$Q_A = \frac{1}{2}B_p A'\Delta\varphi y_0^2 - \frac{1}{2}B_p A\Delta\varphi (h_2 - y_0)^2 + \frac{1}{6}B_p m\Delta\varphi h_2{}^2(3y_0 - 2h_2) \tag{11-35}$$

由 $\sum M = 0$ 得：

$$M_A + Q_A h_2 = \frac{1}{6}B_p A\Delta\varphi y_0{}^2(3h_2 - y_0) - \frac{1}{6}B_p A'\Delta\varphi(h_2 - y_0)^3 + \frac{1}{12}B_p m\Delta\varphi h_2^3(2y_0 - h_2)$$

由 $\sum H = 0$ 与 $\sum M = 0$ 联立求解，可得：

$$2Q_A(A' - A)y_0^3 + 6_{M_A}(A' - A)y_0^2 - 2y_0 h_2[3A'(2M_A + Q_A h_2) + mh_2(3M_A + 2Q_A h_2)] + h_2^2[2A'(3M_A + 2Q_A h_2) + mh_2(4M_A + 3Q_A h_2)] = 0 \tag{11-36}$$

$$A = d_1 m = \frac{\gamma_1}{\gamma_2}a_1 m, \ A' = d_2 m = \frac{\gamma_1}{\gamma_2}a_2 m$$

式中 γ_1，γ_2——滑面上下部分岩体重度。

11.6 抗滑桩的配筋计算

抗滑桩是一种特殊的“梁”，其结构设计要求桩在破坏时，具有“塑性破坏”特征，即受拉钢筋首先到达屈服，然后混凝土受压破坏。

11.6.1 桩截面配筋率 μ 的取值和截面高度 h 的确定

11.6.1.1 配筋率 μ 的取值

要使桩的破坏属于"塑性破坏"或"使结构具有较好的延性"，桩截面配筋率 μ 应满足：

$$\mu \in (\mu_{min}, \mu_{max}) \tag{11-37}$$

（1）平衡梁的概念与 μ_{max} 的计算。梁在破坏时，钢筋的屈服与混凝土的受压破坏同时发生，此时梁称为平衡配筋梁。

1）相应的配筋率 μ 称为平衡配筋率（μ_{max}）。μ 若增大，则钢筋应力尚未达屈服，混凝土却发生受压破坏，称之超筋梁。

相应于超筋梁，把具有"塑性破坏"特征的梁称为适筋梁。

可知，平衡梁是超筋梁与适筋梁的界限情况，平衡配筋率又称为界限配筋率，即 μ_{max}。

2）《钢筋混凝土结构设计规范》（TJ10），根据正截面强度计算方法和平衡梁的破坏特性，提出 μ_{max} 计算公式：

$$\mu_{max} = \frac{\xi_b \cdot R_{wa}}{R_a} \tag{11-38}$$

$$\xi_b = \frac{x_0}{h_0} = \frac{0.8}{1 + \dfrac{R_a}{0.0033E_a}}$$

式中 ξ_b——界限相对受压区高度；

R_{wa}——混凝土的弯曲抗压强度；

R_a——钢材屈服强度；

x_0——混凝土受压区高度；

E_a——钢材弹模。

（2）少筋梁的概念和最少配筋率 μ_{min} 的计算。如图 11-3 所示，为不同配盘率梁的 $\frac{M_{cr}}{M_U} \sim \sigma_s$ 曲线：（M_{cr} 是梁开裂弯矩，M_U 是梁极限弯矩）$\frac{M_{cr}}{M_U}$。

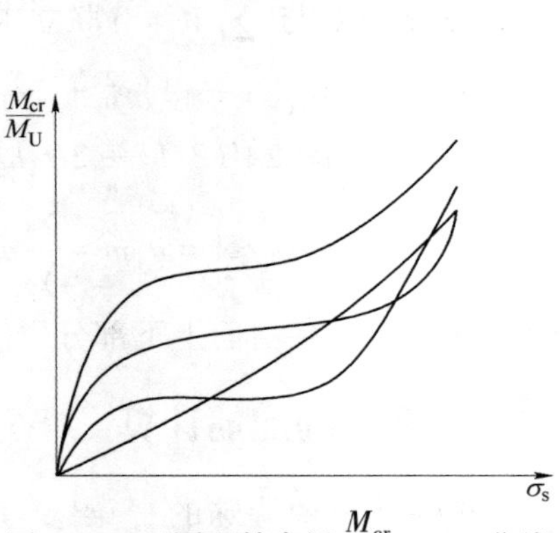

图 11-3 不同配筋率梁 $\frac{M_{cr}}{M_U} \sim \sigma_s$ 曲线

可见：随配筋率 μ 减少，M_{cr}/M_U 增大，梁的极限弯矩 M_u 减少。一旦 μ 减少到使 M_{cr} 与 M_u 重合时，裂缝出现，钢筋应力即达屈服。此时配筋率称为最少配筋率 μ_{min}（它是少筋梁与适筋梁的界限）。若 $\mu < \mu_{min}$，称少筋梁。

根据 $M_{cr} = M_u$，可得 $\mu_{min} = 0.34 \dfrac{R_t}{R_a}$

式中　R_t——混凝土抗拉强度；

　　　R_a——钢材屈服强度。　(11-39)

注意：其取值与多种因素有关，《钢筋混凝土结构设计规范》是据混凝土等级查表得到。

例如 C_{35} 以下，$\mu_{min} = 0.15\%$；$C_{40} \sim C_{60}$，$\mu_{min} = 0.2\%$。

（3）经济配筋率及 μ 的选取。从结构的受力特征看，截面尺寸的选取，只要 $\mu \in (\mu_{min}, \mu_{max})$ 即可。

1）如何使选定的截面尺寸在满足强度要求及使用要求的前提下，使结构设计的总造价最省，即结构优化的问题。在此将满足该条件的配筋率称为经济配筋率，实际设计为经济配筋率范围。

2）对于圆筋矩形截面的构件 μ，板的经济配筋率 0.4%~0.8%；梁的经济配筋率 0.6%~1.5%。

11.6.1.2　桩截面高度 h 的确定

截面宽度 b_0 与最大弯矩 M_{max} 已知情况下，合理选择 h 和 μ 成为混凝土设计的关键。

对矩形截面梁：

$$h_0 = \sqrt{\frac{1}{\mu R_g\left(1 - 0.5\mu \dfrac{R_g}{R_w}\right)}} \sqrt{K_1 \frac{M_{max}}{b}} \tag{11-40}$$

式中　R_g——主筋抗拉强度；

　　　R_w——混凝土抗弯强度；

　　　K_1——安全系数。

（1）h 的取值范围：

$$\begin{cases} \mu_{min} \rightarrow h_{01} \Rightarrow h_1 = h_{01} + h_c \\ \mu_{max} \rightarrow h_{02} \Rightarrow h_2 = h_{02} + h_c \end{cases} \text{（}h_c\text{ 为主筋形心的位置）} \tag{11-41}$$

h 取（h_2, h_1）则桩属于适筋梁（桩）。

（2）h 的参考取值：

$$\begin{cases} \mu = 0.6\% \rightarrow h_{03},\ h_3 \\ \mu = 1.5\% \rightarrow h_{04},\ h_4 \end{cases}$$

从 h_1、h_2、h_3、h_4 中选优。

(3) 抗剪强度对 h 的控制。h 的选择尚应满足抗剪强度。桩的抗剪能力由混凝土抗剪力 $[Q]_H$ 与箍筋抗剪力$[Q]_K$ 组成,

$$即:[Q] = [Q]_H + [Q]_K = 0.07R_a bh_0 + \frac{\alpha_{kh}R_g n[a_k]h_0}{[s]} \tag{11-42}$$

式中 R_a——混凝土的轴心抗压强度;

α_{kh}——设计常数 1.2~1.5;

n——箍筋肢数;

a_k——设计中允许选择的单根箍筋的最大截面积;

$[s]$——允许选择的箍筋布置的最小间距。

最终要求 h 满足:$[Q] \geqslant K_2 Q_{max}$($K_2$ 为设计安全系数)。

11.6.2 桩主断面主筋配筋设计和割筋设计

依据 M_{max} 进行截面受拉区钢筋数量计算及布置。另因其他断面 $M < M_{max}$,且变化幅度大,为节省材料需进行割筋设计。

主筋断面和配筋率:

$$\mu_1 = \frac{R_w}{R_g(1 - 2K_1 M_{max}/bh_0^2 R_w)} \tag{11-43}$$

主筋总面积:

$$A_g = \mu_1 bh_0 \tag{11-44}$$

主筋数量:

$$n = \frac{A_g}{a_g} \tag{11-45}$$

式中,a_g 可选主筋的单根截面积;K_1 为设计安全系数。

在布置断面时,主筋数量与截面尺寸等都要作某些调整,h_c 随主筋的布置情况可精确算出,(故据图中布筋进行强度验算):主筋 m 排,各排间距 d_u,各排数量为 m_1, m_2, …。

一般情况下,主断面的抗弯能力 $[M]$:

第一排:$A_{g1}R_g = m_1 a_g R_g$,$x_1 = \dfrac{A_{g1}R_g}{R_w b}$,$[M_1] = m_1 a_g R_g\left(h - B_h - \dfrac{x_i}{2}\right)$。

第二排:$A_{g2}R_g = m_2 a_g R_g$,$x_2 = \dfrac{m_2 a_2 R_g}{R_w b}$,$[M_2] = m_2 a_g R_g\left(h - B_h - \dfrac{x_2}{2} - d_{LL}\right)$。

对于第 i 排有:$x_i = \dfrac{m_i a_g R_g}{R_w b}$ $(1 < i \leqslant m)$,$[M_i] = m_i a_g R_g$

$\left(h - B_h - d_{LL}(i-1) - \frac{x_i}{2}\right)$。

故主断面的抗弯能力为：$[M] = \sum_{i=1}^{m}[M_i]$，要求 $[M] \geqslant K_1 \cdot M_{max}$（$K_1$ 为设计安全系数）。

构造要求：一般 ϕ 30～ϕ 36，每根束之间距 10～15cm，排距 15～20cm，保护层厚度 12～18cm 均可。

11.6.3 桩的抗剪能力与箍筋设计

桩的抗剪能力由 $[Q]_H$ 和 $[Q]_K$ 两部分组成（混凝土抗剪力 $[Q]_H$ 与箍筋抗剪力 $[Q]_K$）。

（1）若 $[Q]_H \geqslant K_2Q$，按理论不需箍筋。但应按《混凝土结构设计规范》中规定的最大布置间距 S_{max} 布置箍筋，同时满足 $\mu_k = \frac{na_K}{bS_{max}} \geqslant \mu_{kmin}$。

（2）若 $[Q]_H < K_2Q$，则应计算设计箍筋：主要有 箍筋的间距 S 与布置的区分 h_{si}，进而绘出桩的抗剪能力包络图。其原理是：在桩截面 h 选取中 箍筋的肢数 n 与截面积 a_K，已确定：

$$\frac{n[a_K]}{b[S]} > K_2Q - 0.07R_a bh_0 \tag{11-46}$$

（K_2 为设计安全系数）。

刚性抗滑桩一般存在两种受力筋，受拉区主筋与抗剪箍筋，ϕ 12～14mm，2～4 肢，间距灵活布置。

此外，受压区和断面两侧的架立筋与各种拉筋，一般按构造布置，多与主筋同型号，间距 50cm 左右。

11.7 抗滑桩构造措施

（1）抗滑桩截面形状宜为矩形，截面尺寸应根据滑坡推力大小、桩间距、锚固段地基横向容许强度等因素确定，截面宽度宜为 1.5～2.5m，截面高度宜为 2.0～4.0m。

（2）桩身混凝土强度等级不应低于 C30，当地下水存在侵蚀性时，应根据水质情况按有关规定选用水泥。

（3）抗滑桩井口应设置锁口，桩井位于土和风化破碎岩层时宜设置护壁，锁口和护壁混凝土强度等级不应低于 C20。

（4）纵向受拉钢筋应采用 HRB400 级以上的带肋钢筋或型钢，钢筋直径不宜小于 25mm，净距宜为 120～250mm，困难情况下可适当减小，但不得小于 80mm。

采用束筋时，每束不宜多于三根。配置单排钢筋有困难时，可设置为两排或三排，排距宜控制在120~200mm之内。钢筋笼的混凝土保护层应大于70mm。

（5）桩内不宜配置弯起钢筋，可采用调整箍筋的直径、间距和桩身截面尺寸等措施，满足斜截面的抗剪强度要求。

（6）箍筋可采用HRB400钢，肢数不宜多于4肢，其直径宜在12~16mm之间，间距不应大于400mm。

（7）桩的两侧及受压边，应适当配置纵向构造钢筋，钢筋直径不宜小于16mm，间距宜不应大于300mm。桩的受压边两侧，应配置架立钢筋，其直径宜不小于16mm。当桩身较长时，纵向构造钢筋和架立筋的直径应加粗。当采用锚索桩时，受压侧应配置受力钢筋。

（8）桩板式抗滑挡土墙挡土板与桩的搭接长度不应小于1倍板厚，若圆形桩，应在桩后设置搭接平台，平台宽度比搭接长度宜宽20~30mm；挡土板钢筋保护厚度，外侧不应小于35mm，板内侧不应小于50mm。挡土板主筋可采用HRB400钢。

（9）钢筋接头宜采用钢筋机械连接接头（套筒挤压接头和镦粗直螺纹接头）、焊接接头，钢筋接头宜设在受力较小区段，并宜错开布置。同一区段内有接头的纵向受力钢筋截面面积不宜超过纵向受力钢筋总截面面积的50%。钢筋机械连接接头适用于HRB400带肋钢筋的连接。机械接头应符合《钢筋机械连接技术规程》（JGJ 107）的有关规定。

11.8 抗滑桩工程的施工设计图内容

抗滑桩工程的施工图包括：

（1）滑坡计算断面图；

（2）桩力结构图；

（3）桩基坑护壁图；

（4）桩位布置纵断面图；

（5）工程布置总平面图；

（6）还有结构设计中所需的内力分布图、材料包络图、围岩应力分布图。

11.8.1 滑坡（桩力计算）断面图

桩力计算与结构设计，标示出抗滑桩桩位，岩土分层及滑带位置。

（1）图框：选择图幅尺寸，有各种固定标准尺寸（加宽或加长应按$\frac{1}{8}$的整倍数进行）。

（2）图标：各异。

（3）应画出图例外框和岩芯分界线。

11.8.2　桩力结构图

桩力结构图包括：

（1）桩力立面图。指沿桩截面高度 h 方向，桩整体配筋结构图。

- 桩力结构线——→（桩力轮廓线，主筋绘制，架立筋布置，箍筋绘制）
- 尺寸标注线——→（水平尺寸标注，竖向尺寸标注）
- 材料型号标注
  - 主筋标注方式
  - 架立筋标注方式
  - 箍筋标注方式

1）主筋（排数、箍筋）。

2）主架立筋，当架立筋与主筋型号同，辅架立筋只需将靠山侧两根主筋延长即可，型号差别大则需与相应排主筋有长的搭接长度。

3）箍筋属于受力筋，立面图上为垂直主筋或架立筋的水平线。

（2）桩力断面图。对于等截面抗滑桩，这些断面主要的区别是主筋的数量和位置，其余构造均相同。

主筋：主筋布置排放，每排中含主筋束数，每束主筋的根数、编号、各编号主筋的位置、根数、型号等。

钢筋明细表、汇总表：钢筋按主筋、主架立筋、辅架立筋、箍筋、拉筋单根长度、总长度、总重列出。

材料分类统计按钢材分类计算各类钢材总吨数，计算桩力体积。

11.8.3　桩基坑护壁图绘制

护壁是抗滑桩施工中的一项辅助工程，目的是保证基坑开挖时桩力深注期间的施工安全，由锁口盘与壁身组成，其尺寸主要根据抗滑桩的尺寸而定。

锁口盘尺寸和护壁厚度均为定型尺寸。

11.8.4　桩位布置纵断面图

表达抗滑桩在垂直于滑坡滑动方向的布置和桩位处地质情况。

12 锚杆（索）设计

12.1 概述

12.1.1 锚杆（索）的作用机理

抗滑桩在荷载的作用下，有绕着基地转动的趋势，此时可以利用灌浆锚杆（索）的抗拔作用力来进行抵抗。灌浆锚杆（索）指用水泥砂浆（或水泥浆、化学浆液等）将一组钢拉杆（粗钢筋或钢丝束、钢轨、小钢筋笼等）锚固在伸向地层内部的钻孔中，并承受拉力的柱状锚固体。它的中心受拉部分是拉杆，其受拉杆件有粗钢筋，高强钢丝束，和钢绞线等三种不同类型。施工工艺有简易灌浆、预压灌浆以及化学灌浆。锚固的形式应根据锚固段所处的岩土层类型、工程特征、锚杆（索）承载力大小、锚杆（索）材料和长度、施工工艺等条件，按表12-1进行具体选择。

表12-1 锚杆选型

锚杆类别	锚杆特征				
	材料	锚杆承载力设计值/kN	锚杆长度/m	应力状况	备注
土层锚杆	钢筋（Ⅱ Ⅲ级）	<450	<16	非预应力	锚杆超长时，施工安装难度大
	钢绞线 高强钢丝	450~800	>10	预应力	锚杆超长时，施工方便
	精轧螺纹钢筋	400~800	>10	预应力	杆体防腐性好，施工安装方便
岩层锚杆	钢筋 （Ⅱ Ⅲ级）	<450	<16	非预应力	锚杆超长时，施工安装难度大
	钢绞线 高强钢丝	500~3000	>10	预应力	锚杆超长时施工方便
	精轧螺纹钢筋	400~1100	>10	预应力或 非预应力	杆体防腐性好，施工安装方便

锚杆（索）的抗拔作用力又称锚杆（索）的锚固力，是指锚杆（索）的锚固体与岩土体紧密结合后抵抗外力的能力，或称抗拔力，它除了跟锚固体与孔壁的黏结力、摩擦角、挤压力等因素有关外，还与地层岩土的结构、强度、应力状态和含水情况以及锚固体的强度、外形、补偿能力和耐腐蚀能力有关。

许多资料表明，锚杆（索）孔壁周边的抗剪强度由于地层土质不同，埋深不同以及灌浆方法不同而有很大的变化和差异。对于锚杆（索）抗拔的作用机理可从其受力状态进行分析，由图 12-1 表示一个灌浆锚杆（索）中的砂浆锚固段，如将锚固段的砂浆作为自由体，其作用力受力机理为：

当锚固段受力时，拉力 T_0 首先通过钢拉杆周边的握固力（u）传递到砂浆中，然后再通过锚固段钻孔周边的地层摩阻力（τ）传递到锚固的地层中。因此，钢拉杆如受到拉力作用，除了钢筋本身需要有足够的截面积（A）承受拉力外，锚杆（索）的抗拔作用还必须同时满足以下三个条件：

（1）锚固段的砂浆对于钢拉杆的握固力需能承受极限拉力。

（2）锚固段地层对于砂浆的摩擦力需能承受极限拉力。

（3）锚固土体在最不利的条件下仍能保持整体稳定性。

以上第（1）、（2）个条件是影响灌浆锚杆（索）抗拔力的主要因素。

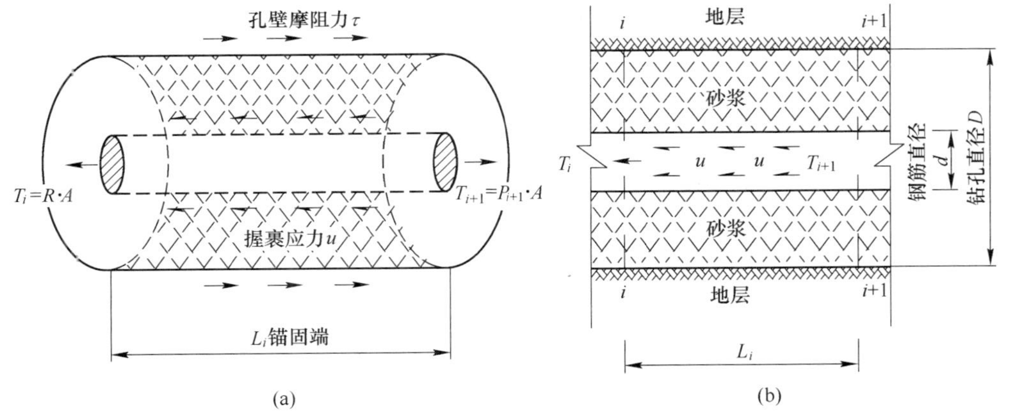

图 12-1　灌浆锚杆（索）锚固段的受力状态

12.1.2　锚杆（索）的结构与分类

锚杆是一种将拉力传至稳定岩层或土层的结构体系，主要由锚头、自由段和锚固段组成，如图 12-2 所示。

（1）锚头：锚杆外端用于锚固或锁定锚杆拉力的部件，由垫墩、垫板、锚具、保护帽和外端锚筋组成。

（2）锚固段：锚杆远端将拉力传递给稳定地层的部分，锚固深度和长度应按照实际情况计算获取，要求能够承受最大设计拉力。

（3）自由段：将锚头拉力传至锚固段的中间区段，由锚拉筋、防腐构造和注浆体组成。

（4）锚杆配件：为了保证锚杆受力合理、施工方便而设置的部件，如定位支架、导向帽、架线环、束线环、注浆塞等（见图12-3）。

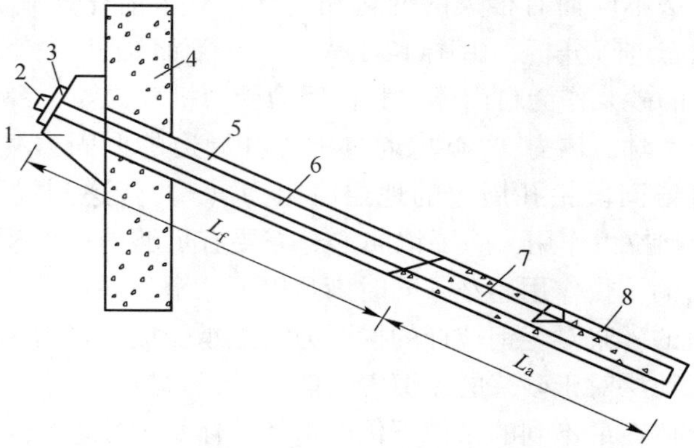

图12-2 锚杆结构示意图

1—台座；2—锚具；3—承压板；4—支挡结构；5—钻孔；6—自由隔离层；7—钢筋；8—注浆体；L_f—自由段长度；L_a—锚固段长度

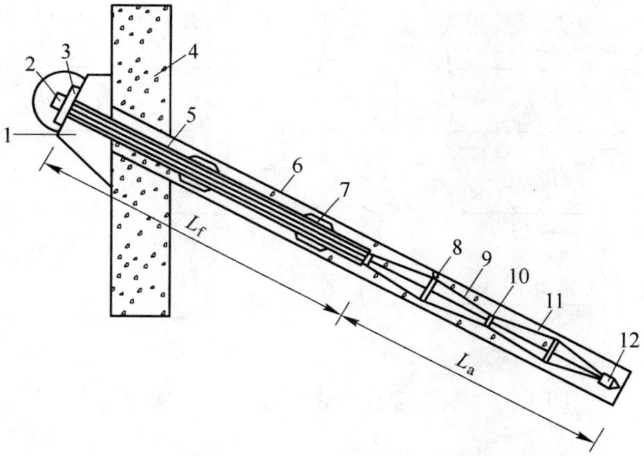

图12-3 锚索结构示意图

1—台座；2—锚具；3—承压板；4—支挡结构；5—自由隔离层；6—钻孔；7—对中支架；8—隔离架；9—钢绞线；10—架线环；11—注浆体；12—导向帽；L_r—自由段；L_a—锚固段

锚杆的分类方法较多，通常可以按应用对象、按是否预先施加应力、按锚固机理以及按固形态进行分类。按应用对象可分为岩石锚杆（索）和土层锚杆（索）：岩石锚杆是指内锚段锚固于各类岩层中的锚杆，而自由段可以位于岩层或土层中。土层锚杆是指锚固于各类土层中的锚杆，其构造、设计、施工与岩石锚杆有共同点也有其特殊性。

按是否预先施加应力分为预应力锚杆（索）和非预应力锚杆（索）：非预应力锚杆是指锚杆锚固后不施加外力，锚杆处于被动受载状态；非预应力锚杆通常采用Ⅱ、Ⅲ级螺纹钢筋，锚头较简单，如板肋式锚杆挡墙、锚板护坡等结构中通常采用非预应力锚杆，锚头最简单的做法就是将锚筋做成直角弯钩并浇注于面板或肋梁中。预应力锚杆指锚杆锚固后施加一定的外力，使锚杆处于主动受载状态；预应力锚杆在锚固工程中占有重要地位，图 12-2 和图 12-3 是典型的预应力锚杆（索）结构示意图，预应力锚杆的设计与施工比非预应力锚杆复杂，其锚筋一般采用精轧螺纹钢筋（$\phi25\sim\phi32$）或钢绞线，目前在公路滑坡处治中广泛采用预应力锚索加固技术。

按锚固形态分为圆柱型锚杆、端部扩大型锚杆（索）和连续球体型锚杆（索）：圆柱型锚杆是国内外早期开发的一种锚杆形式，这种锚杆可以预先施加预应力而成为预应力锚杆，也可以是非预应力锚杆；锚杆的承载力主要依靠锚固体与周围岩土介质间的黏结摩阻强度提供，这种锚杆适用于各类岩石和较坚硬的土层，一般不在软弱黏土层中应用，因软黏土中的黏结摩阻强度较低，往往很难满足设计抗拔力的要求，图 12-1 所示即为圆柱型锚杆。端部扩大头型锚杆（见图 12-4）是为了提高锚杆的承载力而在锚固段最底端设置扩大头的锚杆，锚杆的承载力由锚固体与土体间的摩阻强度和扩大头处的端承强度共同提供，因此在相同的锚固长度和锚固地层条件下端部扩大头型锚杆的承载力远比圆柱型锚杆为大；这种锚杆较适用于黏土等软弱土层以及比邻地界限制土锚长度不宜过长的土层和一般圆柱型锚杆无法满足要求的情况；端部扩大头型锚杆可采用爆破或叶片切削方法进行施工。连续球体型锚杆（见图 12-5）是利用设于自由段与锚固段交界处的密封袋和带许多环圈的套管（可以进行高压灌浆，其压力足以破坏具有一定强度 5.0MPa 的灌浆体），对锚固段进行二次或多次灌浆处理，使锚固段形成一连串球状体，从而提高锚固体与周围土体之间的锚固强度；这种锚杆一般适用于淤泥、淤泥质黏土等极软土层或对锚固力有较高要求的土层锚杆。

除此之外，按锚固机理还可分为有黏结锚杆、摩擦型锚杆、端头锚固型锚杆和混合型锚杆。目前在边坡加固工程中广泛采用锚钉也是一种较短的黏结型锚杆，它是通过在边坡中埋入短而密的黏结型锚杆使锚杆与坡体形成复合体系，增强边坡的稳定性；这种锚杆一般适用于土质地层和松散的岩石地层。

12.1.3 锚杆（索）在滑坡处治中的应用

在边坡工程中，当潜在的滑体沿剪切滑动面的下滑力超过抗滑力时，将会出现沿剪切面的滑移和破坏。在坚硬的岩体中，剪切面多发生在断层、节理、裂隙

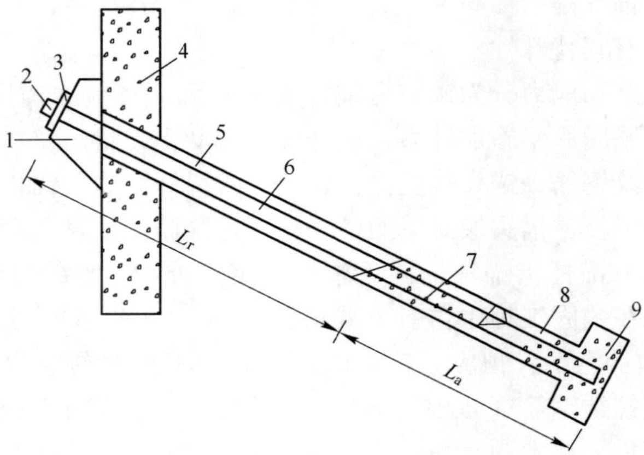

图 12-4　端部扩大头型锚杆

1—台座；2—锚具；3—承压板；4—支挡结构；5—钻孔；6—自有隔离层；7—钢筋；8—注浆体；9—端部扩大头；L_r —自由段长度；L_a — 锚固段长度

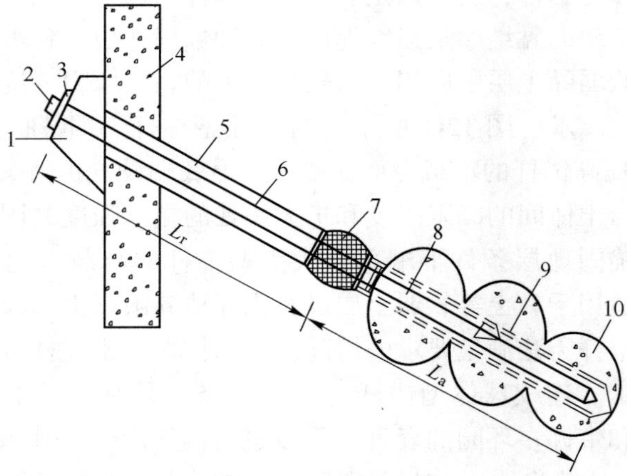

图 12-5　连续球体型锚杆

1—台座；2—锚具；3—承压板；4—支挡结构；5—钻孔；6—自有隔离层；7—止浆密封装置；8—预应力筋；9—注浆导管；10—锚固体；L_r —自由段长度；L_a — 锚固段长度

等软弱结构面上。在土层中，砂性土的滑面多为平面，黏性土的滑面一般为圆弧状。有时也会出现沿上覆土层和下卧基岩间的界面滑动。为了保持边坡的稳定，一种办法是采用大量削坡直至达到稳定的边坡角；另一种办法是设置支挡结构。在许多情况下单纯采用削坡或挡墙往往是不经济的或难以实现的。这时可采用锚杆（索）加固边坡。

采用锚杆（索）加固边坡，能够提供足够的抗滑力，并能提高潜在滑移面上的抗剪强度，有效地阻止坡体位移，这是一般支挡结构所不具备的力学作用。在土层中，边坡安设锚杆（索）后所提高的安全系数可用式（12-1）条分法公式计算（见图 12-6）：

$$k=\frac{f\left(\sum_{i=1}^{n}N_i+P_N\right)+\sum_{i=1}^{n}c_iL_i}{\sum_{i=1}^{n}T_i+P_T} \tag{12-1}$$

式中 N_i——作用在第 i 条滑面上的法向力；

T_i——作用在第 i 条滑面上的切向力；

c_i——第 i 条滑面上的黏聚力；

L_i——第 i 条滑面长度；

P_N——锚杆锚固力沿滑面法向的分力；

P_T——锚杆锚固力沿滑面切向的分力；

f——滑面上的摩擦系数。

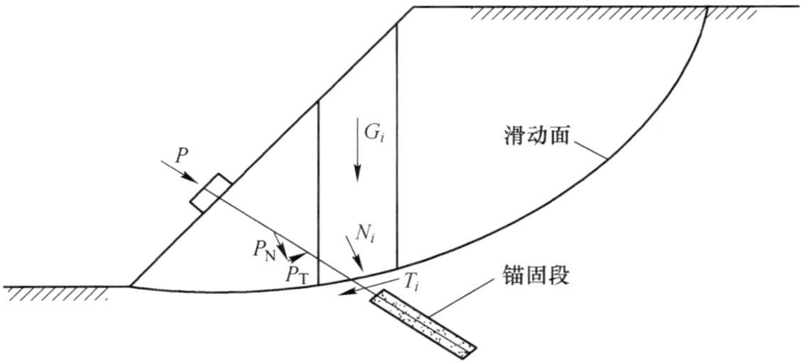

图 12-6　锚固边坡的稳定性分析

在岩体中，由于岩石产状及软硬程度存在严重差异，岩石边坡可能出现不同的失稳和破坏模式，如滑移、倾倒、转动破坏等。锚杆的安设部位、倾角为抵抗边坡失稳与破坏最有利的方向，一般锚杆轴线应当与岩石主结构面或潜在的滑移面呈大角度相交，如图 12-7 所示。

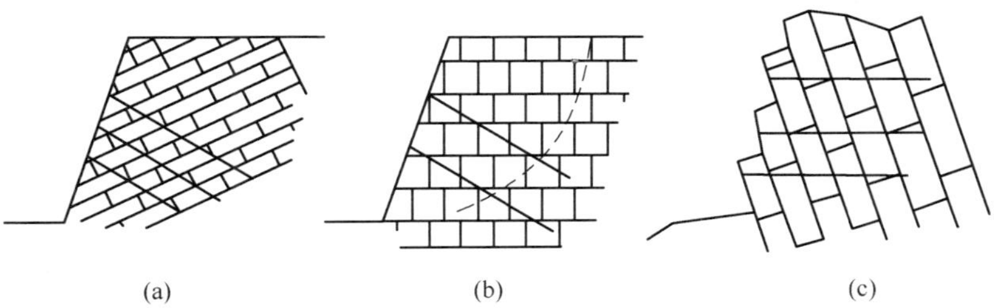

图 12-7　锚杆增强岩石边坡的稳定性

（a）锚杆平衡滑动力；（b）锚杆抵抗转动破坏；（c）锚杆抵抗倾倒

锚杆在公路边坡加固中通常与其他支挡结构联合使用，例如：

（1）锚杆与钢筋混凝土桩联合使用，构成钢筋混凝土排桩式锚杆挡墙。排桩可以是钻孔桩、挖孔桩或劲性混凝土桩，锚杆可以是预应力或非预应力锚杆，预应力锚杆材料多采用刚绞线（预应力锚索）、四级精轧螺纹钢（预应力锚杆）。锚杆的数量根据边坡的高度及推力荷载可采用桩顶单锚点作法和桩身多锚点作法。在边坡支护中排桩式锚杆挡墙主要用于下列情况：

1）位于滑坡区域的边坡支护、路堑开挖造成的牵引式滑坡或路堤引发的推力式滑坡、工程滑坡可能性较大的潜在滑坡区域的边坡支护，在抗滑桩难以支挡边坡推力荷载时，宜采用预应力锚索抗滑桩结构，如图 12-8 所示。

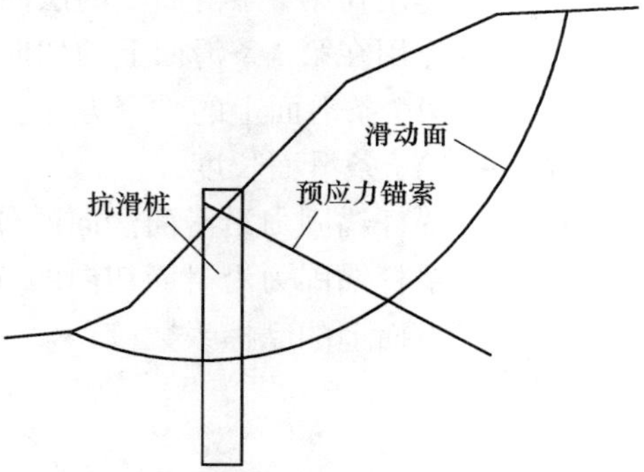

图 12-8 滑坡处治中的预应力锚索抗滑桩

2）边坡切坡后，由于外倾软弱结构面形成临空状楔体塌滑可能性较大，造成危害性较大的边坡。

3）高度大于 12m、稳定性较差的土层边坡，此时由于抗滑桩悬臂较长，承受的弯矩过大，为了防止抗滑桩破坏，可采用单锚点或多锚点作法。

4）坡顶 0.5m 内有重要建筑物或较大荷载的Ⅲ、Ⅳ类岩石边坡和土层边坡宜采用排桩式锚杆挡墙支护。

（2）锚杆与钢筋混凝土格架联合使用形成钢筋混凝土格架式锚杆挡墙，锚杆锚点设在格架结点上，锚杆可以是预应力锚杆（索）或非预应力锚杆（索）。这种支挡结构主要用于高陡岩石边坡或直立岩石切坡，以阻止岩石边坡因卸荷而失稳，如图 12-9 所示。

（3）锚杆与钢筋混凝土板肋联合使用形成钢筋混凝土板肋式锚杆挡墙，这种结构主要用于直立开挖的Ⅲ、Ⅳ类岩石边坡或土质边坡支护，一般采用自上而下的逆作法施工，如图 12-10 所示。

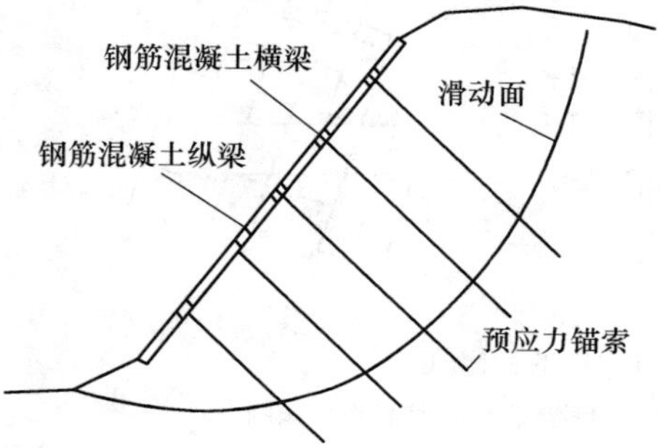

图 12-9 钢筋混凝土格架式锚杆支护

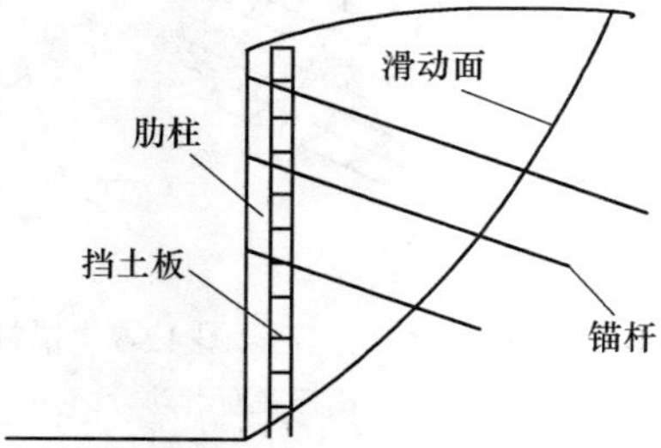

图 12-10 钢筋混凝土板肋式锚杆挡墙

（4）锚杆与钢筋混凝土板肋、锚定板联合使用形成锚定板挡墙。这种结构主要用于填方形成的直立土质边坡，如图 12-10 和图 12-11 所示。

（5）锚杆与钢筋混凝土面板联合使用形成锚板支护结构，适用于岩石边坡。锚杆在边坡支护中主要承担岩石压力，限制边坡侧向位移，而面板则用于限制岩石单块塌落并保护岩体表面防止风化。锚板可根据岩石类别采用现浇板或挂网喷射混凝土层。

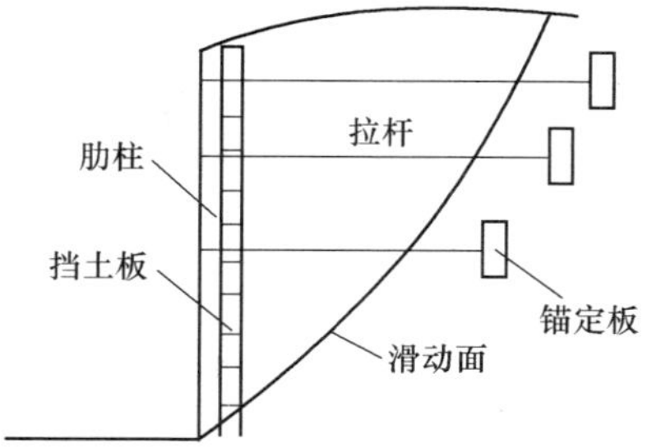

图 12-11 锚定板挡墙

（6）锚钉加固边坡，在边坡中埋入短而密的抗拉构件与坡体形成复合体系，增强边坡的稳定性。这种方法主要用于土质边坡和松散的岩石边坡，加固高度较小，多用于临时边坡加固。

12.1.4 常用边坡锚杆形式

在边坡锚杆加固中要选择合理的锚杆形式，必须结合被加固边坡的具体情况，根据锚固段所处的地层类型、工程特征、锚杆承载力的大小、锚杆材料、长度、施工工艺等条件综合考虑进行选择。表 12-2 给出了土层、岩层中的预应力和非预应力常用锚杆类型的有关参数，可供边坡锚杆加固选型使用。

表 12-2 常用边坡锚杆形式

锚杆类别	锚筋选料	承载力/kN	锚杆长度	应力状态	注浆方式	锚固体形式	适用条件
土层锚杆	钢筋（Ⅱ、Ⅲ级）	<450	<16m	非预应力	常压灌浆 压力灌浆	圆柱型 扩孔型	锚固性较好的土层
	精轧螺纹钢筋 ϕ25～32	400～1100	>10m	预应力	压力灌浆 二次高压灌浆	连续球体型、扩孔型	土层锚固性较差；边坡允许变性值小
	钢绞线	600～1600	>10m	预应力	压力灌浆 二次高压灌浆	连续球体型、扩孔型	土层锚固性较差；边坡允许变性值小
岩层锚杆	钢筋（Ⅱ、Ⅲ级）	<450	<16m	非预应力	常压灌浆	圆柱型	边坡稳定性较好
	精轧螺纹钢筋 ϕ25～32	400～1100	>10m	预应力	常压灌浆 压力灌浆	圆柱型	边坡稳定性较差
	钢绞线	600～2000	>10m	预应力	常压灌浆 压力灌浆	圆柱型	边坡稳定性较差

12.2 设计原则与程序

12.2.1 锚杆（索）设计原则

在计划使用锚杆的边坡工程中，应充分研究锚固工程的安全性、经济性和施工的可行性。设计前认真调查边坡工程的地质条件，并进行工程地质勘察及有关的岩土物理力学性能实验，以提供锚固工程范围内的岩土性状、抗剪强度、地下水、地震等资料。对于土质边坡还应提供土体的物理性质和物理状态指标。

设计锚杆的使用寿命应不小于公路的正常使用年限，一般使用期限在两年以内的工程锚杆应按临时锚杆设计，使用期限在两年以上的锚杆应按永久性锚杆进行设计。对于永久性锚杆的锚固段不应设在有机质土、液限大于50%或相对密度小于0.3的土层中；因有机质土会引起锚杆的腐蚀破坏；液限大于50%的土层由于其高塑性会引起明显的徐变而导致锚固力不能长期保持恒定；相对密度小于0.3的土层松散不能提供足够的锚固力。

当对支护结构变形量容许值要求较高、或岩层边坡施工期稳定性较差、或土层锚固性能较差、或采用了钢绞线和精轧钢时，宜采用预应力锚杆。但预应力作用对支承结构的加载影响、对锚固地层的牵引作用以及相邻构筑物的不利影响应控制在安全范围之内。

设计的锚杆必须达到所设计的锚固力要求，防止边坡滑动剪断锚杆，锚杆选用的钢筋或钢绞线必须满足有关国家标准，特别是预应力钢绞线，除了满足《预应力混凝土用钢绞线》（GB/T 5224）标准外，还必须获得IS09002国际质量认证；同时必须保障钢筋或钢绞线有效防腐，以避免锈蚀导致材料强度降低。

非预应力锚杆长度一般不要超过16m，单锚设计吨位一般为100~400kN，最大设计荷载一般不超过450 kN。预应力锚杆（索）长度一般不要超过50m，单束锚索设计吨位一般为500~2500kN，最大设计荷载一般不超过3000kN，预应力锚索的间距一般为4~10m。

进行锚杆设计时，选择的材料必须进行材性试验，锚杆施工完毕后必须对锚杆进行抗拔试验，验证锚杆是否达到设计承载力的要求；同时对于公路上遇到的大型滑坡在采用预应力锚索加固后必须进行至少一年的位移监测。

12.2.2 锚杆（索）设计程序

对边坡锚杆（索）加固设计首先必须对边坡工程地质调查，在掌握地质情况的基础上，对边坡的破坏方式进行判断，并分析采用锚杆方案的可行性和经济性，如果采用锚杆方案可行，开始计算边坡作用在支挡结构物上的侧压力，根据侧压力的大小和边坡实际情况选择合理的锚杆形式，并确定锚杆数量、布置形式、承载力设计值，计算锚筋截面、选择锚筋材料和数量。在确定锚筋后，按照锚筋承载力设计值进行锚固体设计（包括锚固段长度、锚固体直径、注浆材料和工艺等）。如果采用预应力锚杆还要确定预应力张拉值和锁定值，并给出张拉程序。最后是进行外锚头和防腐构造设计并给出施工建议、试验、验收和监测要求。设计流程图如图 12-12 所示。

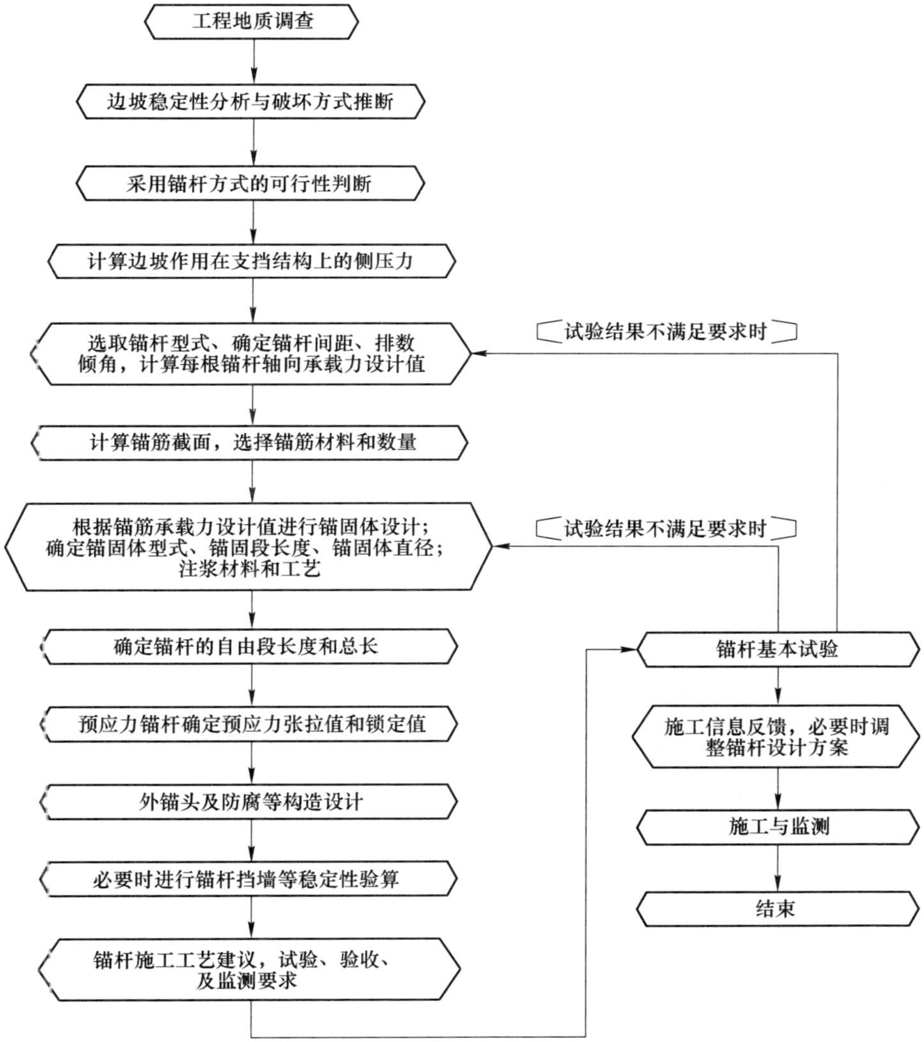

图 12-12　锚杆（索）的设计流程

12.3　锚杆（索）布置

锚杆的布置原则上应根据实际地层情况以及锚杆与其他支挡结构联合使用的

具体情况确定，一般有如下基本要求：

（1）锚索间距应以所设计的锚固力能对边坡提供最大的张拉力为标准，一般情况下，锚杆水平与垂直间距宜采用3~6m，不得小于1.5m，以免群锚效应发生而降低锚固力。

（2）锚杆上覆地层厚度应不小于5m，以避开车辆反复荷载的影响，也避免由于采用高压注浆使上覆土层隆起。

（3）锚固段与相邻基础或地下设施的距离应小于3m。

（4）在施工中应考虑施工偏差而造成锚索的相互影响。

（5）锚杆的钻孔直径除必须满足锚杆的拉力设计值外，钻孔内的预应力钢绞线面积应不超过钻孔面积的15%。

（6）锚杆的倾角宜避开与水平向成-10°~+10°的范围，±10°范围内锚杆的注浆应采取保证浆液灌注密实的措施。

（7）原则上预应力锚杆安设角度宜采用最优锚固角，实际采用的安设角度可根据潜在滑动体的实际情况和施工条件调整。最优锚固角可按式（12-2）计算。

$$\theta = \alpha - \left(45^\circ + \frac{\varphi}{2}\right) \tag{12-2}$$

式中 θ——最优锚固角，为预应力锚杆与水平面之间的夹角（正值为仰角，负值为俯角）；

α——滑动面（软弱结构面）的倾角；

φ——滑动面的摩擦角。

12.4 锚杆（索）设计荷载计算

对于用于滑坡治理的锚杆，锚杆锚固设计荷载的确定应根据边坡的推力大小和支护结构的类型综合确定。先计算边坡的不平衡推力或侧压力，然后根据锚杆的布置形式计算该边坡要达到稳定需要锚杆提供的加固力。根据加固力和锚杆数量便可确定出每根锚杆平均承担的锚固荷载大小，该荷载的大小作为锚筋截面计算和锚固体设计的重要依据。

（1）单一滑面破坏边坡（见图12-13）使边坡稳定安全系数达到许用值时所需施加的锚固力用式（12-3）计算：

$$T = \frac{W(\sin\beta F - \cos\beta\tan\varphi) + U\tan\varphi + V(\cos\beta F + \sin\beta\tan\varphi) - cL}{\cos(\beta + \delta)F + \sin(\beta + \delta)\tan\varphi} \tag{12-3}$$

式中 T——作用于边坡滑体上的由锚杆提供的加固力，kN/m；

U——作用在滑块底面上的水的浮托力，kN；

V——张拉裂缝中的水压力，kN；

δ——锚杆与水平面之间的夹角，(°)；

L——滑动面的长度，m；

F——边坡的安全系数（取值见表 12-3）。

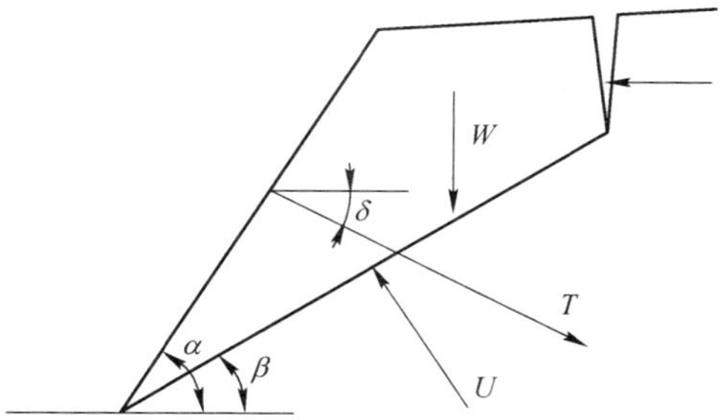

图 12-13 边坡平面破坏受力分析

表 12-3 滑坡稳定安全系数

公路等级	稳定安全系数	
	正常工况	非正常工况 I
高速公路、一级公路	1.20~1.30	1.10~1.20
二级公路	1.15~1.20	1.10~1.15
三、四级公路	1.10~1.15	1.05~1.10

注：1. 滑坡地质条件复杂或危害程度严重时，稳定安全系数取大值；地质条件简单或危害程度轻微时，稳定安全系数可取小值。

2. 滑坡影响区域内有重要建筑物（桥梁、隧道、高压输电塔、油气管道等）、村庄和学校时，稳定安全系数可取大值。

3. 区域公路滑坡防治，周期性的库水位升降变化频繁、高水位与低水位间落差大时，稳定安全系数取大值。

（2）双滑面破坏边坡。（见图 12-14）边坡达到许用安全系数值时所需的加固力为：

$$T = \frac{W_1(\sin\beta_1 F - \cos\beta_1 \tan\varphi_1)}{\cos(\delta + \beta_1)F + \sin(\delta + \beta_1)\tan\varphi_1} + \frac{P[\cos(\beta_2 - \beta_1)F - \sin(\beta_2 - \beta_1)\tan\varphi_1] + U_1\tan\varphi_1 - c_1L_1}{\cos(\delta + \beta_1)F + \sin(\delta + \beta_1)\tan\varphi_1} \tag{12-4}$$

$$P = W_2(\sin\beta_2 - \cos\beta_2\tan\varphi_2) + U_2\tan\varphi_2 - c_2L_2$$

式中 W_1，W_2——分别为滑块 1 和滑块 2 的自重，kN/m；

U_1，U_2——分别为滑块 1 和滑块 2 的水压力，kN/m；

c_1，c_2——分别为滑块 1 和滑块 2 的黏聚力，kPa；

φ_1，φ_2——分别为滑块 1 和滑块 2 的摩擦角，(°)；

L_1，L_2——分别为滑块1和滑块2的滑面长度，m；

β_1，β_2——分别为滑块1和滑块2的滑面倾角，(°)。

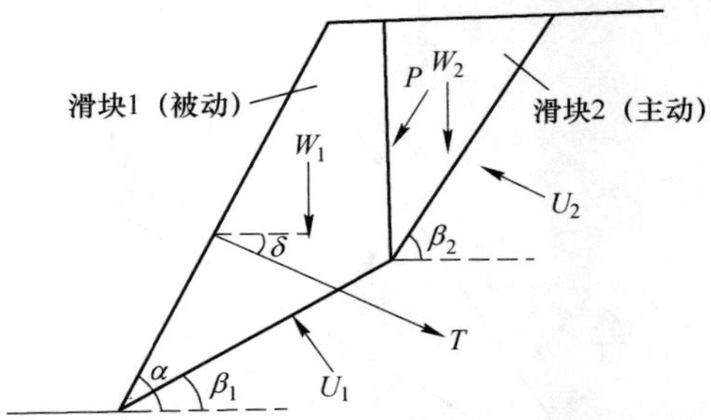

图12-14 边坡双滑面滑动的受力分析

（3）多滑面破坏边坡。多滑面破坏边坡的稳定分析比较复杂，如前面所述，目前工程上大都采用传递系数法近似确定边坡的稳定性。当计算出的最底部滑块的不平衡推力大于零时，说明边坡的稳定性不能保证。若采用预应力锚杆（索）加固滑坡时，锚杆应提供的锚固力可以近似地按照边坡的平衡条件用式（12-5）确定：

$$T = E/[\sin(\alpha + \delta)\tan\varphi + \cos(\alpha + \delta)] \tag{12-5}$$

式中 E——滑坡推力，计算推力时应考虑一定的安全储备，kN/m；

α——锚索与滑动面相交处滑动面倾角，(°)；

φ——滑动面内摩擦角，(°)；

δ——锚索与水平面的夹角，以下倾为宜，不宜大于45°，一般为15°~30°。

12.5 锚杆（索）设计锚固力的确定

式（12-3）~式（12-5）计算得到的是每延米边坡所需的加固力，该加固力为一个横剖面上锚杆的设计总锚固力。根据边坡的规模进行锚杆的布置，确定出锚杆的水平间距和竖向间距后，即可计算出整个边坡加固所需的锚杆数量。这样就可以用式（12-6）计算单根锚杆所需提供的设计锚固力N：

$$N = \frac{TL}{n_b} \tag{12-6}$$

式中 N——单根锚杆的轴向设计锚固力，kN；

T——作用于边坡滑体上的由锚杆提供的加固力，kN/m；

L——边坡的长度，m；

n_b——锚杆的总根数，根。

设计锚固力N应小于容许锚固力P_a，即$N \leqslant P_a$。《铁路路基支挡结构设计规范》（TB10025）中规定，对于锚固钢材容许荷载应满足表12-4要求。

表 12-4 锚固钢材容许荷载

项目	永久性锚固	临时性锚固
设计荷载作用时	$P_a \leqslant 0.6P_u$ 或 $0.75P_y$	$P_a \leqslant 0.65P_u$ 或 $0.8P_y$
张拉预应力时	$P_{at} \leqslant 0.7P_u$ 或 $0.85P_y$	$P_{at} \leqslant 0.7P_u$ 或 $0.85P_y$
预应力锁定时	$P_{ai} \leqslant 0.8P_u$ 或 $0.9P_y$	$P_{ai} \leqslant 0.8P_u$ 或 $0.9P_y$

注：P_u 为极限张拉荷载（kN）；P_y 为屈服荷载（kN）。

12.6 锚杆（索）锚筋的设计

在确定出锚杆轴向设计荷载后，需要对锚杆进行结构设计，结构设计的第一步就是根据锚杆轴向设计荷载计算锚杆的锚筋截面，并选择合理的钢筋或钢绞线配置锚筋；在配置锚筋后可由锚筋的实际面积和锚筋的抗拉强度标准值计算出锚杆承载力设计值，然后方能进行锚杆体和锚固体的设计计算。

（1）锚杆锚筋的截面积计算。锚杆要达到设计荷载 N_{ak} 所需的锚筋截面需满足以下公式的要求：

普通锚筋锚杆：

$$A_s \geqslant \frac{K_b N_{ak}}{f_y} \tag{12-7}$$

预应力锚索锚杆：

$$A_s \geqslant \frac{K_b N_{ak}}{f_{py}} \tag{12-8}$$

式中 A_s——锚杆钢筋或预应力锚索截面面积，mm^2；

N_{ak}——相应于作用的标准组合时锚杆所受轴向拉力标准值，kN；

f_y，f_{py}——普通钢筋或预应力钢绞线的抗拉强度设计值，kPa；

K_b——锚杆杆体抗拉安全系数，应按表 12-5 取值。

表 12-5 锚杆杆体抗拉安全系数（K_b）

边坡工程安全等级	安全系数	
	临时性锚杆	永久性锚杆
一级	1.8	2.2
二级	1.6	2.0
三级	1.4	1.8

（2）锚筋的选用。根据锚筋截面计算值，对锚杆进行锚筋的配置，要求实际的锚筋配置截面面积大于所需的截面面积。配筋的选材应根据锚固工程的作用、锚杆承载力、锚杆的长度、数量以及现场提供的施加应力和锁定设备等因数综合考虑。

对于棒式锚杆，都采用钢筋做锚筋。如果是普通非预应力锚杆，由于设计轴向力一般小于450kN，长度最长不超过20m，因此，锚筋一般选用普通热轧钢筋；如果是预应力锚杆可选用预应力螺纹钢筋。

预应力材料可分为金属材料和复合型材料。金属材料是目前国内广泛应用的材料，它包括高强钢丝、钢绞线、精轧螺纹钢筋等，其中尤其以高强度低松弛钢绞线应用量最多、最广泛。复合型材料是预应力金属高强材料经深加工后的产品，包括无黏结筋、环氧涂层钢绞线、钢丝等，其中无黏结筋应用量逐年增加。

对于长度较长、锚固力较大的预应力锚杆应优先选用钢绞线、高强钢丝，这样不但可以降低锚杆的用钢量，最大限度地减少钻孔和施加预应力的工作量，还可以减少预应力的损失。因为钢绞线的屈服应力一般是普通钢筋的近7倍，如果假定钢材的弹性模量相同，它们达到屈服点的延伸率钢绞线是钢筋的7倍。换言之，在同等地层徐变量的条件下，采用钢绞线的锚杆的预应力损失仅为普通钢筋的1/7。钢绞线、预应力螺纹钢筋以及普通螺纹钢筋规格参数见表12-6~表12-8。

表12-6 钢绞线抗拉强度设计值、标准值 (N/mm^2)

种类	直径/mm	抗拉强度设计值 (f_{py})	屈服强度标准值 (f_{pyk})	极限强度标准值 (f_{ptk})
1×3 三股	8.6	1220	1410	1720
	10.8	1320	1670	1860
	12.9	1390	1760	1960
1×7 七股	9.5	1220	1540	1720
	12.7	1320	1670	1860
	15.2	1390	1760	1960
	17.8	1220	1590	1720
	21.6	1320	1670	1860

表12-7 预应力螺纹钢筋抗拉强度设计值、标准值 (N/mm^2)

种类	直径/mm	符号	抗拉强度设计值 (f_{py})	屈服强度标准值 (f_{pyk})	极限强度标准值 (f_{ptk})
预应力螺纹钢筋	18，25，32，40，50	PSB785	650	785	980
		PSB930	770	930	1030
		PSB1080	900	1080	1230

表 12-8 普通螺纹钢筋抗拉强度设计值、标准值 （N/mm^2）

种类		直径 /mm	抗拉强度设计值（f_{py}）	屈服强度标准值（f_{pyk}）	极限强度标准值（f_{ptk}）
热轧钢筋	HRB335 HRBF335	6~50	300	335	455
	HRB400 HRBF400 RRB400	6~50	360	400	540
	HRB500 HRBF500	6~50	435	500	630

12.7 锚固体设计

为达到锚固力标准值，圆柱形锚杆锚固体与岩土层间的接触长度，即锚固体长度应满足式（12-9）的要求：

$$L_a \geqslant \frac{KN_{ak}}{\pi D f_{rbk}} \tag{12-9}$$

式中 L_a——锚固体长度，kN/m；

K——锚杆锚固体抗拔安全系数，按表 12-9 取值；

D——锚杆锚固体（即钻孔）直径，m；

f_{rbk}——锚固体表面与周围岩土体之间的极限黏结强度标准值，kPa，它与钻孔方法、岩土性质、渗透性、抗剪强度、锚杆上覆地层厚度、注浆压力等因素有关，工程上一般由试验确定。无试验资料时也可参照表 12-10 推荐值选用。

表 12-9 岩土锚杆锚固体抗拉安全系数（K）

边坡工程安全等级	安全系数	
	临时性锚杆	永久性锚杆
一级	2.0	2.6
二级	1.8	2.4
三级	1.6	2.2

表 12-10 土体与锚固体间的极限黏结强度标准值

岩土种类	岩土的状态	f_{rbk} /kPa
黏性土	软 塑	20~40
	可 塑	40~50
	硬 塑	50~65
	坚 硬	65~100

续表 12-10

岩土种类	岩土的状态	f_{rbk} /kPa
砂土	稍密	100~140
	中密	140~200
	密实	200~280
碎石土	稍　密	120~160
	中　密	160~220
	密　实	220~300
岩石	极软岩	270~360
	软岩	360~760
	较软岩	760~1200
	较硬岩	1200~1800
	硬岩	1800~2600

注：适用于注浆强度等级为 M30。

以上是按锚杆锚固体与地层黏结强度来确定锚固力和设计有效锚固长度。然而，锚杆杆体与锚固体材料之间的锚固力一般高于锚固体与土层间的锚固力，因此土层锚杆锚固段长度计算结果一般均为式（12-9）。极软岩和软质岩中的锚固破坏一般发生于锚固体与岩层间，硬质岩中的锚固端破坏可发生在锚杆杆体与锚固体材料之间，因此岩石锚杆锚固段长度应分别按式（12-9）和式（12-10）计算，取其中大值。

$$L_a \geqslant \frac{KN_{ak}}{n\pi d f_b} \tag{12-10}$$

式中　d——锚筋直径，m；

n——杆体（钢筋、钢绞线）根数（根）；

f_b——钢筋与锚固砂浆间的黏结强度设计值，kPa，其值取决于钢杆表面形状和水泥砂浆的黏结和抗剪强度，一般应由试验确定。当缺乏试验资料时可按表 12-11 取值。

表 12-11　钢筋、钢绞线与砂浆之间的黏结强度设计值　（MPa）

锚杆（索）类型	水泥浆或水泥砂浆强度等级		
	M25	M30	M35
水泥砂浆与螺纹钢筋间的黏结强度设计值	2.10	2.40	2.70
水泥砂浆与钢绞线、高强钢丝间的黏结强度设计值	2.75	2.95	3.40

注：1. 当采用二根钢筋点焊成束的做法时，黏结强度应乘以 0.85 折减系数；

2. 当采用三根钢筋点焊成束的做法时，黏结强度应乘 0.7 折减系数；

3. 成束钢筋的根数不应超过 3 根，钢筋截面总面积不应超过锚孔面积的 20%。当锚固段钢筋和注浆材料采用特殊设计，并经试验验证锚固效果良好时，可适当增加锚杆钢筋用量。

永久型锚杆抗震验算时，其安全系数应按 0.8 折减。

我国建筑边坡工程技术规范根据大量锚杆试验结果及锚固段设计安全度及构造需要，规定锚固段的设计计算长度应满足以下要求：

（1）锚杆锚固段长度应按式（12-9）、式（12-10）计算，并取其中大值。同时，土层锚杆的锚固段长度不应小于 4m，并不宜大于 10m；岩石锚杆的锚固段长度不应小于 3m，且不宜大于 45D 和 6.5m；预应力锚索不宜大于 55D 和 8m.

（2）位于软质岩中的预应力锚索，可根据地区经验确定最大锚固长度。

（3）当计算锚固段长度超过构造要求长度时，应采取改善锚固段岩土体质量、压力灌浆、扩大锚固段直径、采用荷载分散型锚杆等，提高锚杆承载能力。

锚杆总长度为锚固段、自由段及外锚头的长度之和。锚杆自由段（张拉段）长度应根据锚杆与滑裂面和边坡坡面的交点的距离而定，为了有利于被锚固地层的稳定性和锚固可靠性，锚杆自由段长度应为外锚头到潜在滑裂面的长度；预应力锚杆自由段长度应不小于 5.0m，且应超过潜在滑裂面 1.5m。

12.8 锚杆弹性变形计算

锚杆的变形是由锚杆本身在外荷作用下变形和由于地层徐变引起的变形组成，由地层徐变引起的锚杆变形计算可以通过徐变系数计算锚杆在不同时期的徐变位移。锚杆本身在外荷载作用下变形以弹性变形为主，下面是锚杆弹性变形的计算方法。

（1）非预应力土层锚杆弹性变形的计算。对于土层锚杆在外荷载作用下，除了锚杆自由段产生弹性变形外，锚固段也存在一部分变形，一般需要通过试验确定，在初步设计时可以近似估算：

$$S_c = \left(\frac{L_f}{E_s A} + \frac{L_a}{3E_c A_c}\right) N_g \tag{12-11}$$

式中 S_c——锚杆弹性变形；

L_f，L_a——锚杆自由段和锚固段长度；

A，A_c——杆体截面面积和锚固体截面面积；

E_s，E_c——杆体弹性模量和锚固体组合弹性模量，锚固体组合弹性模量可由式（12-12）确定：

$$E_c = \frac{AE_s + A_m E_m}{A + A_m} \tag{12-12}$$

式中 A_m，E_m——锚固体中砂浆体的截面积和弹性模量。

（2）非预应力岩石锚杆弹性变形的计算。非预应力岩石锚杆的弹性变形主要为锚杆自由段的弹性变形，估算公式为：

$$S_c = \frac{L_f}{E_s A} N_g \tag{12-13}$$

（3）预应力锚杆（索）弹性变形的计算。预应力锚杆在受到的轴向拉力小于预应力实际保留值时，可按刚性拉杆考虑；如果承受的轴向拉力大于预应力实际保留值，预应力锚杆将再次产生拉伸变形，此时锚杆的变形量可根据拉力超出预应力保留值的增量代入公式（12-11）和式（12-13）中的 Ng 计算变形量。

如果计算的变形量增量值较小时，预应力锚杆也可近似按刚性拉杆考虑。

12.9 锚杆（索）的试验与观测

12.9.1 锚杆（索）的性能试验

锚杆的性能试验（又称为破坏性试验或基本试验）是在锚固工程开工前为了检验设计锚杆性能所进行的锚杆破坏性抗拔试验，其目的是为了确定锚杆的极限承载力，检验锚杆在超过设计拉力并接近极限拉力条件下的工作性能和安全程度，及时发现锚索设计施工中的缺陷，以便在正式使用锚杆前调整锚杆结构参数或改进锚杆制作工艺。

性能试验的锚杆数量一般为三根，用作性能试验的锚杆参数、材料和施工工艺必须与工程锚杆相同，并且必须在与安设工程锚杆相同的地层中进行。张拉过程中采用逐级循环加荷，每级循环荷载的增量为 $0.1A_g f_{ptk}$~$0.15A_g f_{ptk}$（f_{ptk} 为所配锚筋的抗拉强度设计值，A_g 为实际锚筋配置截面）；在各级荷载下锚束受力与伸长值量测应同步进行，每一循环中的最大荷载稳定时间为 10min，其余均为 5min；最大荷载为锚杆的破断荷载，但不应超过锚筋强度标准值的 0.8 倍（即为 $0.8A_g f_{ptk}$）。加荷过程及观测时间如表 12-12 所示，图 12-15 为基本试验（Q~S）曲线。

表 12-12 锚杆性能试验及观测时间

加荷循环	荷载等级 $A_g f_{ptk}$（%）（观测时间 分钟）
初始荷载	10（5）
第一循环	10（5）→30（10）→10（5）
第二循环	10（5）→20（5）→30（5）→40（10）→30（5）→20（5）→10（5）
第三循环	10（5）→30（5）→40（5）→50（10）→40（5）→ 30（5）→ 10（5）
第四循环	10（5）→30（5）→50（5）→60（10）→50（5）→ 30（5）→ 10（5）
第五循环	10（5）→30（5）→50（5）→70（10）→50（5）→ 30（5）→ 10（5）
第六循环	10（5）→30（5）→60（5）→80（10）→60（5）→ 30（5）→ 10（5）

12.9.2 锚杆（索）的验收试验

锚杆验收试验是在锚固工程完工后为了检验所施工的锚杆是否达到设计的要

求而进行的检验性抗拔试验，该试验起到鉴别工程是否符合要求的目的。通常验收试验检验的锚杆的数量应不少于锚杆总数的5%，且一个边坡不得少于3根。

验收试验最大试验荷载：对于永久性锚索应为设计轴向拉力值的1.5倍；对于临时性锚索应为设计轴向拉力值的1.2倍。荷载分级施加并测读各级荷载下的伸长值。试验结果进行计算机处理，并绘制试验荷载-位移（Q-S）曲线（见图12-15）。

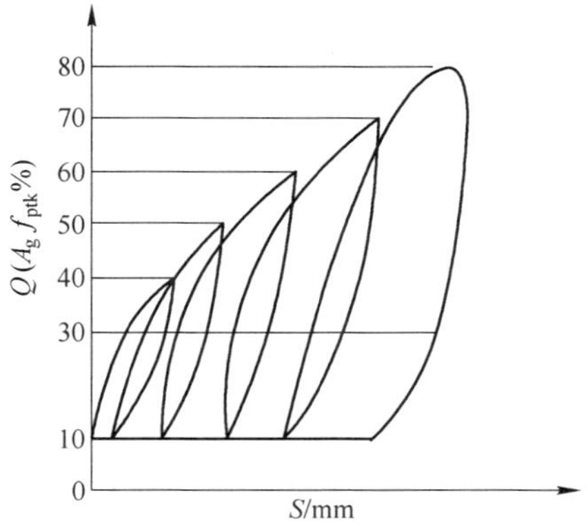

图12-15 锚杆性能试验（Q-S）曲线

锚杆验收试验满足以下条件，即为合格：

（1）验收试验所得的总弹性位移超过自由段长度理论弹性伸长的80%，但小于自由段长度与1/2锚固段长度之和的理论弹性伸长。

（2）在最大试验荷载作用下，锚头位移趋于稳定。

锚杆验收试验加荷等级与观测时间见表12-13。

表12-13 锚杆验收试验加荷等级与观测时间

荷载分级	观测时间/min		荷载分级	观测时间/min	
	临时锚杆	永久锚杆		临时锚杆	永久锚杆
$0.10N_t$	5	5	$1.00N_t$	10	15
$0.25N_t$	5	5	$1.20N_t$	15	15
$0.50N_t$	5	10	$1.50N_t$		15
$0.75N_t$	10	10			

12.9.3 锚杆（索）的蠕变试验

在软黏土中设置的锚杆，在较大荷载作用下会产生很大的蠕变变形，为了掌握软黏土中的锚杆的工作特性，国内外的有关标准都对锚杆的蠕变试验做了相应的规定。我国有关锚杆标准规定，凡塑性指数大于20的土层中的锚杆，均应进行蠕变试验，且试验的根数不应少于3根。

蠕变试验的加荷等级和观测时间应满足表12-14的要求，在观测时间内，荷载必须保持恒定，每级荷载下观测蠕变量随时间的变化。最后将每级荷载下的锚杆蠕变量—时间对数曲线在$s \sim \lg t$坐标系中绘出。定义$s \sim \lg t$曲线的斜率值（$s \sim \lg t$曲线为直线）为蠕变系数，即：

$$K_s = \frac{s_2 - s_1}{\lg t_2 - \lg t_1} \tag{12-14}$$

式中 K_s——某一级荷载下的蠕变系数；

s_1——t_1时刻的蠕变量；

s_2——t_2时刻的蠕变量。

锚杆蠕变试验所测得的最后一级荷载下的最终一段观测时间内的蠕变系数不应大于2.0mm。

表12-14 锚杆蠕变试验加荷等级与观测时间

荷载分级	观测时间/min		荷载分级	观测时间/min	
	临时锚杆	永久锚杆		临时锚杆	永久锚杆
$0.10N_t$		10	$1.00N_t$	60	120
$0.50N_t$	10	30	$1.20N_t$	90	240
$0.75N_t$	30	60	$1.33N_t$	120	360

12.9.4 锚杆（索）的长期观测

锚杆施工完毕后，为了了解锚杆预应力损失情况和锚杆的位移变化规律，以便确认锚杆的工作能力，需要对锚杆进行长期观测，一般连续观测时间超过24小时就可看作是长期观测。在观测结果过程，如果发现锚杆的工作性能较差或不能完全承担锚固力，可以根据观测结果，采用二次张拉锚杆或增设锚杆数量等措施，以保证边坡锚固工程的可靠性。

锚杆预应力变化的可采用测力计，测力计按照机械、振动、电气和光弹原理制作成不同类型，锚杆长期观测中应当选择精度高、准确可靠的测力计，测力计一般安装在传力板和锚具之间并始终保持中心受荷。由于锚杆张拉锁定后头几个月预应力损失较大，一年后逐渐递减，两年后预应力损失基本终止，趋于稳定状态。故张拉锁定后的长期监控时间一般不得少于1年，但如遇自然环境恶劣并对边坡稳定性有较严重影响时，监控时间应适当延长。且每个工点不得少于3~5个观测点。同时在混凝土浇筑过程中应有专人对观测设施进行监护。

锚杆张拉锁定后第一个月内每日观测1次；2~3个月内每周观测1次；4~6个月内每月观测3次；7个月~1年内每月观测2次；1年以后每月观测1次。在观测过程中，如出现异常，应立即进行检查，处理完毕后，方能继续观测。观测成果及时整理，第一年内的观测成果将作为工程验收的资料。

12.10 锚杆（索）防腐设计

对锚杆进行防腐设计时，应充分调查腐蚀环境，并选择适宜的防腐方法。防腐方法应适应岩土锚固的使用目的，即不能影响锚杆各部件（包锚固体、自由段和锚头）的功能，因此对锚杆的不同部位要做不同的防腐结构设计。永久住锚杆应采用双层防腐，临时性锚杆可采用简单防腐，但当腐蚀环境严重时，也必须采用双层防腐。

（1）锚固体防腐。锚固于无腐蚀条件地层内的锚固段，经除锈后可不再作特殊处理，直接由水泥砂浆密封防腐，但锚杆（索）必须居中，一般使用定位器，使水泥砂浆保护层厚度不小于20mm。对于锚固于具有腐蚀条件地层内的锚固段应做特殊防腐处理，一般可用环氧树脂涂刷钢筋的方法。

（2）自由段防腐。防腐构造必须不影响张拉钢材的自由伸长，对于预应力锚杆自由段防腐：采用Ⅱ、Ⅲ级钢筋制作锚杆的非锚固段（位于土层区段）防腐处理可采用除锈、刷沥青船底漆两遍，沥青玻纤布缠裹两层。对于预应力锚杆自由段防腐：采用钢绞线、精轧螺纹钢筋制作的预应力锚杆（索）非锚固段防腐宜采用杆体表面除锈、刷沥青船底漆两遍后绕扎塑料布，在塑料布上再涂润滑油，最后装入塑料套管中，形成双层防腐，自由段套管两端100~200mm范围内用黄油充填，外绕扎工程胶布固定。

（3）锚头防腐。永久性锚杆的承压板一般应刷沥青。一次灌浆硬化后承压板下部残留空隙，应再次充填水泥浆和润滑油，经防腐处理后的非锚段外端应伸入钢筋混凝土构件内50mm以上。如锚杆不须再次张拉，则锚头的锚具涂以润滑油、沥青后用内配钢筋网的混凝土罩封闭，混凝土标号不低于C30，厚度不小于100mm，混凝土保护层不小于30mm。如锚杆需要重新张拉，则可采用盒具密封，但盒具的空腔内必须有润滑油充填。

（4）预应力锚索防腐。应根据锚索所处地层腐蚀性，确定锚索的防腐等级和措施。

1）腐蚀性环境中的锚索应采用Ⅰ级双层防腐保护构造，非腐蚀性环境中的锚索可采用Ⅱ级简单防腐保护构造。锚索Ⅰ、Ⅱ级防腐构造应符合表12-15的要求。

2）锚固段、自由段及锚头的防腐材料和构造，应在锚索施工及使用期内不发生损坏，且不影响锚索的功能。

表12-15　锚索Ⅰ、Ⅱ级防腐保护要求

防腐保护等级	锚索类型	预应力锚索和锚具的防腐要求		
		锚头	自由段	锚固段
Ⅰ	拉力型 拉力分散型	采用过渡管，锚具用混凝土封闭或钢罩保护	采用注入油脂的护套，或无黏结钢绞线，或有外套保护管的无黏结钢绞线	采用注入水泥浆的波纹管
	压力型 压力分散型	采用过渡管，锚具用混凝土封闭或钢罩保护	采用无黏结钢绞线	采用无黏结钢绞线

续表 12-15

防腐保护等级	锚索类型	预应力锚索和锚具的防腐要求		
		锚头	自由段	锚固段
Ⅱ	拉力型 拉力分散型	采用过渡管，锚具用混凝土封闭或钢罩保护	采用注入油脂的护套，或无黏结钢绞线	注浆

（5）临时性锚杆的防腐。对于临时性锚杆重点对外锚头和自由段作防腐处理，锚固段一般可依靠注浆材料达到防腐效果。非预应力锚杆非锚固段可用出锈后刷沥青防锈漆处理。预应力锚杆自由段可采用出锈后刷沥青防锈漆或加套管方案。外锚头防腐可采用外涂防腐材料或外包混凝土方案解决。

12.11 锚杆（索）的构造措施

（1）锚孔。锚杆的钻孔直径应保证：钻孔内的锚杆钢筋面积不超过钻孔面积的20%；钻孔内的锚杆钢筋保护层厚度，对永久性锚杆不应小于25mm，对临时性锚杆不应小于15mm。

锚孔的倾角宜采用10°~35°，并应避免对相邻构筑物产生不利影响。

（2）对中支架。对中支架是保证张拉段的锚索束体在孔中居中，从而使锚索体可被一定厚度的注浆体覆盖。在设置对中支架时要符合下述要求：

1）所有锚索均应沿锚索张拉段全长设置对中支架；

2）对中支架应保证其所在位置处锚索束体的注浆体覆盖层厚度不小于10mm，永久工程不宜小于20mm；

3）波纹管内对中支架应保证其所在位置处锚索束体的注浆体覆盖层厚度不小于5mm；

4）对中支架的间距一般根据锚索组装后的刚度确定，应确保两相邻对中支架中点处锚索体或波纹管的注浆体覆盖层厚度不小于5mm；

5）软弱地层中的对中支架应避免陷入孔壁地层中，其接触面积应相应扩大。

（3）隔离支架设置。隔离支架的作用是使锚固段的各根钢绞线相互分离，并使锚索体居中，隔离支架的设置要符合下述要求：

1）所有钢绞线组成的锚索体，在锚固段均应使用隔离支架；

2）隔离支架应在保证其有效工作的同时，确保注浆体能顺利通过；

3）隔离支架应具有足够的刚度，当锚索受力时不允许产生过大变形；

4）隔离支架应能使钢绞线可靠分离，使每股钢绞线之间的净距应大于5mm，且使隔离支架处锚索体的注浆体厚度大于10mm；

5）每根锚索的锚固段最少应安装3个隔离支架，其间距一般由现场组装情况确定。

（4）锚头设计。锚头的结构构造和形状尺寸应根据锚杆的设计荷载、地层条件、支挡结构和施工条件而定，并保证有足够的强度和刚度，不得产生有害的变形，有效地保持锚杆预应力值的恒定。

锚杆头部一般由台座、承压板及紧固器三部分组成（见图 12-16～图 12-18）。台座通常由钢筋混凝土或钢板组成（见图 12-19），其中放置承压板的外表面必须设计成与锚杆垂直。承压板需用高强度钢板制成，不至于因锚杆预拉应力而使之变形过大，导致台座表面不均匀受力而发生破坏。紧固器又称为锚具，对于预应力钢筋的锚具普遍使用的是螺母。螺母的尺寸应根据钢筋的直径、螺纹规格和预应力大小来确定。对于钢绞线锚具，国内常用的有 JM（夹片式锚具体系）系列、QM（直开缝三片式群锚体系）系列、OVM（直开缝二片式群锚体系）系列，根据使用钢绞线根数的多少可分为 4 孔、7 孔、9 孔、12 孔、15 孔等不同类型。部分 OVM 锚具基本参数见表 12-16，供设计时参考。

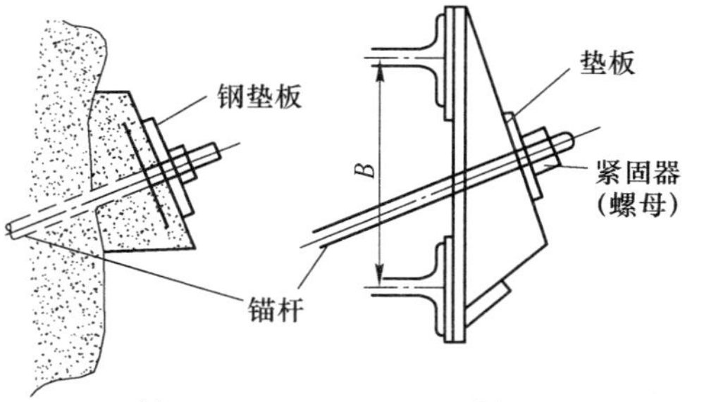

(a)　(b)

图 12-16　锚杆头部结构示意图

（*B* 取决于钢横梁尺寸及锚杆倾角）

（a）钢筋混凝土；（b）钢板

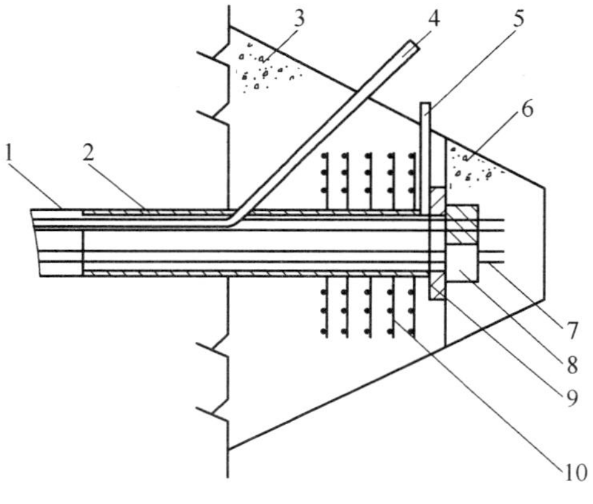

图 12-17　大吨位锚索外锚头典型结构图

1—锚索孔壁；2—孔口管；3—墩座；4—自由段注浆管；5—排气管；6—墩座二期混凝土；7—束体；8—锚板；9—垫板；10—承力钢筋网

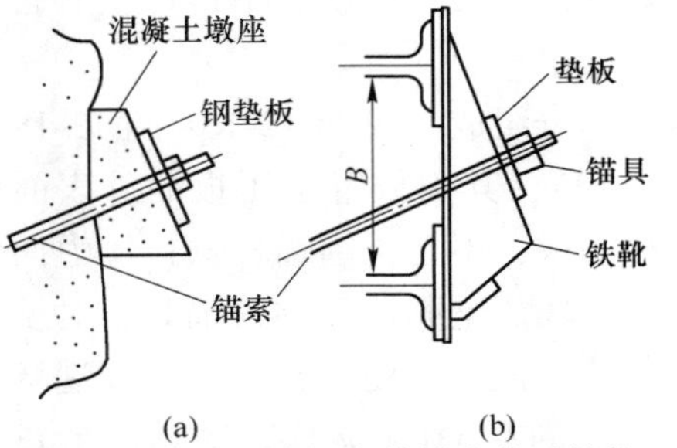

图 12-18　小吨位锚索外锚头典型结构
（B 取决于钢横梁尺寸及锚杆倾角）
（a）钢筋混凝土制作；（b）钢板制作

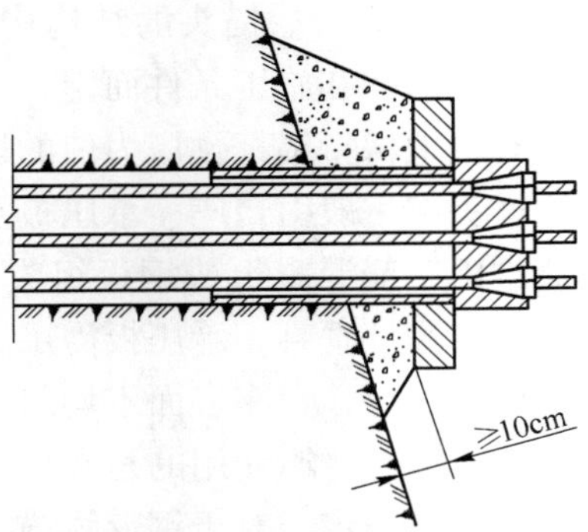

图 12-19　混凝土墩最小厚度

表 12-16　OVM 锚具的基本参数

OVM 锚具	钢绞线直径 /mm	钢绞线根数	锚垫板（边长×厚度×内径）/mm	锚板（直径×厚度）/mm	波纹管（外径×内径）/mm
OVM15-6、7	15.2~15.7	6 根、7 根	210×160×108	135×60	77×70
OVM15-12	15.2~15.7	12 根	270×210×140	175×70	97×90
OVM15-19	15.2~15.7	19 根	210×250×174	217×90	107×100

（5）预应力锚杆的张拉与锁定荷载。对于锚杆，原则上可按锚杆设计轴向力（工作荷载）作为预应力值加以锁定，但锁定荷载应视锚杆的使用目的和地层性状而加以调整。

1）锚杆张拉宜在锚固体强度大于 20MPa 并达到设计强度的 80%后进行。

2）锚杆张拉顺序应避免相近锚杆相互影响。

3）锚杆张拉控制应力不宜超过 0.65 倍钢筋或钢绞线的强度标准值。

4）锚杆进行正式张拉之前，应取 0.10~0.20 倍锚杆轴向拉力值，对锚杆预张拉 1 次~2 次，使其各部位的接触紧密和杆体完全平直。

5）宜进行锚杆设计预应力值 1.05 倍~1.10 倍的超张拉，预应力保留值应满足设计要求；对地层及被锚固结构位移控制要求较高的工程，预应力锚杆的锁定值宜为锚杆轴向拉力特征值；对容许地层及被锚固结构产生一定变形的工程，预应力锚杆的锁定值宜为锚杆设计预应力值的 0.75~0.90 倍。

6）边坡坡体有明显蠕变且预应力锚杆与抗滑桩相结合，或因坡体地层松散引起的变形过大时，应由张拉试验确定锁定荷载。通常这种情况下将锁定荷载取为设计锚固力的 50%~80%。

7）当边坡具有崩滑性时，锁定荷载可取为设计锚固力的 30%~70%。

8）当锚固地层有明显的徐变时，可将锚杆张拉到设计拉力值的 1.2~1.3 倍，然后再退到设计锚固力进行锁定，这样可以减少地层的徐变量引起的预应力损失。

13　卸载与反压设计

13.1　概述

卸载与反压属于通过改变滑坡几何形态来促使滑坡体平衡的治理方法，是公路滑坡治理重要的、有效的方法之一，卸载与反压处理措施包括滑坡后缘削坡卸载、前缘支挡反压，既可以单独采用，也可联合实施。这种方法技术简单可行，施工方便，但滑坡后缘削坡卸载会引起新的公路用地，前缘反压处理措施可能会占用公路路基范围，实施前应确定方案可行性。

13.1.1　削方减载

对推移式公路滑坡，在上部主滑地段减载，可起到根治滑坡、增加场地的效果。对其他性质的滑坡，在主滑地段削方减载也能起到减小下滑力的作用，但对牵引式滑坡效果不佳。削方减载一般适用于滑坡床为上陡下缓、滑坡后壁及两侧有稳定的岩土体，不致因削方减载而产生滑坡向上或向两侧发展造成新的、人为的滑坡现象。对于错落转变成的滑坡，采用削方减载使滑坡达到平衡，效果比较显著。对有些滑坡的滑带土或滑体，具有卸载膨胀的特征，削方减载后使滑带土松弛膨胀，会引起抗滑力减小，使滑坡下滑。具有这种特性的滑坡，不宜采用削方减载方法。

在削坡减载设计时需要考虑以下因素。

（1）削坡减载部位宜在滑坡后部（$\sin\alpha-\cos\alpha\tan\varphi$）为正值的主滑地段（$\alpha$ 为滑面坡角，φ 为滑面摩擦角），或采用清除表层滑体及变形体，设置马道等方法降低边坡总坡度。

（2）一般在滑体上部削坡形成减载平台，其后缘及两侧开挖成 1∶3~1∶5 的较缓横坡。

（3）上部开挖后，增大了滑体暴露面，加大地面水渗入滑体及岩石风化速度，为减少上述不利影响，开挖坡面应整平、封填、压实并做好排水及防渗处理，削坡减载的弃土不能堆置在滑坡的主滑段。

（4）滑体上的开挖高度小于 8m 时，可一次开挖到底。土质边坡的开挖高度大于 8~10m、岩质边坡开挖高度大于 15~20m 时，采用自上而下分段开挖。边开挖边用喷锚网、钢筋混凝土格构支护，或采用浆砌块石挡墙支挡。

(5) 堆积体或土质边坡每级台阶设置马道宽度一般为2~3m，岩质边坡马道宽度一般为1.5~2.5m。每级马道上设横向排水沟，纵向排水沟宜与公路排水系统衔接。

13.1.2 反压加载

在滑坡的抗滑段和滑坡体前缘堆填土石加重，能增加抗滑力而稳定滑坡。反压加载只能在抗滑段加重反压，不能在主滑段加载反压，否则会加快滑坡体的滑动。在设计加载反压时，必须做好前缘滑坡体内和反压土石体内的地下排水措施，特别是注意引出因填土堵塞的原有滑坡体内的地下水通道，保持地下水排泄畅通。在压坡加载设计时需考虑以下因素：

(1) 推移式滑坡在滑体前缘（$\sin\alpha-\cos\alpha\tan\varphi$）为负值的阻滑部位堆填压坡，或在前缘阻滑段上采用干砌块石、木笼块石垛、鼠笼卵石垛，形成顶宽不小于1m的抗滑片石垛。垛外坡1∶0.75~1∶1.25，垛后设砂砾反滤层。

(2) 牵引式滑坡滑体前缘外有平缓段时，压坡加载效果好，施工时在滑坡前缘坡脚以外堆填石加重，然后覆盖部分滑体，形成阻滑平台。

(3) 当滑坡剪出口位于公路下边坡以下，且地形较为平坦时，适于回填压脚，既可保护路基，又能提高滑坡稳定性。对浸入水中的松散滑坡体，宜先抛砂形成排水垫层，抛土石棱体，再抛石压脚、护岸。

(4) 推移式滑坡采用清除滑体上部岩土，堆放在坡脚加载，形成上部卸载及下部压载平台，既有利于挖填平衡，又可与土地开发利用相结合，但应验算削坡减载和压脚加载后，滑面从残存滑体薄弱部位及反压底面剪出的可能性。

(5) 压坡时，必须做好地下排水工程。填筑体不能堵塞原有地下水出口，必要时应增设排水设施，避免抬高滑体的地下水位。

13.1.3 减载与反压相结合

某些滑坡可根据设计计算确定需减少的下滑力大小，同时在其上部进行部分减载和在下部加载反压，减载和反压在设计时尽量做到土石料平衡，以减少土石料的进出，特别是对于原料场或弃料场较远时，采用削坡减载与回填反压相结合的方式更经济、合理。减载和反压后，应验算滑面从残存的滑体薄弱部位及反压体底面剪出的可能性。

13.2 卸载与反压原则及程序

卸载与反压设计过程是一个不断调整滑坡体的力系平衡的过程，通过逐渐削减后缘下滑段滑动荷载或增加前缘阻滑段抗滑荷载，来使滑坡体的下滑力与阻滑力达到有一定安全储备的平衡，并使处理后达到综合效果最佳（工程造价最低或社会效果最佳)。

卸载与反压设计方法和步骤如下。

(1) 求出沿各层滑动面的滑坡推力，计算方法参见第3章滑坡推力计算。在某一滑动断面上，条块重量、抗剪强度等为定值，计算下滑力 $F_i>0$ 的条块为滑动条块，F_i 值愈大，愈不稳定；计算下滑力 $F_i<0$ 的条块为阻滑条块，F_i 值愈大，愈稳定。

(2) 在滑坡平面和断面上初步确定卸载减重和加载反压的范围。减载需计算下滑力 $F_i>0$ 的条块部分，反压需计算下滑力 $F_i<0$ 的条块部分，否则不但不能稳定滑坡，反而可能加剧滑坡的变形。

(3) 根据卸载减重和加载反压确定的滑坡体形，重新计算滑坡体的稳定性。若不满足滑坡稳定性要求或滑坡治理其他要求（如占用公路界等)，可以重新调整卸载减重和加载反压的范围，直至满足要求为止。

(4) 卸载减重和加载反压之后，除计算滑坡体在主滑面上的稳定性外，还需分析和核算滑坡体较弱处（或面）是否有滑出之可能；分析和核算已卸载滑体后缘是否会出现新的、不稳定的滑坡体。

(5) 卸载减重和加载反压之后必须做好卸载之坡面的排水设计和加载反压之部位排水反滤设计。

(6) 综合考虑卸载减重和加载反压治理之区域是否满足公路控制要求。

13.3 卸载设计

公路滑坡卸载削坡与一般铁路、水库等边坡削坡有所不同，公路滑坡削坡减载除确保削坡边坡稳定外，还要使滑坡体整体稳定。卸载设计的主要内容包括确定边坡形状、边坡坡比、坡面防护（包括绿化和混凝土护面)、边坡稳定验算、坡体周边的连接和边坡截水排水设计，等等。

13.3.1 削坡坡比

正确选择削坡坡比在卸载设计中很重要，坡比选择不当，可能会在滑坡体后缘形成新的滑坡或边坡不稳定。选择方法包括工程地质类比分析法、查表法、图解法。采用工程地质类比分析法进行边坡稳定性分析比较烦琐，可靠性因人而异。很多技术人员在实际工作中主要结合工程地质条件参照各种经验值确定边坡的容许坡度值，表13-1和表13-2是部分岩土层边坡的容许坡度参考值。

13.3.2 边坡稳定复核

边坡稳定复核计算公式可根据边坡类型和可能的破坏形式确定。对土质边坡和较破碎的岩质边坡宜采用圆弧滑动法计算；对可能产生平面滑动的边坡宜采用平面滑动法计算；对可能产生折线滑动的边坡宜采用折线滑动法计算；对结构复杂的岩质边坡，可配合采用赤平极射投影法和实体比例投影法分析。具体可参见第 2 篇第 4 章或其他有关文献。

表 13-1 岩质边坡容许坡比

岩石类别	风化程度	坡比容许值		
		坡高 8m 内	坡高 8~15m	坡高 15~30m
硬质岩石	微风化	1：0.10~1：0.20	1：0.20~1：0.35	1：0.35~1：0.50
	中风化	1：0.20~1：0.35	1：0.35~1：0.50	1：0.50~1：0.75
	强风化	1：0.35~1：0.50	1：0.50~1：0.75	1：0.75~1：1.00
软质岩石	微风化	1：0.35~1：0.50	1：0.50~1：0.75	1：0.75~1：1.00
	中风化	1：0.50~1：0.75	1：0.75~1：1.00	1：1.00~1：1.50
	强风化	1：0.72~1：1.00	1：1.00~1：1.25	

表 13-2 土质边坡容许坡比

土的类别	密实度或黏性土状态	坡比容许值	
		坡高 5m 以内	坡高 5~10m
黄土	新（坡积）黄土	1：0.50~1：0.75	1：0.75~1：1.00
	新（洪积）黄土	1：0.20~1：0.40	1：0.30~1：0.60
	新（马兰）黄土	1：0.30~1：0.50	1：0.50~1：0.60
	老（离石）黄土	1：0.10~1：0.20	1：0.20~1：0.30
粉土	稍湿（*Sr* 小于 0.5）	1：1.00~1：1.25	1：1.25~1：1.50
黏性土	坚硬	1：0.75~1：1.00	1：1.00~1：1.25
	硬塑	1：1.00~1：1.25	1：1.25~1：1.50
	可塑	1：1.25~1：1.50	1：1.50~1：1.75
碎石土	密实	1：0.35~1：0.50	1：0.50~1：0.75
	中密	1：0.50~1：0.75	1：0.75~1：1.00
	稍密	1：0.75~1：1.00	1：1.00~1：1.25

注：本表中的碎石土，其充填物为坚硬或硬塑状的黏性土或稍湿的粉土；砂土或碎石土充填物为砂土时，其边坡坡度按自然休止角确定。

13.3.3 截水与排水

截水与排水设计可结合整个滑坡体的排水截水系统进行考虑，确保外来雨水等能被截住，内部雨水能及时排出，具体设计方法参见第 3 篇第 8 章、第 9 章。

13.3.4 边坡防护与绿化

边坡防护与绿化设计参见第 3 篇第 17 章，在设计过程中注意被防护与绿化的边坡与周边自然边坡的环境、交通等的协调与统一。

13.4 反压设计

公路滑坡回填反压主要是采用土石等材料堆填在滑坡体前缘一定范围，以增加滑坡抗滑能力，提高其稳定性。当滑坡剪出口位于公路下边坡之下，且地形较为平坦时，回填压脚将具有提高滑坡稳定性，保护路基、增加土地和处理弃渣等综合功效。

13.4.1 回填反压体设计

13.4.1.1 布置

回填反压宜布置在滑坡体前缘，能对滑坡体产生尽可能大的阻力位置，宽度和长度范围可根据滑坡体稳定性反复试算确定。

13.4.1.2 填筑材料

反压堆载体材料可选用土料、石料及砂砾料等填筑材料。各种填筑材料的选择应符合下列要求：对于土料宜选用亚黏土，黏粒含量宜为15%~30%，塑料指数宜为10~20，且不得含植物根茎、砖瓦、垃圾等杂质；填筑土料含水率与最优含水率的允许偏差为±3%。对于石料应选择抗风化性能好，冻融损失率小于1%的石料；砌护脚挡墙块石质量可采用50~150kg，护坡块石质量可采用30~50kg；石料外形宜为砌面的长方体，边长宜为边宽的1.5~3倍。对于砂砾料宜选用耐风化、水稳定性好，且含泥量宜小于5%的砂砾料。混凝土骨料应符合国家现行标准的有关规定。

下列几种土料不宜做堤身填筑土料，包括淤泥或自然含水率高且黏粒含量过多的黏土，粉细砂，冻土块，水稳定性差的膨胀土，分散性土等。当需要采用上述土料时，应采取相应的处理措施。

13.4.1.3 填筑标准

采用以黏性土料为主的反压堆载体，其填筑标准应按压实度确定。压实度值应符合下列规定：反压堆载体表层3.0~5.0m的压实度应不小于0.96，其余部位应不小于0.95；高度超过10m的其他滑坡体，反压堆载体临水侧表层3.0~5.0m的压实度应不小于0.94，其余部位应不小于0.92（低于10m的反压堆载体不应小于0.90）。

无黏性土的填筑标准应按相对密度确定，高度超过10m的反压堆载体不应小于0.75；低于10m的反压堆载体不应小于0.70。有抗震要求的堤防应按国家现行标准《公路工程抗震规范》(JTGB02)的有关规定执行。

13.4.2 反压堆载体坡比

反压堆载体外边坡为回填边坡，可先参考表13-3初拟设计边坡比，再经过稳定分析进行修改和优化。

表13-3 填土边坡容许坡度值

填土类别	压实系数 (λ)	边坡高度	
		8m以内	8~15m
碎石、卵石	0.94~0.97	1∶1.50~1∶1.25	1∶1.75~1∶1.50
砂夹石（其中碎石、卵石占全重30%~50%）		1∶1.15~1∶1.25	1∶1.75~1∶1.50
土夹石（其中碎石、卵石占全重30%~50%）		1∶1.50~1∶1.25	1∶2.00~1∶1.50
粉质黏土，粉土 $8<I_P<15$		1∶1.75~1∶1.50	1∶2.25~1∶1.75

13.5 卸载与反压后滑坡稳定性校核

卸载与反压后滑坡体的几何形状发生改变，力的平衡也发生了改变，新的平衡能否保证滑坡体的稳定安全，需要进行稳定计算分析，计算时注意不同滑段其抗剪参数不同，在回填法压段应区分回填碾压土石料经验值或实测值。计算方法可参见第2篇第4章。

14　注浆加固设计

14.1　概述

注浆加固滑坡体滑带土是防治水库滑坡的有效措施之一。它是利用压力将能固化的浆液通过钻孔注入岩土孔隙或裂隙中，使岩土体的物理力学性能改善、岩土体强度提高，从而增加滑坡体的稳定性。

按工艺流程不同可采用静压注浆、高压旋喷注浆、深层搅拌注浆等。

静压注浆法一般用于排水条件好且阻滑段坡面平缓的滑坡体破碎、节理裂隙发育的崩塌堆积体及岩质滑坡，以改善深层滑面力学性质，防止在诱发因素作用下产生滑坡及处理滑体裂缝。静压注浆前，宜先做堆石固脚压坡，并核算滑坡处理稳定状态后，再施灌。

造孔时严禁泥浆护壁。土体宜干钻，岩体可采用清水或空气钻进。为提高注浆效果，钻孔穿过滑面后，可采用高压水、气轮换冲洗滑带泥后，再静压灌注，能有效控制扩散范围的稳定浆液（水泥粉煤灰浆、水泥砂浆等）。采用灰砂比为1：3的水泥砂浆时，宜掺入速凝剂和泡沫剂，浆液产生体积膨胀，以更好充填滑带土。美国卡斯坦克（Castaic）坝基开挖引起的岩质滑坡采用重量比为水：水泥：粉煤灰=3：1：1，并掺2.0%膨胀土的混合稳定浆液灌注滑体及滑面。灌浆压力控制在0.5~1.0MPa，采用自上而下分段注浆，直至注浆孔（段）注入率小于0.4L/min，并稳定浆压30min后结束。

高压旋喷注浆将固化剂（水泥浆等）形成高压喷射流，借助高压喷射流的切削和混合，使硬化剂和土体混合，达到改良土质的目的，高压旋喷注浆法适用土层广泛，包括黏土、滑坡泥化夹层、软弱层、砂砾地基、破碎带等各种滑坡地基土体。国内外已采用高压旋喷注浆整治众多细砂、粉土、黏性土滑坡，取得了较好效果。一般采用沿滑坡滑移轴线方向布置旋喷孔，形成与滑坡滑移方向平行的若干连续壁状固结体，这样既能改善滑带及滑面力学强度，又可减少对滑坡排水通道的影响，保持排水畅通。固结体间距按满足形成稳定土拱及不产生绕流确定。

深层搅拌注浆利用水泥、石灰等材料作为固化剂的主剂，通过特制的深层搅拌机械，在滑坡体的滑带土等处将软土和固化剂（浆液状或粉体状）强制搅拌，利用固化剂和软土之间所产生的一系列物理-化学反应，使滑坡体的滑带土硬结成具有整体性、稳定性的高抗剪强度的地基土。该方法主要用于防淤泥、淤泥质土及饱和黏性土的滑体、滑带。形成的水泥搅拌桩通过滑面不少于2.0m，且宜按格栅状布置，水泥掺入量不少于15%（淤泥及淤泥质土内不少于18%）。为减少对滑体排水影响，搅拌范围控制在淤泥质土等弱透水部位及其上下部2m范围内。

引起水库滑坡失稳的原因往往有两个，一是由于外界因素破坏了滑坡体原有的平衡状态使滑坡体产生滑动，如滑坡上缘加荷、滑坡下部开挖等。另一个是由于外界因素影响降低滑坡土体或滑面的抗剪强度参数使滑坡失稳。如坡体中的地下水作用不但可以产生水压力，而且可以降低边坡的 c、φ 值。但滑坡失稳的实质是由于滑坡的下滑力超过了滑坡抗剪强度所提供的阻滑力，因此，注浆加固滑坡就是要既增强滑坡坡体的抗剪强度、减小坡体的渗透性，从而提高其地基承载力、减小水压力或动水力，又提高可能的潜在滑面的抗剪强度，以增强坡体的稳定性。

14.2 设计原则与程序

14.2.1 注浆加固设计原则

（1）注浆方法要有针对性，需针对滑坡体（特别是滑带土）的岩土层性质选择注浆方法。必要时先进行适用性试验，以确保注浆后加固有效。

（2）注浆加固仅改善滑带力学参数，有可能导致在滑带土中形成新的滑面，应改善全部厚度的滑带土及其与滑体、滑床接触带的力学性质。

（3）平面范围以改善平缓段、前缘上翘段、滑面及其附近滑带土最有效，施工也相对安全、简便。

（4）采用注浆加固后，一般对滑坡体内排水有影响，施工后宜恢复或增补滑体及滑面排水措施，保持滑体及滑带、滑面排水畅通。

（5）用于水库滑坡注浆加固的浆液一般要求具有流动性好、稳定性高、无毒、无污染等特点，避免污染环境或最大限度减少污染。

（6）浆液凝结时间应根据边坡的具体情况进行适当的调整，对于干燥且裂缝不发育的边坡，浆液应有足够长的凝结时间，以保证注浆达到预定的影响范围；反之，如果边坡中地下水丰富或裂隙发育孔隙尺寸较大，应尽量缩短凝结时间，以防止浆液过分稀释或大量流失。

一般浆液的凝结时间可分为极限注浆时间、零变位时间、初凝时间和终凝时间，在进行浆液设计时应视具体情况分别予以考虑。

（7）为防止抬动，多采用单孔注浆方式施灌。

14.2.2 注浆加固设计程序

注浆加固设计程序如图 14-1 所示。

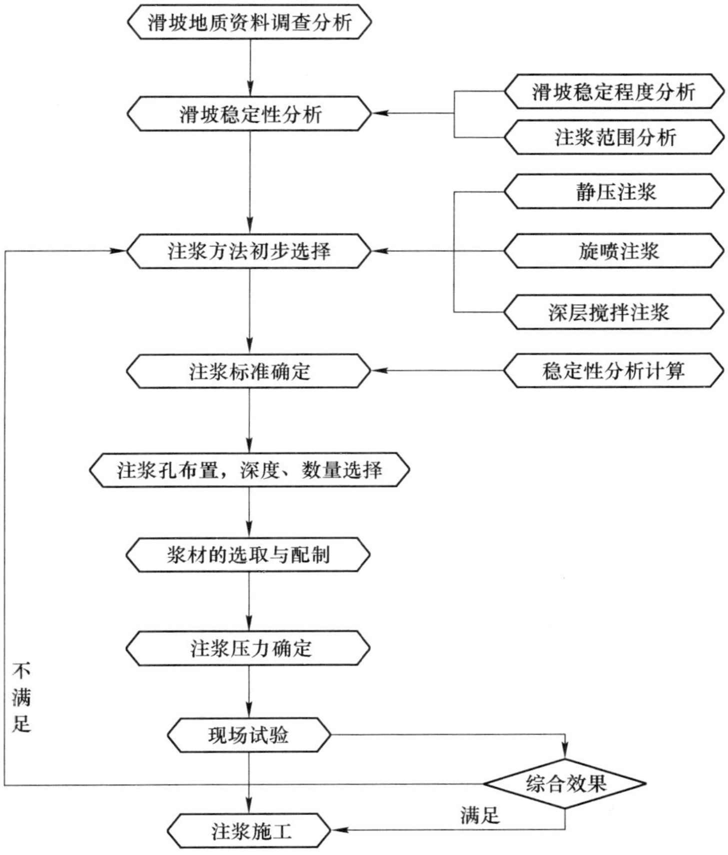

图 14-1 注浆加固设计程序

14.3 静压注浆加固设计

14.3.1 静压注浆基本原理

在地基处理中，注浆工艺所依据的理论可分为渗入性注浆、劈裂注浆、压密注浆、电动化学注浆等，在坡注浆加固中主要是渗入性注浆和劈裂注浆。

14.3.1.1 渗入性注浆理论

渗入性注浆是在注浆压力作用下，浆液克服各种阻力而渗入孔隙和裂隙，压力越大，吸浆量及浆液扩散距离就越大。这种理论假设，在灌浆过程中地层结构不受扰动和破坏，所用的灌浆压力相对较小。近50年来，各国学者对渗入性注浆理论进行了研究，提出了一些有代表性的渗入性注浆理论，包括球形扩散理论、柱形扩散理论、袖阀管法理论。各理论主要内容如下。

（1）球形扩散理论。Maag（1938）首先推导出浆液在砂层中的渗透公式，即式（14-1）和式（14-2），它至今仍被广泛采用。在推导公式时，Maag作了下述一些简化计算模式的假定：1）被灌砂土为均质的和各向同性的；2）浆液为牛顿体；3）采用填压法灌浆，浆液从灌浆管底端注入地层；4）浆液在地层中呈球状扩散。

浆液扩散的理论模型如图14-2和图14-3所示，h_0 为注浆点上地下水压，H 为地下水压和灌浆压力之和（cm）。

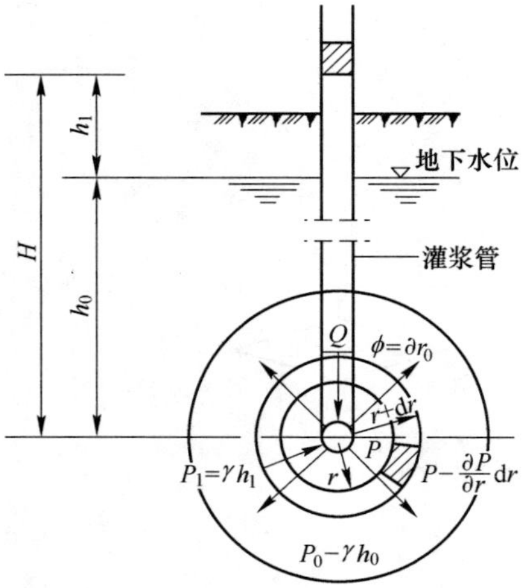

图14-2 底部注浆扩散图

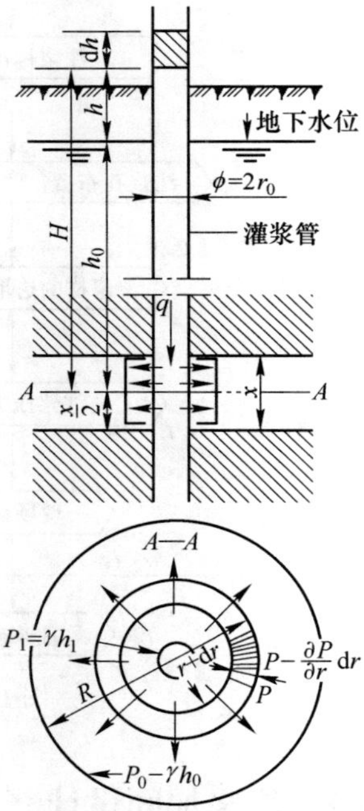

图14-3 浆液柱状扩散图

该理论的灌浆时间 t 和浆液扩散半径 r_1 表达式如下：

$$t=\frac{r_1^3\beta n}{3kh_1r} \tag{14-1}$$

$$r_1=\sqrt[3]{\frac{3kh_1r_0t}{\beta n}} \tag{14-2}$$

式中 k——砂土的渗透系数，cm/s；

β——浆液黏度对水的黏度比；

h_1——灌浆压力，水头高度；

r_0——灌浆管半径，m；

n——砂土孔隙率。

（2）柱形扩散理论。当牛顿体作柱状扩散时，可按图14-3理论模型进行计算，得出式（14-3）和式（14-4）：

$$t=\frac{\beta n r_1^2 \ln \dfrac{r_1}{r_0}}{3kh_1 r} \tag{14-3}$$

$$r_1=\sqrt{\frac{2kh_1 t}{lkh_1}} \tag{14-4}$$

（3）袖阀管法理论。假定浆液在砂砾石中做紊流运功，则其扩散半径 r_1 为：

$$r_1=2\sqrt{\frac{t}{n}\sqrt{\frac{k\nu h_1 r_0}{d_e}}} \tag{14-5}$$

式中 d_e——被灌土体的有效粒径；

ν——浆液的运动黏滞系数；

其余符号意义同前。

14.3.1.2 劈裂注浆理论

劈裂注浆是在注浆压力作用下，浆液克服地层的初始应力和抗拉强度，引起岩土或土体结构的破坏和扰动，使地层中原有的孔隙或裂隙扩张，或形成新的裂缝或孔隙，从而使低渗透性地层的可灌性和注浆液扩散距离增大。这种注浆法所用的注浆压力相对较高。

（1）岩基注浆。在岩基中，水力劈裂的开始很大程度上取决于岩石的抗拉强度（S_r）、泊松比（μ）、侧压力系数（K_0）以及孔隙率（n）、透水性（k）和浆液的黏度等。若用参数 N 综合地表示 K 和 n，则在钻孔井壁处开始发生垂直劈裂的条件为：

$$\frac{p_0}{\gamma h}=\left(\frac{1-\mu}{1-N\mu}\right)\left(2K_0+\frac{S_r}{\gamma h}\right) \tag{14-6}$$

式中 p_0——灌浆压力；

γ——岩石重度；

h——灌浆段深度。

水平劈裂开始的条件为：

$$\frac{p_0}{\gamma h}=\left[\frac{1-\mu}{(1-N)\mu}\right]\left(1+\frac{S_r}{\gamma h}\right) \tag{14-7}$$

对于含节理裂隙的岩层，水力劈裂应包括原有裂隙的扩张和新鲜岩体的破裂。根据弹性理论计算，目前国内灌浆工程所用的灌浆压力，尚不能使新鲜岩体发生破裂，但仅用较小的灌浆压力就足以引起岩石现有裂隙的类弹性扩张。

（2）砂和砂砾石注浆。对砂及砂砾石层，可按照有效应力的库仑-莫尔破坏标准进行计算。在各向同性地层中，材料的应力状态与式（14-8）相符时将发生破坏：

$$\frac{\sigma'_1+\sigma'_3}{2}\sin\varphi' = \frac{\sigma'_1-\sigma'_3}{2} - \cos\varphi' c' \tag{14-8}$$

式中 σ'_1——有效大主应力；

σ'_3——有效小主应力；

φ'——有效内摩擦角；

c'——有效凝聚力。

地层中由于灌浆压力的作用，将使砂砾石土的有效应力减小。当灌浆压力 P_c 达到式（14-9）的标准时，就会导致地层的破坏。

$$P_c = \frac{(\gamma h-\gamma_w h_w)(1+K)}{2} - \frac{(\gamma h-\gamma_w h_w)(1-K)}{2\sin\varphi'} + c'\cot\varphi' \tag{14-9}$$

式中 γ——砂或砂砾石的重度；

γ_w——水的重度；

h——灌浆段深度；

h_w——地下水位高度；

K——主应力比。

上述公式所代表的破坏机理可用图 14-4 的莫尔包线来解释，图中随着孔隙压力的增加，有效应力就逐渐减少以至与破坏包线相切，表明砂砾土已开始劈裂。

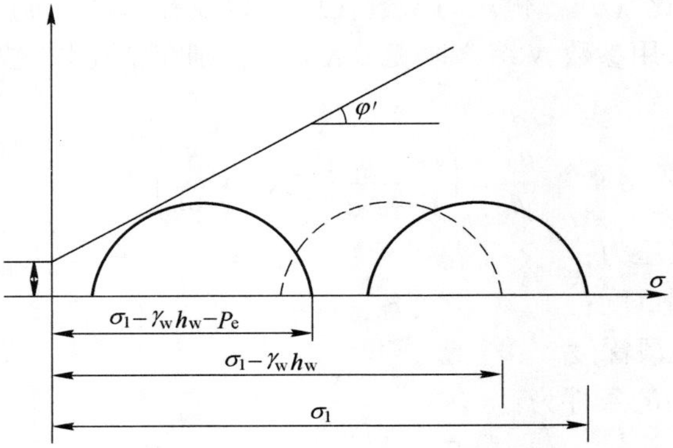

图 14-4 假想的水力破坏机理

(3) 黏性土注浆。在黏性土中，水力劈裂将引起土体固结及挤出等现象，从化学角度出发还包括水泥微粒对黏土的钙化作用。

在仅有固结作用的条件下，可用式（14-10）及式（14-11）计算注入浆液的体积 V 及单位土体所需的浆液量 Q：

$$V = \int_0^a (P_0 - \mu) m_v \cdot 4\pi \cdot r^2 \mathrm{d}r \tag{14-10}$$

$$Q = Pm \tag{14-11}$$

式中 a——浆液的扩散半径；

P_0——灌浆压力；

μ——孔隙水压力；

m_v——土的压缩系数；

P——有效灌浆压力。

在存在多种劈裂现象的条件下，可用式（14-12）确定土层被固结的程度 C：

$$C = \frac{(1 - V)(n_0 - n_1)}{1 - n_0} \tag{14-12}$$

式中 V——灌入土中的水泥结石总体积；

n_0——土的天然孔隙率；

n_1——灌浆后土的孔隙率。

14.3.2 注浆材料

在注浆工程中，使用的浆液都是由主剂（主要的原材料，如水泥、砂、黏土、粉煤灰、水玻璃等）、溶剂（水或其他溶剂）以及各种外加剂（如催化剂、固化剂、凝胶剂、缓凝剂等）按照一定的比例配成的混合液体。注浆材料是指构成注浆浆液的材料，简称浆材，通常所说的浆材多数指主剂，即主要原材料。由于浆材品种和性能的好坏直接影响到注浆工程的成败、质量和造价，因而注浆工程界长期以来对注浆材料的研究和发展都极为重视。

目前可供使用的浆材总体上可以分为化学浆材和粒状浆材两大类。所谓化学浆材是指配成浆液后要发生化学反应的材料，主要有水玻璃类的各种浆材和有机高分子类各种浆材；而粒状浆材是指水泥、黏土、砂、粉煤灰等颗粒状的材料，又称非化学浆材。

14.3.2.1 粒状浆材

粒状浆材是构成悬浊型浆液的主剂，目前工程中主要使用的粒状浆材有水泥、黏土、砂、粉煤灰、硅粉等。

(1) 一般性水泥。一般性水泥有普通硅酸盐水泥、矿渣水泥、高铝水泥和耐酸性水泥。其中普通硅酸盐水泥是注浆工程最常用的水泥；矿渣水泥与普通硅酸盐水泥的主要差别是氧化钙的含量低；高铝水泥是由磨细的矾土和石灰石的混合物熔融而成的，它的水凝速度快，是一种早强的水硬性胶凝材料；耐酸性水泥是磨细的石英砂与具有高度分散表面的活性硅土物质的混合物，具有抗酸腐蚀作用。

（2）黏土。黏土的化学成分是含水的铝硅酸盐及一些金属氧化物。细粒成分多，亲水性好。在水泥浆中添加黏土，可大大提高浆液的稳定性。

（3）膨润土。膨润土是以蒙脱石为主要成分的黏土矿物。吸水性好，吸水后膨胀形成不透水的可塑胶体，是较好的防水材料。

（4）粉煤灰。在潮湿的条件下，粉煤灰固结体具有自硬性，单轴强度随龄期的增大而增大。掺入水泥中作为注浆材料使用的主要作用是节约水泥、降低成本，同时可以提高浆液结石的抗溶蚀能力和防渗帷幕的耐久性。

（5）超细水泥。与一般水泥相比，超细水泥具有渗透能力强、化学活性好、固化速度快、强度高（可达62MPa）、抗离析能力强（分散性大，沉淀少）的优点。

（6）硅粉。硅粉是冶金厂生产硅铁和工业硅过程中的副产品，主要成分是SiO_2，平均粒径0.6μm，比表面积15万~8亿cm^2/g。在浆液中掺入硅粉，可以改善浆液的可灌性和稳定性。同时，由于硅粉能与水泥水化反应生成CSH凝胶，这种凝胶的强度高于$Ca(OH)_2$晶体，从而使浆液结石的强度大大提高。

（7）砂。砂是砂浆、水泥砂浆的主要材料。在浆液中掺砂可以降低成本、防止浆液扩散过远、提高浆液的固结强度。通常要求砂粒径小于2mm，且级配均匀。由粒状浆材为主剂配置的浆液，称为悬浊型浆液，它是指一种或几种上述浆材料悬浮在水中形成的浆液，又称为非化学类浆液。目前边坡工程中采用的主要是水泥基浆液，即在水泥浆中加入其他的粒状浆材形成的悬浊型浆液。

14.3.2.2　水玻璃类浆材

水玻璃又称硅酸钠，是常见的可溶性硅酸盐。因呈玻璃状，所以溶于水后所得到的黏稠溶液叫做水玻璃。表示水玻璃的化学和物理性质的参数有两个：模数和波美度。

（1）模数是指水玻璃含二氧化硅SiO_2的物质的量与氧化钠Na_2O的物质的量的比值，用m表示。

$$m=\frac{SiO_2\text{的物质的量}}{Na_2O\text{的物质的量}} \tag{14-13}$$

硅酸钠可以表示为$Na_2O \cdot mSiO_2$。模数的高低对浆液的凝结时间和结石强度都有一定的影响，注浆用水玻璃的模数一般为2.4~3。

（2）波美度在化学工业中是用于表示水玻璃浓度的一种指标（°Bé）。但在注浆领域中一般采用密度（d）来表示，它们之间存在如下关系：

$$d = \frac{114.15}{144.3 - °Bé} \tag{14-14}$$

水玻璃溶于水时发生水解反应，使水玻璃溶液呈碱性；通常碱（Na_2O）的量用重量百分比表示。实践表明水玻璃是无毒物质，不会污染地下水。

14.3.2.3 有机高分子类浆材

大多数有机高分子溶液含有剧毒物质，目前被一些国家列为禁用浆液。但由于有机高分子类浆材渗透性好，凝胶时间易于控制，注入后的土层抗压强度、抗渗性均较理想，故这类浆液是注入水泥浆液、水玻璃浆液无法解决工程疑难问题时必不可少的主要材料，所以一些国家仍在继续使用，如丙烯酰胺类、无毒丙凝、改良的环氧树脂、聚氨酯等浆材。

14.3.3 注浆方案选择

注浆是实践性很强的工程技术，其方法的选择受多方面因素影响，包括注浆的作用和目的、被注浆地层的地质条件、工程的规模和性质、施工条件等，难以在理论上归纳出一套规律性很强的方案选择方法，往往根据设计者实践经验，针对具体工程条件提出初步方案，再结合现场试验进行检验和优化。经验不多者可参考表 14-1 进行注浆方案选择。

表 14-1 注浆方案的选择

序号	灌浆对象	适用的灌浆原理	适用的灌浆方法	常用灌浆材料	
				防渗灌浆	加固灌浆
1	卵砾石	渗入性灌浆	袖阀管法，或自上而下分段钻灌法	黏土水泥浆或粉煤灰水泥浆	水泥浆或硅粉水泥浆
2	砂及粉细砂	渗入性灌浆 劈裂灌浆	袖阀管法，或自上而下分段钻灌法	酸性水玻璃、丙凝、单宁水泥系浆材	酸性水玻璃、单宁水泥浆、硅粉水泥浆
3	黏性土	劈裂灌浆 压密灌浆	袖阀管法，或自上而下分段钻灌法	水泥黏土浆或粉煤灰砂土泥浆	水泥浆、硅粉水泥浆、水玻璃水泥浆
4	岩层	渗入性或劈裂灌浆	小口径孔口封闭自上而下分段钻灌法	水泥浆或粉煤砂水泥浆	水泥浆或硅粉水泥浆
5	断层破碎带	渗入性或劈裂灌浆	小口径孔口封闭自上而下分段钻灌法	水泥浆或先灌水泥浆后灌化学浆	水泥浆或先灌水泥浆后灌改性化学浆
6	混凝土内微细裂缝	渗入性灌浆	小口径孔口封闭自上而下分段钻灌法	改性环氧树脂或聚氨酯浆材	改性环氧树脂浆材
7	动水封堵	采用水泥水玻璃等快凝材料，必要时在浆液中掺入砂等粗料。在流速特大的情况下尚可采取特殊措施，如在水中预填石块或级配砂石后再灌浆			

14.3.4 注浆压力的确定

由于浆液的扩散能力与灌浆压力的大小密切相关，所以不少人倾向于采用较高的灌浆压力，在保证灌浆质量的前提下，使钻孔数尽可能减少。高灌浆压力还能使一些微细孔隙张开，有助于提高可灌性。

当孔隙中被某种软弱材料充填时，高灌浆压力能在充填物中造成劈裂灌注，使软弱材料的密度、强度和不透水性得到改善。此外，高灌浆压力还有助于挤出浆液中的多余水分，使浆液结石的强度提高。但是，当灌浆压力超过地层的压重和强度时，将有可能导致地基及其上部结构的破坏。因此，一般都以不使地层结构破坏或仅发生局部的和少量的破坏，作为确定地基允许灌浆压力的基本原则。进行灌浆试验时，一般采用逐步提高压力的办法，求得注浆压力与注浆量关系曲线，如图 14-5 所示。当压力升至某一数值（图中的 P_f 点），而注浆量突然增大时，表明地层结构发生破坏或孔隙尺寸已被扩大，因而可把此时的压力值作为确定容许灌浆压力的依据。

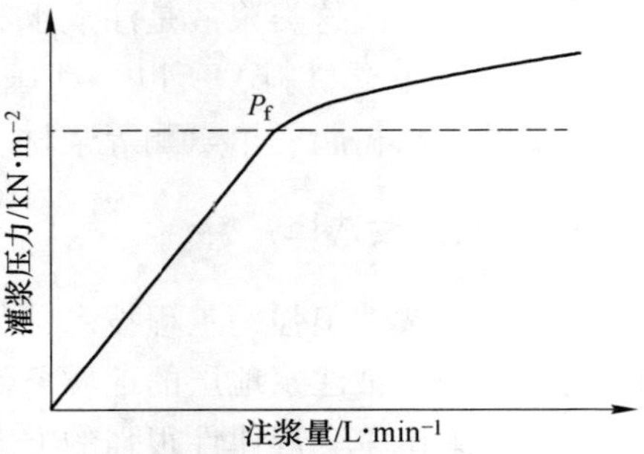

图 14-5 灌浆压力与注浆量关系曲线

当缺乏试验资料或在进行现场灌浆试验前需预定一个试验压力时，可用理论公式或经验数值确定容许的灌浆压力，然后在灌浆过程中根据具体情况再作适当的调整。

14.4 高压喷射注浆加固设计

14.4.1 高压喷射注浆法的定义与种类

14.4.1.1 高压喷射注浆法的定义

高压喷射注浆，就是利用钻机把带有喷嘴的注浆管钻进至土层预定深度后，以 20~40MPa 的压力把浆液或水从喷嘴中喷射出来，形成喷射流冲击破坏土层，当能量大、速度快和动脉状的射流动压大于土层结构强度时，土颗粒便从土层中剥落下来。一部分细颗粒随浆液或水冒出地面，其余土粒在射流的冲击力、离心力和重力等力的作用下，与浆液搅拌混合，并按一定的浆土比例和质量大小，有规律的重新排列，浆液凝固后，便在土层中形成一个固结体。

固结体的形状与高压喷射流的作用方向、移动轨迹和持续时间有密切关系。

当喷射流作360°旋转（旋喷）时，固结体呈圆形；喷射流束固定一个方向喷射（定喷）时，固结体为条形；喷射流作顺、逆时针方向小于180°往复喷射（摆喷）时，固结体呈扇形，如图14-6所示。

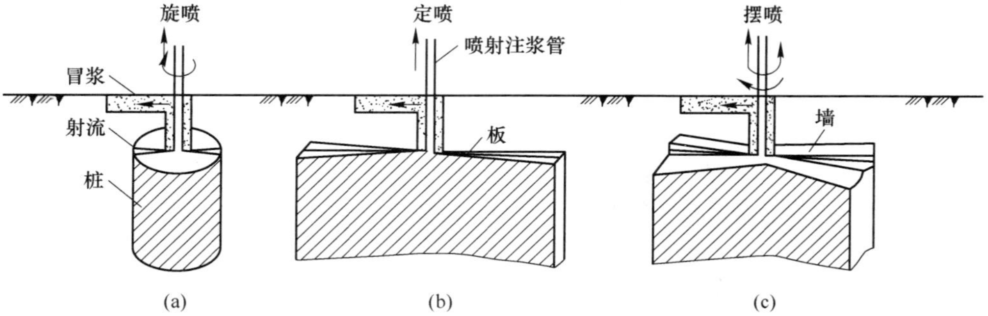

图14-6　注浆管移动方式示意图

14.4.1.2　高压喷射注浆法的种类

高压喷射注浆法按照喷射流的移动方式、注浆管的类型分为不同的种类，见表14-2。

表14-2　高压喷射注浆法分类表

分类依据	类　型	主　要　特　点
喷射流的移动方式	旋转喷射（旋喷）	喷嘴在喷射时，边提升边旋转，固结体呈圆柱状
	定向喷射（定喷）	喷嘴在喷射时，只提升不旋转，固结体呈壁状
	摆动喷射（摆喷）	喷嘴在喷射时，边提升边以一定角度正反转动
注浆管类型	单（重）管	使用单层（根）注浆管喷射浆液（压力20MPa左右）
	双（重）管	使用双层（根）注浆管喷射浆液，气体同轴射流（浆液压力20MPa左右，气体压力0.7MPa左右）
	三（重）管	使用三重（根）注浆管，一个喷射嘴射水，气体同轴射流切割土体，另一个喷嘴喷入浆液（水压20MPa，气体0.7MPa，浆压2~5MPa）

作为地基加固，通常采用旋喷注浆的形式使加固在土体中成为均匀的圆柱体或异形圆柱体。现代科学技术的发展，促进了注浆法进一步完善与提高，由于不断的改进工艺和研制新型的机具，旋喷技术有了较快的发展，自单管旋喷法问世以来，在短短的几年内，二重管旋喷法和三重管旋喷法相继达到了实用程度。到

20世纪70年代中期，已经逐渐形成了一套体系，它的基本工艺类型有以下三种：

（1）单管法（见图14-7）。单管注浆法是利用钻机等设备，把喷头安装在注浆管（单管）底部。

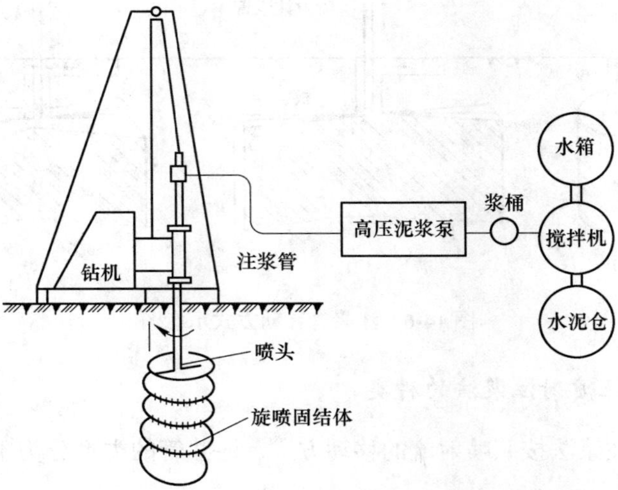

图14-7　单重管旋喷注浆示意图

（2）二重管法（见图14-8）。

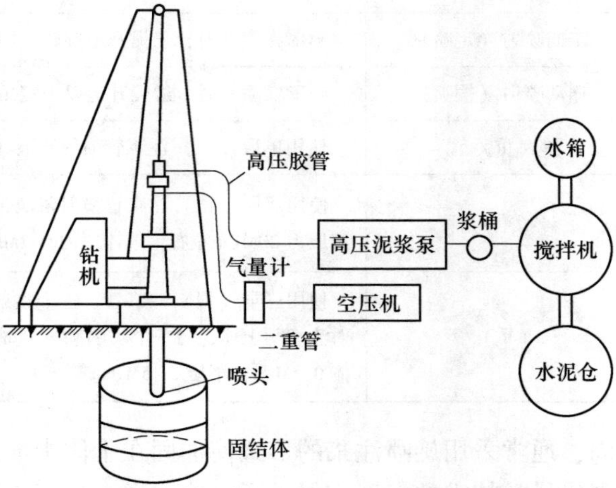

图14-8　双重管旋喷注浆示意图

（3）三重管法（见图14-9）。

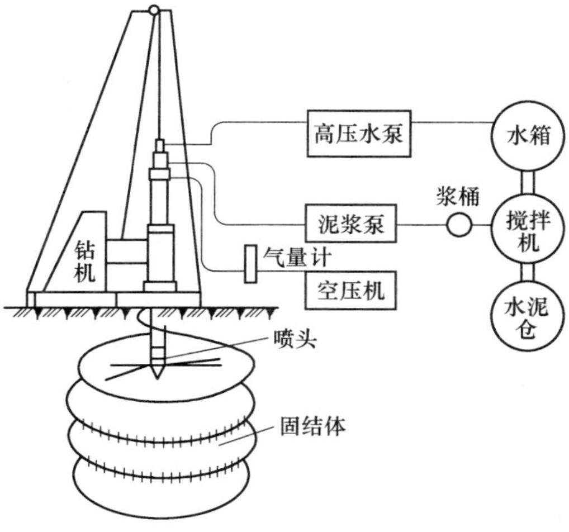

图 14-9 三重管旋喷注浆示意图

14.4.2 高压喷射注浆法的特点及适用条件

14.4.2.1 高压喷射注浆法的主要特点

以高压喷射流直接冲击破坏土体，浆液与土体自行搅拌为均匀的固结体的高压喷射注浆法，从施工方法、加固质量到适用范围，不但与静压注射方法有所不同，而且与其他地基处理方法相比，更有独到之处，主要的特点如下：

(1) 适用的范围较广；(2) 施工方便；(3) 固结体形状可以控制；(4) 确保固结体的强度；(5) 有较好的耐久性；(6) 料源广泛，价格低廉；(7) 浆液集中，流失较少；(8) 设备简单，管理方便；(9) 生产安全；(10) 无公害。

14.4.2.2 高压喷射注浆法的适用条件

(1) 土质条件。高压喷射注浆法适用于处理淤泥、黏性土、黄土、沙土、人工填土和碎石土等地基。但当土中含有较多的大粒径块石、坚硬黏性土、大量植物茎或含有过多的有机质时，处理效果较差，有时可能不如静压注浆，故应根据现场试验结果来确定其适用性。

当地层有地下水径流、永久冻土层和无填充物的岩溶地段，不宜采用。

(2) 应用范围。高喷灌浆的应用范围如下：

1) 已有建筑物和新建建筑的地基处理，提高地基强度，减少或整治建筑物的沉降或不均匀沉降。

2) 深基坑侧壁挡土或挡水以保护邻近建筑物及保护地下工程建设，如图 14-10 和图 14-11 所示。

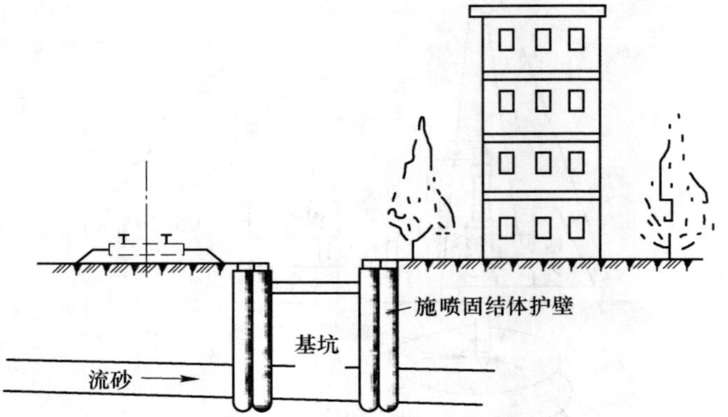

图 14-10　保护邻近建筑物

3）基坑底部加固，防止管涌与隆起，如图 14-12 所示。

4）坝体的加固及防水帷幕。

5）坡加固及隧道顶部加固，如图 14-13 所示。

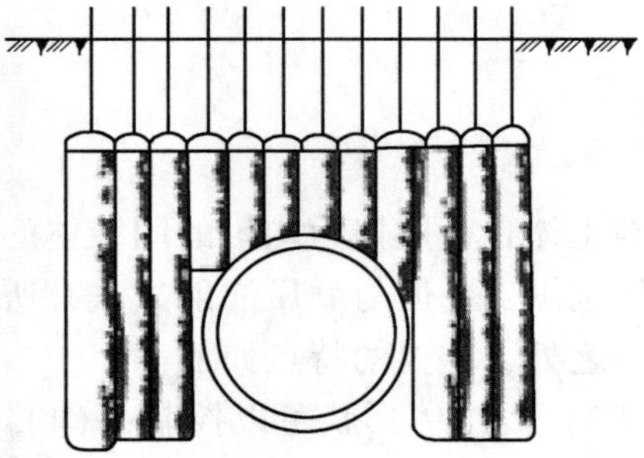

图 14-11　地下管道或涵洞护拱

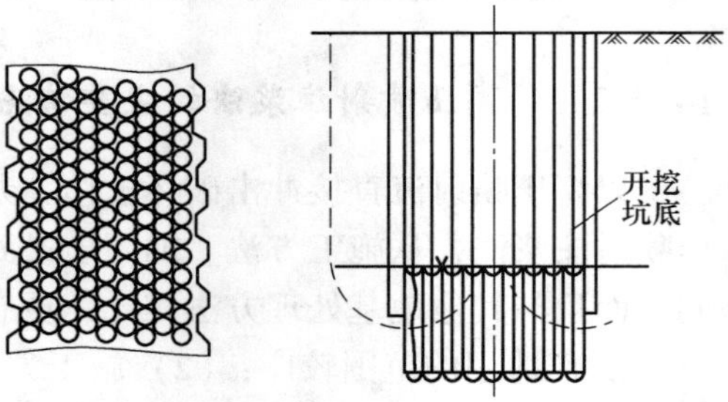

图 14-12　防止基坑底部隆起

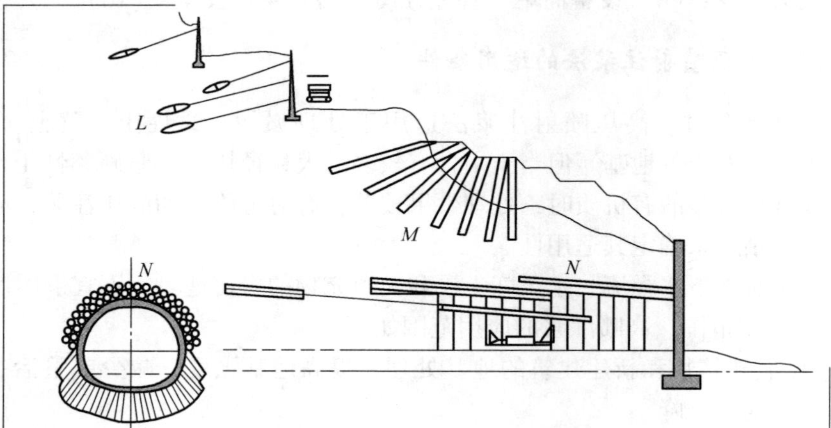

图 14-13　滑坡加固及隧道顶部加固

14.4.3　高压喷射注浆法加固机理

14.4.3.1　喷射流的相关性质

（1）单相喷射流的构造。单相液体以高压从喷嘴喷出后，所形成的高压喷射流由三个区域构成，即保持出口压力的初期区域 A、紊乱发达的主要区域 B 和喷射流变得不连续的终期区域 C（见图 14-14）。在初期区域中，喷嘴出口处速度分布是均匀的，轴向动压是个常数，随着与喷嘴距离的增加，保持均匀分布的部分越来越窄，直到某一位置，断面上的流速分布不再均匀，速度分布保持均匀的这一部分称为喷射核（E 区段），轴向动压有所减小的过渡部分称为迁移区（D）。初期区域的长度是喷射流的一个重要参数，可根据此判断破坏土体和搅拌效果。

在主要区域，轴向动压陡然减弱，喷射流扩散宽度与距离的平方根成正比，喷射流的混合搅拌在这一部分内进行。

在终期区域，喷射流能量衰减很大，末端呈雾化状态，当喷射流射入饱和介质或水中时，这一区域一般不存在，比如当在地下水位下喷浆时，就会出现这种情况。

喷射流的有效喷射长度为初期区域长度和主要区域长度之和，有效喷射长度越长，搅拌土的范围越大，所形成固体的直径也越大。

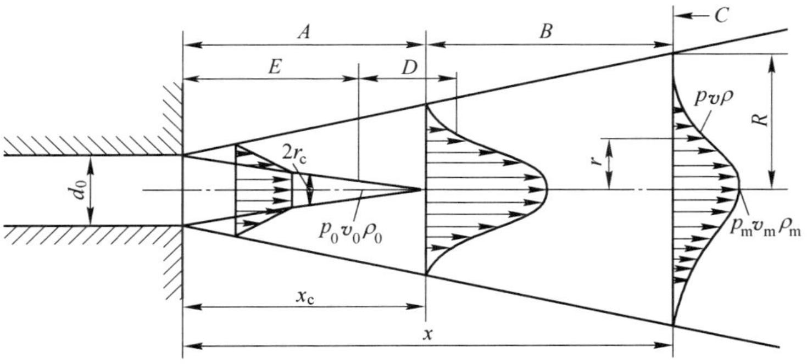

图 14-14　高压喷射流构造图

（2）单相喷射流的动压衰减规律。在空气中和水中喷射得到的压力与距离关系如图 14-15 所示。

（3）空气帷幕对水（浆）射流动压衰减的影响。单相射流喷射射入周围介质后，与周围介质进行动量交换，使动压迅速衰减，其衰减程度与周围介质有关。单相射流在水中喷射时，其衰减程度比在空气中喷射时要快得多。如果采用双相同轴射流在水中喷射，即在水射流外围环绕空气射流，空气帷幕将减缓水射流的衰减，使有效喷射长度增加，如图 14-16 所示。

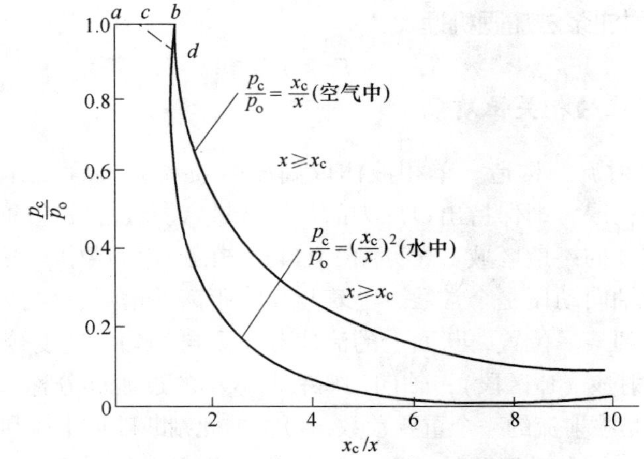

图 14-15　喷射流在压力轴上的压力衰减曲线图

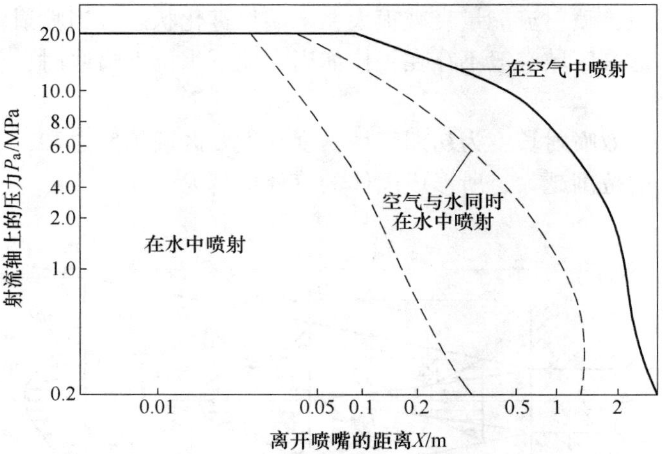

图 14-16　射流轴上的压力衰减规律

在土中喷射时，水高压射流在空气帷幕的保护下，喷射破坏条件得到改善，阻力大大减小，动压衰减变缓，因而增大了高压射流的破坏能力，所形成的加固体的直径也相应增大。

14.4.3.2　高压喷射流对土体的破坏作用

高压射流破坏土体的作用是多方面的，包括射流动压、射流脉动负荷、水锤冲击力、空穴现象、水契效应、挤压力及气流液流搅动等因素，其中以喷射动压作用为主，由动量定理，喷射流在空气中喷射时，其破坏力为：

$$F=\rho QV_m \tag{14-15}$$

式中 F——破坏力；

ρ——喷射介质的密度；

Q——喷射介质流量；

V_m——喷射流的平均速度。

由上式可知，当喷射流介质密度和喷嘴断面一定时，要取得更大的破坏力，就要增加平均流速，也就要增加喷射压力，一般要求高压泵的工作压力在20MPa以上，使喷射流有足够的能量冲击破坏土体。但单纯地依靠增大喷射压力来提高喷射切割效果，在能量上浪费很大，不是获得较大桩径的最好办法。

在喷射中，有效射流长度内的土体结构被破坏至喷射流的终期区域，能量衰减很大，不能冲击切割土体，但能对有效射流边界的土产生挤压力，有挤密效果，并使部分浆液进入土粒之间的空隙中，使固结体与四周土连接紧密。

14.4.3.3 高压喷射流成桩（壁）机理

(1) 旋喷成桩机理。旋喷时，高压射流边旋转边缓慢上升，对周围的土体进行切削破坏，被切削下来的一部分细小的土颗粒被喷射浆液置换，被液流携带到地表（称为冒浆），其余的土颗粒在喷射动压、离心力和重力的共同作用下，在横断面按质量大小重新排列，形成一种新型的水泥-土网络结构，一般小颗粒在中部位置居多，大颗粒多分布在外侧或边缘部分，四周未被切削下来的土体被挤密压缩。在砂类土中还有一部分浆液渗透在压缩层外，形成渗透层。旋喷施工形成的固结体的横断面结构见图14-17。旋喷桩体各部分的水泥含量和强度不同，一般水泥含量为30%~50%。根据有关实测资料，旋喷桩体的平均抗压强度为0.8倍半径处的强度。

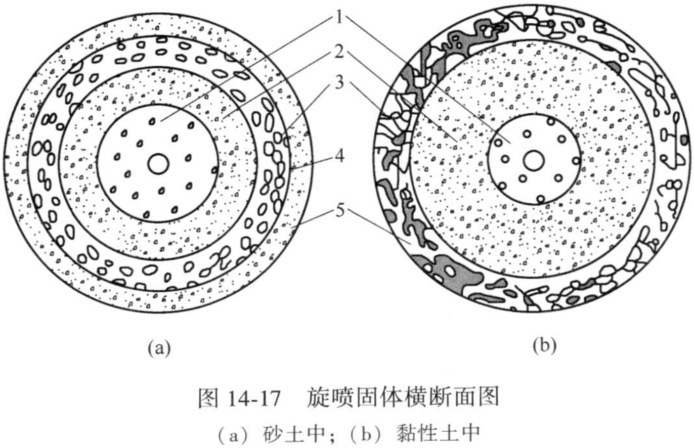

(a) (b)

图14-17 旋喷固体横断面图

(a) 砂土中；(b) 黏性土中

1—浆液主体部分；2—搅拌混合部分；3—压缩部分；4—渗透部分；5—硬壳

(2) 定(摆)喷成壁机理。定喷施工时，喷嘴在逐渐提升的同时，不旋转或按某一角度摆动，在土体中冲出一条沟壑。被冲下的土粒一部分被携带流出地面。其余土粒与浆液搅拌混合，最后形成一个板状固结体，在砂土中还有一个渗透层。定喷固结体横断面结构，如图 14-18 所示。

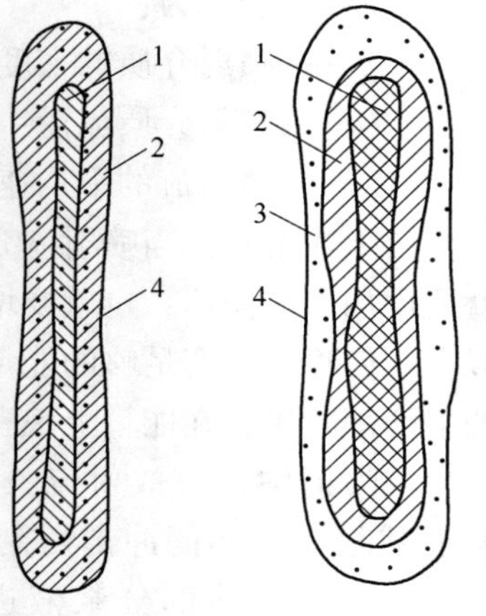

图 14-18 定喷固结体横断面图

(a) 黏性土中；(b) 砂土中

1—浆液主体部分；2—搅拌混合部分；3—渗透部分；4—硬壳

14.4.4 高压喷射注浆机械

高压喷射注浆的施工机具包括钻孔机械和喷射注浆设备两大类。

(1) 钻机。高压喷射注浆工艺要求所用的钻机除具有一般钻机的功能外，还能带动注浆管以 10~20r/min 慢速转动和以 5~25cm/min 慢速提升。若钻机不具备上述两种功能，则施工时应配备旋喷机配合使用，或只用钻机成孔，下入注浆管后用人工旋转注浆管，卷扬机提升注浆管。表 14-3 是专门为高压喷射注浆施工而设计的振动钻机技术性能。这类钻机适用于标贯击数 N 值小于 40 的淤泥土层、黏性土层、砂类土层和砂砾层。

表 14-3 高压喷射注浆振动钻机技术性能表

技术性能	70 型改进型钻机	76 型钻机
激振力/kN	14	约 24
振动频率/Hz	23.3	18
钻杆钻速/$r \cdot min^{-1}$	23	约 20
电动机功率/kW	5.5	10
提升速度/$cm \cdot min^{-1}$	20 (旋喷时)	14.4~720 (6 级)
提升电动机功率/kW	8.5	7.5
钻机能力/m	25	25~33
钻机质量/t	0.6	1.5
适用注浆管类型	单重管	单重管或二重管

(2) 高压泵。国内常用的高压泥浆泵和高压水泵的技术性能见表 14-4、表 14-5。

表 14-4　高压泥浆泵技术性能表

工作状态	发动机变速箱挡位	曲轴转速 /r·min^{-1}	缸套直径 100mm		缸套直径 115mm	
			排量/m^3·min^{-1}	压力/MPa	排量/m^3·min^{-1}	压力/MPa
排量最大时	V	117	0.762	6.1	1.04	4.5
压力最大时	Ⅱ	26	0.154	30.0	0.23	20.1
活塞行程/mm		250	外形尺寸：2380mm×945mm×1895mm			
蜗杆传动速度比		1∶20.5	泵体和传动机构总重：2.775t			

表 14-5　高压水泵技术性能表

技术性能＼型号	3W-6B-1	3W-6B-2	3W-6B-3	3W-6B-4	3W-7B-4	3W-7B-5
泵压/MPa	40	32	25	20	25	20
泵量/L·min^{-1}	60	75	100	120	60	75
柱塞直径/mm	25	28	32	35	25	28
柱塞行程/mm	120				100	
往复次数/次·min^{-1}	380				470	
电动机型号	JO_2-91-4				JO_2-82-4	
电动机功率/kW	55				40	
进口管直径/mm	100				89	
出口管直径/mm	32				44	
外形尺寸	3040mm×1530mm×1130mm				2680mm×1360mm×1130mm	
泵重/kg	2300				1900	

（3）泥浆泵。国内常用的泥浆泵的技术性能见表 14-6。

表 14-6　泥浆泵技术性能表

型号	泵压/MPa	泵量/L·min^{-1}	驱动功率/kW	质量/kg
BW-150	1.8~7	150~32	7.4	516
BW-200	5~8	200~102	23.5	520
BW-250	2.5~7	250~35	15.4	500

（4）空压机。国内常用的空压机的技术性能见表 14-7。

表 14-7　空压机技术性能表

类型	型号	冷却方式	排气量 /$m^3 \cdot min^{-1}$	排气压力 /MPa	动力机型号	功率 /kW	质量 /t
移动往复式	YV-3/8	风	3	0.8	JO_2-72-6	22	1.84
	YV-6/7	风	6	0.7	JO_2-82-4	40	1.8
	YV-6/8	风	6	0.8	JO_2-82-6	40	2.15
	ZWY-6/7	风	6	0.7	4135C-1 柴油机	58.8	2.5
	W-9/7	风	9	0.7	6135K 柴油机	88.3	3.5
	YV-9/7	风	9.2	0.7	6135C-1 柴油机	88.3	2.8
螺杆	LGY20-10/7	风	10	0.7	6135C-1 柴油机	88.3	3.0
滑片式	BH-6/7 移	喷油内冷	6	0.7	4135AK-2 柴油机	56.8	3.2
	BH-6/7 移		12	0.7	6135K-3 柴油机	88.3	约 3

（5）浆液搅拌机。GM 系列搅拌机，这些搅拌设备装有用来生产水泥浆液的自动和手动控制系统。其主要组成部分包括：电子称重装置，带有配水系统的搅拌机，带有搅拌器的贮存装置、气动系统和电器系统等。GM7 和 GM12 的技术性能见表 14-8。

表 14-8　GM7 和 GM12 型浆叶搅拌机技术性能表

技术性能	GM7	GM12
电子称重装置的称重能力/t	2	5
搅拌机容量/m^3	1	1.5
动力功率/kW	18	23.5
压缩空气供应量/$L \cdot min^{-1}$	492	492
气压/MPa	0.8	0.8
供浆量/$m^3 \cdot h^{-1}$	7	12

（6）注浆管总成：

1）单层注浆管总成。包括单层注浆管、单管导流器和单管喷头。

单层注浆管一般用外径 50mm 或 42mm 的地质钻杆。每根长 1～3.5m，其连接螺纹处要采取密封措施。

TY-101 型单管导流器的结构如图 14-19 所示。

单管喷头的结构如图 14-20 所示。

平头型单管喷头底端镶有硬质合金，可以钻进碎石土或较硬夹层。圆锥型单管喷头底端没有硬质合金，适用于黏性土。

2）二重注浆管总成。包括二重管导流器、二重注浆管和二重管喷头。

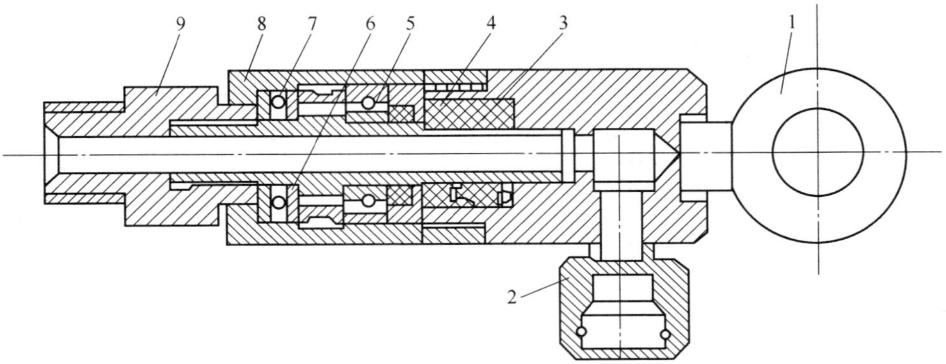

图 14-19　TY-101 型单管导流器结构

1—提升环；2—卡口接头；3—上壳；4—密封圈；5—向心球轴承；6—推力球轴承；7—下壳；8—毡封；9—活接头

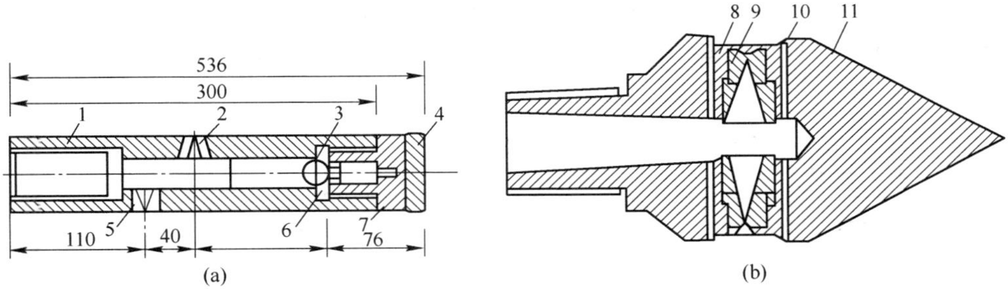

图 14-20　单管喷头结构（单位：mm）

（a）平头型；（b）圆锥型

1—喷嘴杆；2，5，9—喷嘴；3—钢球；4—硬质合金；6—球座；7—钻头；8—喷嘴套；10—喷嘴接头；11—钻尖

TY-201 型二重注浆管的结构如图 14-21 所示。外管规格为 42mm×5mm，内管规格为 18mm×2mm。

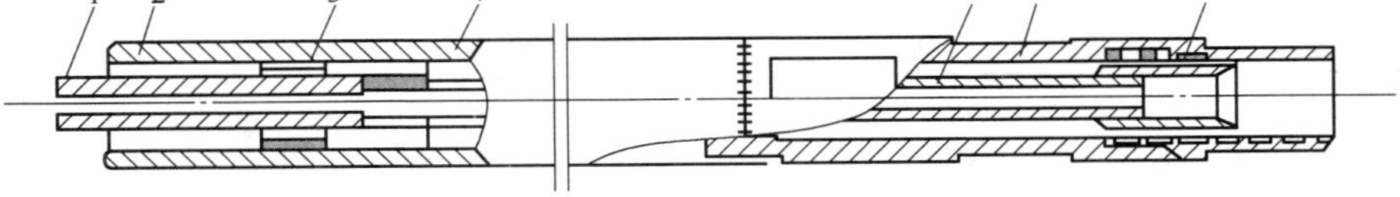

图 14-21　TY-201 型二重注浆管结构图

1—O 形橡胶圈；2—外管母接头；3—定位圈；4—地质钻杆；5—内管；6—卡扣管；7—外管公接头

TY-201 型二重管喷头的结构如图 14-22 所示。其侧面有浆、气同轴喷嘴，其环状间隙为 1～2mm。

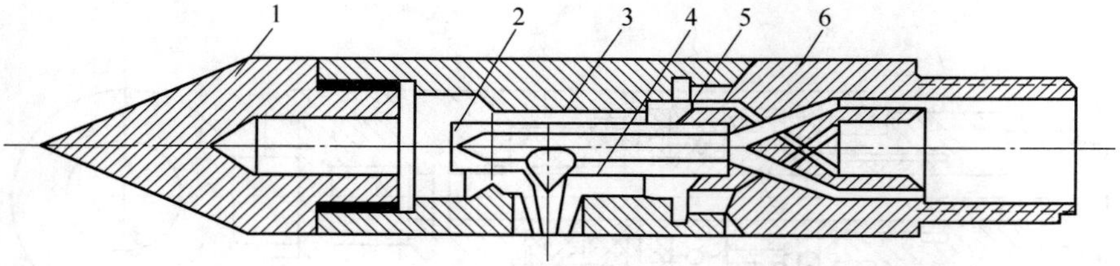

图 14-22　TY-201 型二重喷头结构图

1—管尖；2—内管；3—内喷头；4—外喷嘴；5—外管；6—外管公接头

3）三重注浆管总成。包括三重注浆管、三重管导流器和三重管喷头。

4）喷嘴：

① 喷嘴类型。喷嘴是直接影响射流质量的主要因素之一。射流喷嘴通常有圆柱型、收敛圆锥型和流线型三种，见图 14-23。由试验结果表明，流线型喷嘴的射流特性最好，但这种喷嘴加工困难，故很少采用，而收敛圆锥型喷嘴的射流系数与流线型喷嘴很接近，见表 14-9，而加工又较容易，因此在实际工作中使用较多。

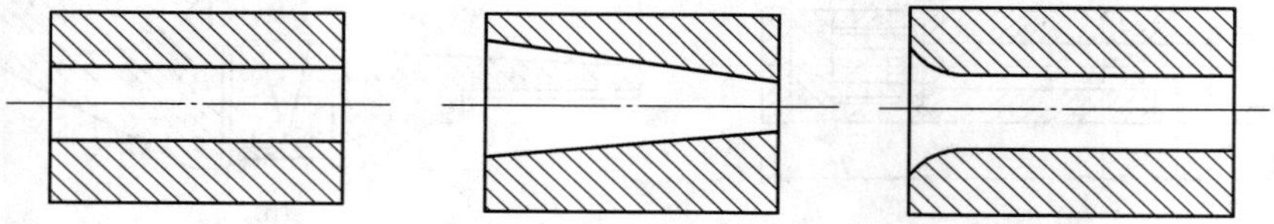

(a)　(b)　(c)

图 14-23　喷嘴形状图

(a) 圆柱型；(b) 收敛圆锥型；(c) 流线型

表 14-9　各种喷嘴性能比较表

喷嘴类型	流速系数	流量系数	备　注
圆柱型	0.828	0.828	喷嘴出口直径 6mm
收敛圆锥型（$\theta=13°$）	0.960	0.947	
流线型	0.970	0.970	

② 喷嘴结构。喷嘴的结构参数主要包括喷嘴的内圆锥角 θ 和喷嘴出口直径 d_0。

喷嘴出口直径 d_0：在喷射压力、喷射泵量和喷嘴个数已经确定的情况下，d_0 可由式（14-16）求出：

$$d_0 = 0.69\sqrt{\frac{Q}{n\mu\varphi\sqrt{p/\rho}}} \tag{14-16}$$

式中　d_0——喷嘴出口直径，mm，常用的喷嘴直径为 2~3.5mm；

Q——喷射泵量，L/min；

μ——流量系数，对圆形喷嘴可取 $\mu=0.95$；

φ——流速系数，良好的圆形喷嘴可取 $\varphi=0.97$；

p——喷嘴入口压力，MPa；

ρ——喷射液体密度，g/cm^3；

n——喷嘴个数。

内圆锥角 θ：当喷嘴的内圆锥角 θ 为 13°~14°时，喷射流的流量损失和逗度损失最小，则喷射流的动量损失最小，喷射流的初期区域长度最大，如图 14-24 所示。

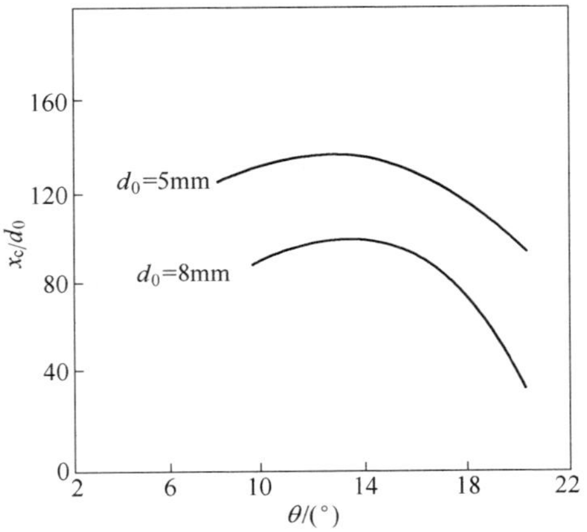

图 14-24　喷射流初期区域长度和喷嘴的内圆锥角的关系

在实际应用中，根据射流特性好同时又易加工的原则，喷嘴内孔的几何形状一般由圆锥段和圆柱段构成，并将进口端加工成喇叭形，如图14-25所示。圆柱段的长度对喷射流的初期区域长度有影响，由图 14-26 可看出，当圆柱段长度 L 与喷嘴直径 d_0 的比值为 4 时，初期区域长度最大。

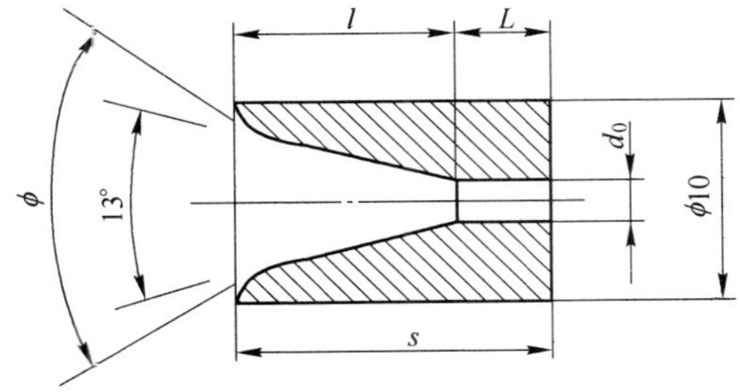

图 14-25　实际应用的喷嘴结构示意图

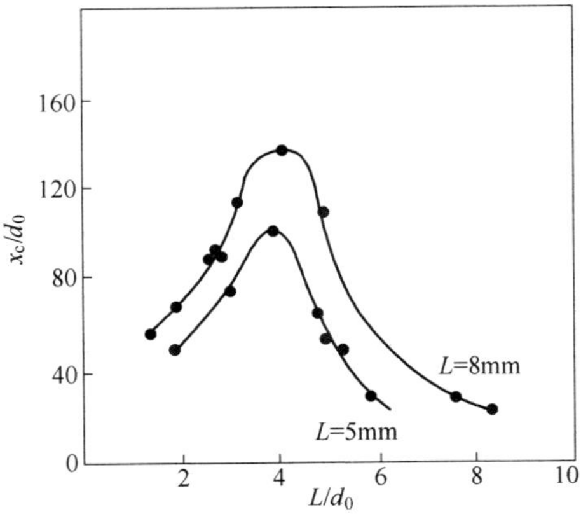

图 14-26　喷射流初期区域与喷射直线长度的关系

二重旋喷管和三重旋喷管所用的喷嘴结构较复杂，在圆锥型喷嘴外侧还要套一个环状气流喷嘴，形成双相同轴流，增加喷射流破坏土体的能力。根据试验资料和三重管旋喷工艺特点，目前使用的三重管水喷嘴为收敛圆锥型，圆锥角为 1. 3，$L/d_0 = 3 \sim 4$，喷嘴直径 d_0 为 1. 5mm，2. 0mm，2. 5mm，3. 0mm，3. 2mm，3. 5mm，3. 8mm，圆锥段长 $l = 15 - L$，其具体结构见图 14-27，气水同轴的环状间隙一般调至 1～2mm。

③ 喷嘴材质及加工要求。喷射水时，可用 45 号钢并进行热处理使其硬度达 HRC45 以上；喷射水泥浆时，磨耗大，要求具有较好的耐磨性，宜用硬合金钢（YG8）制造。喷嘴内表面的粗糙度要求较高，如果粗糙度大，喷射流的局部水头损失较大，且喷出后射流表面层产生旋转涡流，使射流过早离散雾化。一般要求喷嘴内表面粗糙度不低于 1. 0。

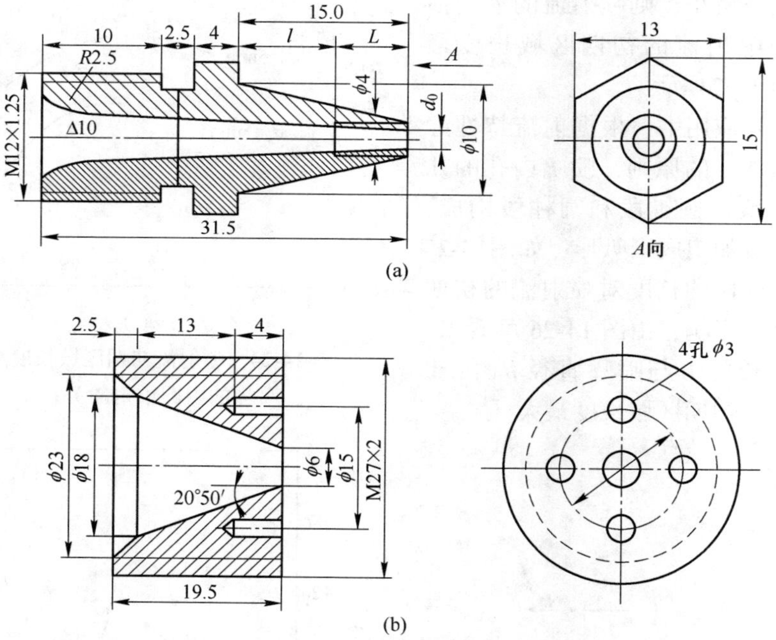

图 14-27　喷嘴结构图（单位：mm）

（a）高压水喷嘴；（b）气流喷嘴

14.4.5　高压喷射注浆孔布置

高压旋喷注浆孔布置需根据加固的目的具体考虑。公路滑坡体的加固，主要是增加滑体或滑带土的抗剪强度，增强滑坡体的稳定性，因此对公路滑坡采用高压旋喷注浆加固布孔一般布置在滑坡体前缘阻滑段，孔距的疏密可根据加固滑坡体的稳定计算确定，孔可以三角形布置，也可以正方形或其他形状布置，桩孔间可相互套接，也可分开成相互独立的桩体。

14.4.6 加固体直径的设定

加固体的直径与土质、施工方法等有密切关系，主要根据以往的试验和工程实例加以确定。单管法的桩径如图 14-28 所示。也可用式（14-17）近似计算：

黏性土 $$D = 0.5 - 0.005N^2 \tag{14-17}$$

式中 D——单管法的桩径；

N——黏性土的标贯击数。

砂性土 $$D = 0.01 \times (350 + 10N \times N^2)\ (5 \leqslant N \leqslant 15) \tag{14-18}$$

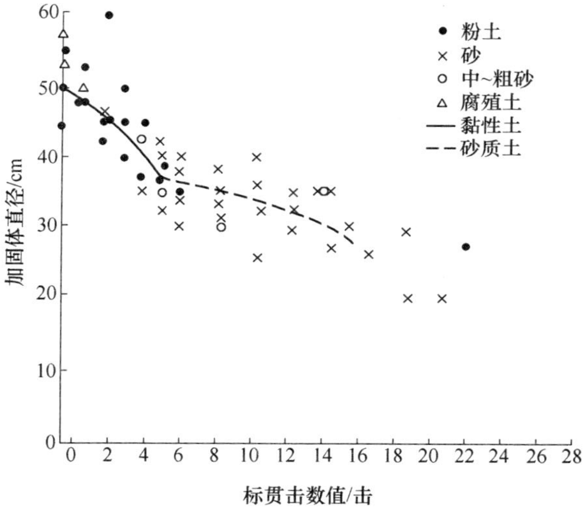

图 14-28 单管法桩径与标贯值关系图

14.4.7 硬化剂用量的优选

硬化剂（浆液）的用量可以按式（14-19）计算：

$$Q = \frac{1}{4}\pi D^2 H\alpha(1 + \beta) \tag{14-19}$$

式中 Q——硬化剂的用量，m^3；

D——设计的加固直径，m；

H——设计桩长，m；

α——混合系数，$\alpha=0.6\sim1.8$，与加固直径和土质有关；

β——作业损失系数。

根据一些工程的统计资料，单管法和二重管法的实际硬化剂用量分别如表 14-10、表 14-11 所示。

表 14-10 单管法加固体直径、浆液量

土名	土质条件	加固体直径/cm	浆液量
砾石层	$k \geqslant 1\times10^{-2}$cm/s	50~60	150
砂砾层	$k \geqslant 1\times10^{-3}$cm/s	35~45	130
有机质土层	$w \geqslant 150\%$	40~45	130

表 14-11 二重管法加固体直径、浆液量

加固体直径/cm	浆液量/L·m^{-1}	加固体直径/cm	浆液量/L·m^{-1}
60	340~400	150	1460~1850
80	550~660	180	1820~2380
100	780~950	200	2070~2750
120	990~1240		

此外，浆液的用量也可根据下式确定：

$$Q = qt(1 + \beta) \tag{14-20}$$

式中 Q——浆液的用量，m^3；

q——单位时间的喷射量；

β——损失系数，β=0.1~0.2。

14.4.8 加固体的强度

加固体的强度与土质和施工方法有密切关系。施工工艺的不同和土质的多变，使加固体强度有很大的离散性。

单管法在砂质土中的固体强度一般为3.0~7.0MPa，在黏性土中的加固体强度一般为1.5~5.0MPa；三重管法在砂质土中的加固体强度为3.0~15.0MPa，在黏性土中的加固体强度通常为0.8~5.0MPa。

在一定土质条件下，通过调节浆液的水灰比和单位时间的喷射量或改变提升速度等措施，可适当提高或降低加固体强度。

14.5 深层搅拌注浆加固设计

14.5.1 概述

深层搅拌注浆加固滑坡是指利用气压、液压或电化学原理，把某些（例如：水玻璃、氯化镁、水）能起化学反应而固化的浆液，注入到滑移变形的岩体的裂缝和孔隙中，来增加岩体的力学强度，从而提高岩体的抗滑移变形能力。

深层搅拌桩的特点是：在滑坡加固过程中无振动，无噪声，对环境无污染；

对土无侧向挤压，对邻近建筑物影响很小；可按加固要求作成柱状、壁状、格子状和块状等加固形状；可有效地提高岩体力学强度（当水泥掺量为 8%和 10%时，加固体强度分别为 0. 24MPa 和 0. 65MPa）；同时施工工期短，造价低廉，效益显著。

深层搅拌桩适应于加固较厚的淤泥，淤泥质土、粉土和含水量较高且地基承力不大于 120kPa 的黏性土地基，对超软土效果更为显著，多用于墙下条形基础，大面积堆料厂房地基以及深基施工时用于防止坑壁及边坡塌滑、坑底隆起以及防渗连续墙等工程上。

14.5.2 深层搅拌注浆加固设计工艺原理

深层搅拌法系利用水泥（石灰）等材料作为固化剂，通过深层搅拌机在滑移变形的岩体的裂缝和孔隙中，就地将变性土体和固化剂（浆体或粉体）强制拌合，利用固化剂和变性土体发生一系列物理、化学反应，使凝结成具有整体性、水稳性好和较高强度的水泥加固体，来增加岩体的力学强度，从而提高岩体的抗滑移变形能力。

其加固原理是：水泥加固土由于水泥用量很少，水泥水化反应完全是在土的围绕下产生的，凝结速度比混凝土缓慢，水泥与软黏土拌合后，水泥矿物和土中的水分发生强烈的水解和水化反应，同时从溶液中分解出氢氧化钙生成硅酸三钙（$3CaO \cdot SiO_2$）、硅酸二钙（$2CaO \cdot SiO_2$）、铝酸三钙（$3CaO \cdot Al_2O_3$）、铁铝酸四钙（$4CaO \cdot Al_2O_3 \cdot Fe_2O_3$）、硫酸钙（$CaSO_4$）等水化物，有的自身继续硬化成水泥石骨架，有的则因有活性的土进行离子交换和团黏反应、硬凝反应和碳酸化作用等，使土颗粒固结结团、颗粒间形成坚固的联结，并具有一定的强度。

14.5.3 对地层勘察的特殊要求

进行深层搅拌法加固软土地基的设计时，除了常规的要求外，对下述各点也应予以特别的重视。

（1）土质分析。主要分析有机质含量、可溶盐含量、总烧失量。在初步判断用何种水泥加固某种成因的软土时，还应进行软土的矿物成分分析。

（2）水质条件。主要有地下水的酸碱度（pH）值，硫酸盐含量等。

14.5.4 加固体形式的选择

根据我国目前深层搅拌机械制造的情况，其大致可分为单搅拌轴和双搅拌轴两大类，因此制成的深层搅拌水泥土桩也有单柱型和双柱并联型两类。按地基加固的不同要求，可灵活地采用柱状、壁状、格栅状和块状等不同加固形式。

在公路滑坡防治中壁状和格栅状加固采用较多。

14.5.5 置换率和桩数计算

在通常的设计过程中，根据上部结构对地基要求达到的承载力 $f_{sp,k}$ 和单桩设计的承载力 R_k^d，按式（14-21）即可求得所需的置换率：

$$m = \frac{f_{sp,k} - \beta f_{s,k}}{R_k^d - \beta f_{s,k}} \tag{14-21}$$

采用柱状加固体时，可采用正方形或等边三角形布桩，其总数可按式（14-22）计算：

$$n = \frac{mA}{A_p} \tag{14-22}$$

式中 n——总桩数；

A——基础底面积。

14.5.6 桩位平面布置

深层搅拌水泥土桩的总桩数确定后，即可按选定的加固形式和公路滑坡推力的分布进行布桩。柱状加固时，桩的平面布置以桩距最大（以利于充分发挥桩侧摩阻力）和便于施工为原则。壁状加固和格栅状加固可根据上部荷载分布情况将搅拌桩布置成相互搭接的壁状体；当总桩数不足以形成壁状加固体时，可增添较短的连接桩，确保桩体连成壁状或格栅状。

15 格构锚固设计

15.1 概述

格构锚固技术是利用浆砌块石、现浇钢筋混凝土或预制预应力混凝土进行坡面防护，并利用锚杆或锚索固定的一种滑坡综合防护措施。

格构技术应与美化环境结合，利用框格护坡，并在框格之间种植花草，达到美化环境的目的。同时，应与市政规划、建设相结合，在防护工程前沿，可规划为道路、广场或其他建设用地，在护坡工程体内，可预留管网通道。

根据滑坡结构特征，选定不同的护坡材料：

（1）当滑坡稳定性好，但前缘表层开挖失稳，出现坍滑时，可采用浆砌块石格构护坡，并用锚杆固定。

（2）当滑坡稳定性差，且滑坡体厚度不大，宜用现浇钢筋混凝土格构+锚杆（索）进行滑坡防护，须穿过滑带对滑坡阻滑。

（3）当滑坡稳定性差，且滑坡体较厚，下滑力较大时，应采用混凝土格构+预应力锚索进行防护，并须穿过滑带对滑坡阻滑。

15.2 格构锚固设计

15.2.1 格构锚固设计荷载确定

在对格构进行设计前，应对滑坡稳定系数进行计算，作为设计的依据。滑坡设计荷载包括：滑坡体自重、静水压力、渗透压力、孔隙水压力、地震力等。

15.2.2 格构型式选择

对于整体稳定性好，并满足设计安全系数要求的滑坡，可采用浆砌块石格构进行护坡。采用经验类比法进行设计，前缘形成坡度不宜大于35°，即1∶1.5。当边坡高度超过30m时，须设马道放坡，马道宽2.0~3.0m。

对于滑坡整体稳定性好，但前缘出现溜滑或坍滑，或坡度大于35°时，可采用现浇钢筋混凝土格构进行护坡，并用锚杆（管）进行固定。采用经验类比和极限平衡法相结合的方法进行设计，锚杆（管）须穿过潜在滑面1.5~2.0m，采用全黏结灌浆。

15.2.3　格构内力计算

15.2.3.1　格构梁上锚索力的拆分

对格构梁，按纵、横梁之间为铰支连接的假设，将框架“拆解”分开，拆分为纵梁和横梁单独进行受力分析，将锚索作用力在节点上（格构梁节点类型见图15-1）进行纵、横两方向的一次分配，为简单起见，不考虑节点处存在的微小转角和相邻荷载传递影响。锚索力的分配必须满足变形协调条件和静力平衡条件。根据以上的假设与方法，锚索力在节点上沿横梁、纵梁的分配计算公式分别为：

中间节点
$$\begin{cases} P_{ix} = P_i \dfrac{b_x S_x}{b_x S_x + b_y S_y} \\ P_{iy} = P_i \dfrac{b_y S_y}{b_x S_x + b_y S_y} \end{cases} \tag{15-1}$$

边节点
$$\begin{cases} P_{ix} = \dfrac{4b_x S_x}{4b_x S_x + b_y S_y} P_i \\ P_{iy} = \dfrac{b_y S_y}{4b_x S_x + b_y S_y} P_i \end{cases} \tag{15-2}$$

式中　P_i——作用在第 i 个节点上的垂直于坡面方向上的锚索分力，kN；

P_{ix}，P_{iy}——P_i 在节点处分配给横、纵梁上的分力，kN；

b_x，b_y——横、纵方向的梁宽，m；

S_x，S_y——横、纵梁的弹性特征长度，m，$S_x = \sqrt[4]{\dfrac{4EI_x}{kb_x}}$，$S_y = \sqrt[4]{\dfrac{4EI_y}{kb_y}}$；

EI_x，EI_y——纵、横梁的刚度，$kN \cdot m^2$；

k——地基反力系数，kN/m^3。

若节点沿 x、y 方向均有外伸相似长度的悬臂梁段，则荷载分配公式亦与中间节点相同。

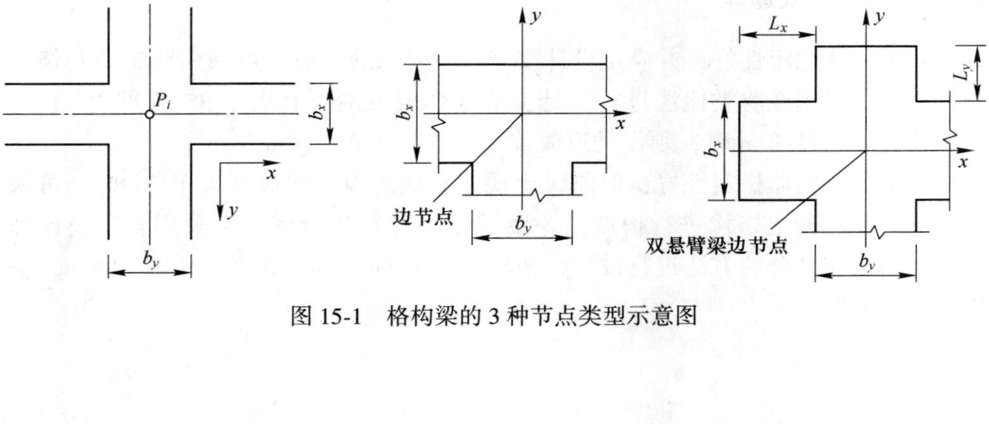

图15-1　格构梁的3种节点类型示意图

15.2.3.2　格构梁内力计算

格构梁的内力在不同的工作阶段并不相同，计算时应分别按照张拉阶段和正常工作阶段分别计算其内力，并按最不利原则进行格构梁的配筋。

A　张拉阶段地梁内力计算

为简化分析，考虑最大外荷作用，采用张拉刚刚完成的时刻进行分析。以纵梁上作用 3 孔锚索为例，此时地梁上的外力为：锚索张拉力 P_i，梁下岩土体反力 $p(x)$，地梁自重 G 以及坡面摩擦力 T，如图 15-2 所示。

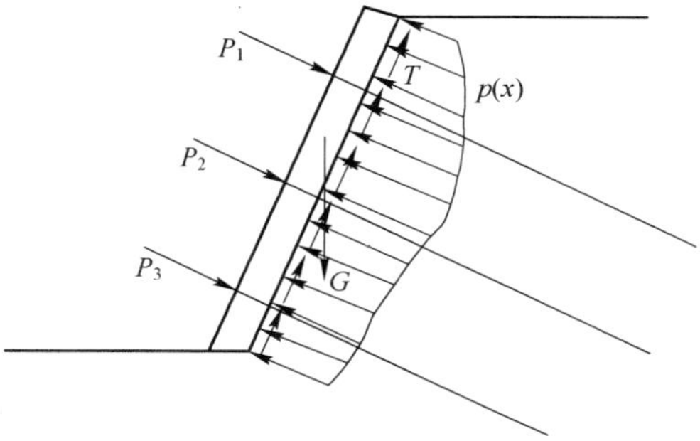

图 15-2　预应力锚索地梁张拉阶段

由于考虑到梁底支承于下一阶坡顶面上，相当于有一根水平刚性链杆支承于梁底部，阻止其发生沿坡面方向的位移。且主要关心的是梁在张拉力和梁底岩土地基反力作用下的内力状况。故为了分析简化，计算中忽略掉梁身自重和摩擦力作用。并且按习惯方式将梁转动一定角度，如图 15-3 所示。

按照弹性地基梁模型计算地梁的内力，设荷载 P_i 和梁的挠度（沉陷）y 均以向下为正，地基反力 $p(x)$ 以向上为正，梁的转角、弯矩和剪力按材料力学一般方法取正方向。从梁上截取任意微段，作用在此微段上的外力和内力如图 15-4 所示。

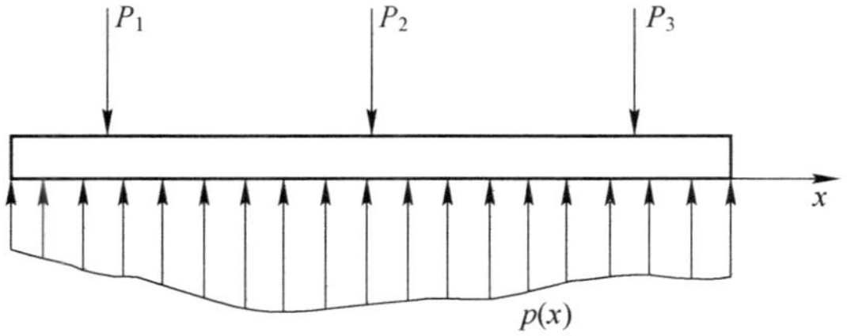

图 15-3　张拉阶段地梁受力计算图

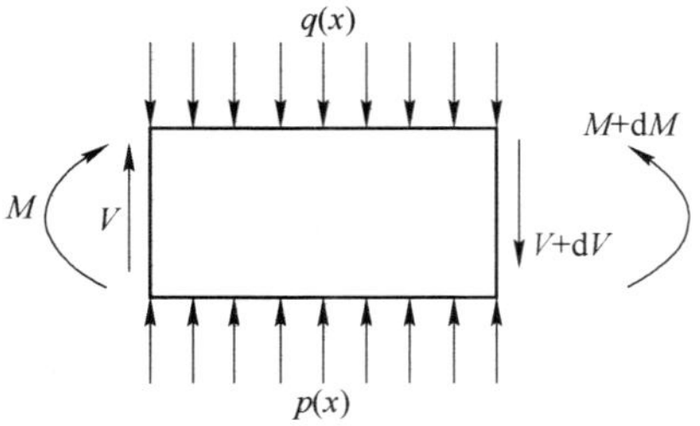

图 15-4　地梁微段受力图

按工程实际情况，一般取等截面梁，且各孔锚索在梁上作用于中心线处，无偏心荷载作用，也即梁不产生扭转变形。由该微段力的平衡可知：

$$E_c I_c \frac{d^4 y}{dx^4} = q(x) - p(x) = q(x) - kby \tag{15-3}$$

式中　E_c，I_c——分别为梁的弹性模量和惯性矩；

b——梁的宽度；

$q(x)$ ——梁上作用的分布荷载；

其他符号意义同前。

平衡方程是一个四阶常系数线性非齐次常微分方程。实际工程中，分布荷载 $q(x)$ 常可用不超过 x 三次方的多项式表示，因此，方程的通解为：

$$y = e^{\lambda x}(c_1\cos\lambda x + c_2\sin\lambda x) + e^{-\lambda x}(c_3\cos\lambda x + c_4\sin\lambda x) + \frac{q(x)}{kb} \tag{15-4}$$

其中

$$\lambda = \sqrt[4]{\frac{kb}{4E_cI_c}}$$

此即文克勒假设地基上基础梁的挠度方程，式中的四个积分常数 $c_1 \sim c_4$ 需根据边界条件或连续条件确定。在边坡工程中格构梁一般都可看成有限长梁。采用初参数法进行分析，应用克雷洛夫函数，并以梁左端 y_0，θ_0，M_0，Q_0 四个初参数代换四个积分常数，可得梁任意截面挠度、转角、弯矩和剪力的计算公式。

$$y_x = y_0F_1(\lambda x) - \frac{\theta_0}{\lambda}F_2(\lambda x) + M_0\frac{4\lambda^2}{kb}F_3(\lambda x) + Q_0\frac{4\lambda}{kb}F_4(\lambda x) + \frac{4\lambda}{kb}\sum P_iF_4[\lambda(x-u_{pi})] \tag{15-5}$$

$$\theta_x = 4\lambda y_0F_4(\lambda x) + \theta_0F_1(\lambda x) - M_0\frac{4\lambda^3}{kb}F_2(\lambda x) - Q_0\frac{4\lambda^2}{kb}F_3(\lambda x) - \frac{4\lambda^2}{kb}\sum P_iF_3[\lambda(x-u_{pi})] \tag{15-6}$$

$$M_x = -y_0\frac{kb}{\lambda^2}F_3(\lambda x) + \theta_0\frac{kb}{\lambda^3}F_4(\lambda x) + M_0F_1(\lambda x) + Q_0\frac{1}{\lambda}F_2(\lambda x) + \frac{1}{\lambda}\sum P_iF_2[\lambda(x-u_{pi})] \tag{15-7}$$

$$Q_x = -y_0\frac{kb}{\lambda}F_2(\lambda x) + \theta_0\frac{kb}{\lambda^2}F_3(\lambda x) - 4\lambda M_0F_4(\lambda x) + Q_0F_1(\lambda x) + \sum P_iF_1[\lambda(x-u_{pi})] \tag{15-8}$$

式中　y_x，θ_x，M_x，Q_x——分别为梁截面 x 处的挠度、转角、弯矩和剪力；

P_i——作用于梁上的竖向集中力；

u_{pi}——锚孔作用集中力至梁左端的距离；

F_1，F_2，F_3，F_4——克雷洛夫函数，其表达式为：

$$F_1(\lambda x) = \mathrm{ch}(\lambda x)\cos(\lambda x) \tag{15-9}$$

$$F_2(\lambda x) = \frac{1}{2}[\mathrm{ch}(\lambda x)\sin(\lambda x) + \mathrm{sh}(\lambda x)\cos(\lambda x)] \tag{15-10}$$

$$F_3(\lambda x) = \mathrm{sh}(\lambda x)\sin(\lambda x) \tag{15-11}$$

$$F_4(\lambda x) = \frac{1}{4}[\mathrm{ch}(\lambda x)\sin(\lambda x) - \mathrm{sh}(\lambda x)\cos(\lambda x)] \tag{15-12}$$

四个初参数可根据梁左端的边界条件和梁右端的边界条件求出。

梁左端为自由端，弯矩，剪力均为零，有 $M_0 = Q_0 = 0$ (15-13)

梁右端插入台阶内，可按弹性固结考虑，有 $y_1 = 0$，$\theta_1 = M_1/kI_c$ (15-14)

$x=L$ 代入挠度、转角、弯矩和剪力的计算公式，并利用式（15-14），整理后得：

$$y_0 = \frac{1}{F_1(\lambda L)}\left\{\theta_0 \frac{1}{\lambda}F_2(\lambda L) - \frac{4\lambda}{kb}\sum p_i F_4[\lambda(L - u_{pi})]\right\} \tag{15-15}$$

$$\theta_0 = \frac{\Delta_1}{s_1} \tag{15-16}$$

其中：

$$s_1 = \frac{F_2(\lambda L)}{\lambda F_1(\lambda L)}\left[4\lambda F_4(\lambda L) + \frac{kb}{\lambda^2}F_3(\lambda L)\frac{1}{kI_c}\right] + F_1(\lambda L) - \frac{kb}{\lambda^3}F_4(\lambda L)\frac{1}{kI_c} \tag{15-17}$$

$$\Delta_1 = -\frac{1}{F_1(\lambda L)}\left\{-\frac{4\lambda}{kb}\sum P_i F_4[\lambda(L - u_{pi})]\right\}\cdot\left[4\lambda F_4(\lambda L) + \frac{kb}{\lambda^2}F_3(\lambda L)\frac{1}{kI_c}\right] + \frac{4\lambda^2}{kb}\sum P_i F_3[\lambda(L - u_{pi})] + \frac{1}{\lambda kI_c}\sum P_i F_2[\lambda(L - u_{pi})] \tag{15-18}$$

将式（15-13）、式（15-15）、式（15-16）代入弯矩、剪力、挠度、转角的计算公式，可得地梁任意截面的变形与内力计算公式如下：

$$y_x = y_0 F_1(\lambda x) - \frac{\theta_0}{\lambda}F_2(\lambda x) + \frac{4\lambda}{kb}\sum P_i F_4[\lambda(x - u_{pi})] \tag{15-19}$$

$$\theta_x = 4\lambda y_0 F_4(\lambda x) + \theta_0 F_1(\lambda x) - \frac{4\lambda^2}{kb}\sum P_i F_3[\lambda(x - u_{pi})] \tag{15-20}$$

$$M_x = -y_0\frac{kb}{\lambda^2}F_3(\lambda x) + \theta_0\frac{kb}{\lambda^3}F_4(\lambda x) + \frac{1}{\lambda}\sum P_i F_2[\lambda(x - u_{pi})] \tag{15-21}$$

$$Q_x = -y_0\frac{kb}{\lambda}F_2(\lambda x) + \theta_0\frac{kb}{\lambda^2}F_3(\lambda x) + \sum P_i F_1[\lambda(x - u_{pi})] \tag{15-22}$$

在张拉刚结束的阶段，P_i 为各锚孔的超张拉后的锚索轴力值，先由式（15-15）、式（15-16）求出 y_0 和 θ_0，再代入式（15-19）和式（15-20）即可求得梁各截面的挠度、转角、弯矩和剪力，由此可进行工程设计和梁体配筋计算。

B 工作阶段地梁内力计算

正常工作阶段，地梁内力也可按照弹性地基梁模型计算，但是，由于锚索紧拉地梁抑制坡体滑移，此时，地梁下岩土体处于主动变形阶段对地梁施加挤压力。工作阶段计算的关键在于如何计算岩土体主动变形对地梁底部的挤压力。当有现场锚索张力的实测数据时，最好采用实测值进行计算。无实测值时应由弹性地基梁法进行梁土变形协调计算，并与按式（15-23）计算的地梁内力值进行对比：

$$q(x)=p(x)+E(x) \tag{15-23}$$

式中 $q(x)$——工作阶段梁底的反力；

$p(x)$——张拉结束时计算出的地梁底部的地基反力；

$E(x)$——地梁下岩土体产生的土压力。

对于纵梁，由于中间设有锚索，所以其计算模型应是两跨外伸超静定连续梁；对于横梁，则可看成单跨简支梁。具体计算时，纵梁可采用力矩分配法，首先求出弯矩，进而可求出剪力、支座反力等；横梁则直接按简支梁求解得出梁的内力与支座反力。

15.2.4 格构弯矩、钢筋混凝土强度验算

格构提供的弯矩：

$$M=f_y A_{sl}\gamma_s h_0+f_y' A_{sl}'(h_0-a') \tag{15-24}$$

若

$$M>KM_{max} \tag{15-25}$$

则格构强度满足设计要求。

式中 M_{max}——格构承受的弯矩设计值，10^{-6}kN · m；

K——安全系数，取值为1.5；

f_y，f_y'——钢筋抗拉、抗压强度，N/mm^2；

A_{sl}，A_{sl}'——受拉钢筋、受压钢筋截面面积，mm^2；

γ_s——受拉区混凝土塑性影响系数；

h_0——截面有效高度，mm；

a'——纵向受压钢筋合力砂浆保护层厚度，mm。

对于滑坡整体稳定性差、滑坡推力过大，且前沿坡面须防护时，可采用预制预应力钢筋混凝土格构与锚索进行防护。采用与预应力锚索相同的锚固力计算公式确定锚固荷载，并推荐单束锚索的设计吨位。

15.3 各类型格构设计

15.3.1 浆砌块石格构

浆砌块石格构可分为下列类型（见图15-5）。

（1）矩型：指顺边坡倾向和沿边坡走向设置方格状浆砌块石。格构水平间距应小于3.0m。

（2）菱型：指沿平整边坡坡面斜向设置浆砌块石。格构间距应小于3.0m。

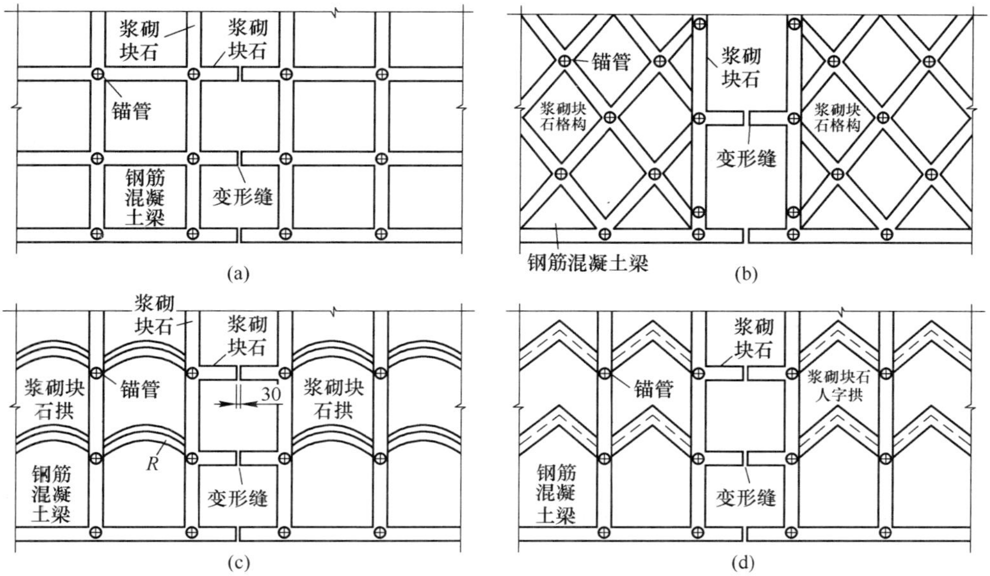

图 15-5 浆切块石格构型式

（a）矩型格构；（b）菱型格构；（c）弧型格构；（d）人字型格构

（3）人字型：指顺边坡倾向设置浆砌块石条带，沿条带之间向上设置人字型浆砌块石拱；格构横向间距应小于 3.0m。

（4）弧型：指顺边坡倾向设置浆砌块石条带，沿条带之间向上设置弧型浆砌块石拱。格构横向间距应小于 3.0m。

15.3.1.1 浆砌块石设计

浆砌块石格构设计以类比法为主。采用断面高×宽不宜小于 300mm×200mm，最大不超过 450mm×350mm。水泥砂浆采用 M7.5，格构框条宜采用里肋式或柱肋式，并每 10~20m 设一变形缝。

15.3.1.2 边坡坡度

浆砌块石格构边坡坡面应平整，坡度不宜大于 35°。当边坡高于 30m，应设马道。

15.3.1.3 锚杆（管）

为了保证格构的稳定性，可根据岩土体结构和强度在格构节点设置锚杆，长度宜大于 4m，全黏结灌浆。若岩土体较为破碎和易溜滑时，可采用锚管加固，全黏结灌浆，注浆压力宜为 0.5~1.0MPa。锚杆（管）埋置在浆砌块石格构中（见图 15-6）。

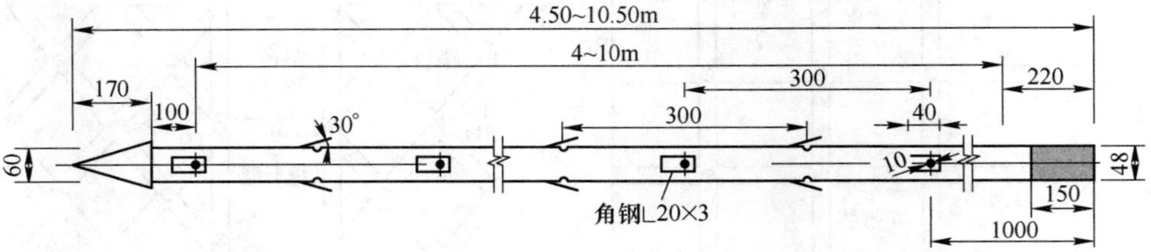

图 15-6　格构锚管结构图

15.3.1.4　注浆施工

注浆停止前应稳压至少 10min，漏浆时应补浆。

15.3.1.5　培土植草

为了美化环境和防护表层边坡，在格构间应培土和植草。

15.3.2　现浇钢筋混凝土格构

15.3.2.1　格构形式

现浇钢筋混凝土格构形式可分为（见图 15-7）。

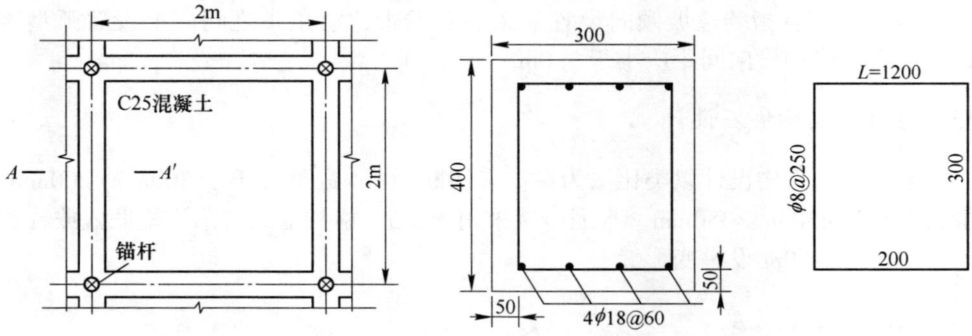

图 15-7　现浇钢筋混凝土格构断面图

（1）方型：指顺边坡倾向和沿边坡走向设置方格状钢筋混凝土梁。格构水平间距应小于 5.0m。

（2）菱型：指沿平整边坡坡面斜向设置钢筋混凝土。格构间距应小于 5.0m。

（3）人字型：指顺边坡倾向设置钢筋混凝土条带，沿条带之间向上设置人字型钢筋混凝土，若岩土完整性好时，亦可将砌块石拱；格构水平间距应小于 4.5m。

（4）弧型：指顺边坡倾向设置浆钢筋混凝土，沿条带之间向上设置弧型钢筋混凝土，若岩土体完整性好时，亦可浆砌块石拱。格构水平间距应小于4.5m。

15.3.2.2 钢筋混凝土断面与配筋（见图15-7）

（1）钢筋混凝土断面设计应采用简支梁法进行弯矩计算，并采用类比法校核。断面高×宽不宜小于300mm×250mm，最大不宜超过500mm×400mm。

（2）主筋确定。纵向钢筋应采用ϕ14以上的Ⅱ级螺纹钢，箍筋应采用ϕ8以上的钢筋加工。若配筋率过小，可按少筋梁结构处理。

（3）混凝土：宜采用C25以上强度等级。

15.3.2.3 边坡坡度

现浇钢筋格构边坡坡面应平整，坡度不宜大于70°。当边坡高于30m时，应设置马道。

15.3.2.4 锚杆（管）或锚索

为了保证格构的稳定性，可根据岩土体结构和强度在格构节点设置锚杆。锚杆应采用ϕ25～ϕ40Ⅱ级螺纹钢加工，长度宜为4m以上，全黏结灌浆，并与钢筋笼点焊连接。若岩土体较为破碎和易溜滑时，可采用锚管加固，锚管用ϕ50钢管加工，全黏结灌浆，注浆压力宜为0.5～1.0MPa，并与钢筋笼点焊连接。锚杆（管）埋置在浆砌块石格构中。锚杆（管）均应穿过潜在滑动面。ϕ50钢管设计拉拔力可取为100～140kN。

当滑坡整体稳定性差或下滑力较大时，应采用预应力锚索进行加固。其设计同第6章预应力锚索的规定。

15.3.2.5 培土植草

为了美化环境和防护表层边坡，在格构间应培土和植草。

16 其他抗滑工程设计

16.1 微型桩加固设计

16.1.1 概述

抗滑桩是滑坡治理施工中最常用的抗滑结构之一，由于桩孔断面大，一般都大于1.25m，无法用普通钻孔机械进行桩孔施工，只有采用人工开挖。抗滑桩施工中如果遇到坚硬岩石，靠传统人工施工非常困难，很难满足施工工期要求。滑坡治理工程施工中一般都不允许使用炸药进行爆破开挖，以免爆破产生的强烈震动及冲击波等影响滑坡稳定性及周边建筑物、构筑物的安全。

微型桩，又称树根桩或迷你桩，一般指桩径在70~300mm，长径比较大（一般大于30），采用钻孔、强配筋和压力注浆工艺施工的灌注桩。微型钢管桩是在小型钻孔中，下入钢管，再进行压力注浆，形成钢管灌注钻孔桩。微型钢管桩是将钢管桩与微型桩技术结合起来的一种新型抗滑措施，集中了钢管桩与微型桩的优点，近年来主要用于边坡工程、基坑支护工程、桩基础加固工程等。

16.1.2 微型钢管抗滑桩机理分析

微型桩是一种新型的轻型结构，与普通抗滑桩相比其抗弯刚度较小，主要用于中小型滑坡的治理。

在坡体的小变形阶段即蠕滑阶段，坡体整体性较好，经微型桩加固后，坡体不会产生明显滑动，滑坡推力主要集中于潜在滑面上部一定范围内，在滑坡推力作用下，微型桩变形主要发生在滑面附近，产生较大弯曲变形；而上部桩段在周围土体约束下变形较小，近似平行移动；下部锚固段处于稳定岩土层中，基本没有变形。

微型钢管桩作为抗滑桩用于边坡加固工程时有以下特点：

（1）钢管及周围的水泥浆体形成的微型桩，密布在滑体上，并嵌入潜在滑面以下的稳定土（岩）层足够深度，从而对滑体产生支挡作用，提高抗滑力。微型桩一般竖向或近似竖向设置，与岩层面（潜在滑动面）夹角较小，可以承受较大剪切力和弯曲。

（2）微型钢管抗滑桩不仅对滑坡体具有抗滑作用，而且微型钢管抗滑群桩能够加固桩周及桩间土体。在横向力作用下，由于桩土之间的摩擦，黏聚力等原因，在钢管桩内产生了抗拉应力增量，同时在土体中产生了相应的压应力增量，导致土体的抗剪强度增加。

（3）可以将多排微型钢管桩与桩周被加固土体看作是一种新的宏观上连续的桩土复合体，分析发现该桩土复合体具有硬化特征，其整体的抗剪强度得到大的提高。

（4）微型钢管抗滑桩一般是成排布置，主要有独立成单排布置和呈平面或空间刚架体系布置。根据微型钢管桩在边坡治理工程中布置方式的不同，微型钢管抗滑桩所起到的作用也不同。若独立成单排布置，桩与桩之间的间隔较大，荷载主要由桩承担，故微型钢管抗滑桩的作用相当于常规桩。若微型钢管抗滑桩作为多排群桩的形式布置，桩与桩之间的间隔较窄，且桩顶用联系梁相互连接起来，则荷载由桩土复合结构共同承担，微型钢管抗滑桩及其周围的岩土体共同形成了一个复合型挡土墙，起着抗滑挡墙的作用。

如图 16-1 所示：微型钢管抗滑群桩呈网状密布在滑坡体上，在桩后的横向滑坡推力作用下，对桩间和临近土体具有改造和加固作用，从而使土体的强度得到提高。

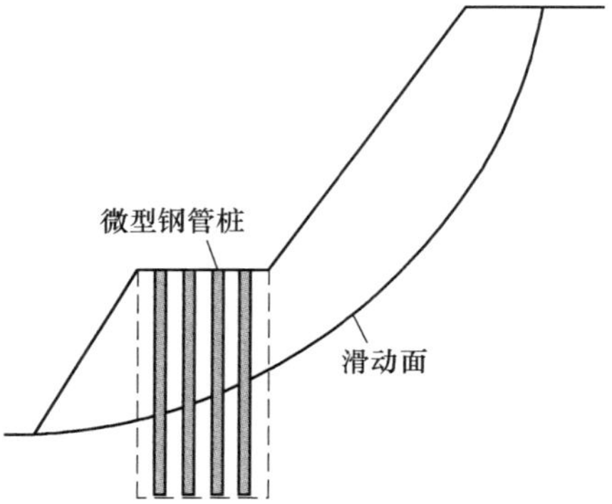

图 16-1 微型钢管抗滑群桩示意图

16.1.3 微型抗滑桩设计计算

16.1.3.1 微型桩群的受力计算

首先，计算滑坡推力和滑体抗滑力，若第一排桩所处位置的滑坡推力的水平分力为 E_n，最后一排桩所处位置的滑体抗滑力的水平分力为 e_n，则微型桩群应承担的侧向力 T_n 为

$$T_n = E_n - e_n \tag{16-1}$$

式中，滑坡推力 E_n 和滑体抗滑力 e_n 可根据滑坡类型按本书第 2 篇第 5 章计算。

16.1.3.2 微型桩配筋计算

设钢筋的抗剪强度设计值为 f_v，微型桩的布置排数为 n 排，首先假设滑坡推力在各排桩上均匀分布，则每排微型桩在计算宽度内（一般为 1m）所需的钢筋截面面积 A_s 为：

$$A_s = \frac{T_n}{nf_v} \tag{16-2}$$

实际上，土质滑坡在滑动过程中，微型桩群受力是不均匀的，第1排受力最大，向后逐次减小。为在设计时反映群桩受力的不均匀性，在设计中可以引入一个滑坡推力不均匀分配系数 η，以修正由均匀性假设带来的不足。由此得到修正后各排桩计算宽度内的配筋面积为：

$$A_{si} = \eta A_s \tag{16-3}$$

式中　A_{si}——第 i 排桩的实际配筋面积；

A_s——微型桩的平均配筋面积，由式（16-2）确定；

η——滑坡推力的不均匀分配系数，表16-1是推荐的土质滑坡中群桩推力的不均匀分配系数 η 值建议。

表16-1　土质滑坡中群桩推力不均匀分配系数 η 建议

桩属排数位	微型桩总排数				
	二排桩	三排桩	四排桩	五排桩	六排桩
第一排	1.2	1.3	1.4	1.6	1.65
第二排	0.8	1.0	1.15	1.2	1.35
第三排	—	0.7	0.85	0.7	1.1
第四排	—	—	0.6	0.5	0.9
第五排	—	—	—	—	0.6
第六排	—	—	—	—	0.4

注：表中数据适用于排距在8~10倍桩径的桩群。

设各排中微型桩的桩间距为 l（桩间距的确定方法在一些文献中有详细描述，在此不做讨论），则各排中单根微型桩的配筋面积为：

$$A'_{si} = lA_{si} \tag{16-4}$$

式中　A'_{si}——第 i 排桩的单根微型桩配筋面积。

16.1.3.3　桩长的确定

微型桩桩长分两部分：滑面以上的受荷段和滑面以下的嵌固段，其中受荷段长度为滑体厚度，所以主要考虑嵌固段长度。由试验结果可知，微型桩的破坏主要集中在滑面附近，考虑抗弯和抗剪时需要的嵌固段长度很短，且后期以承受拉力为主，所以嵌固段长度只需满足微型桩不被拔出即可。这主要考虑两方面，一是微型桩注浆体与孔壁间的黏结，二是注浆体与钢筋间的黏结。

设微型桩的直径为 D，桩内钢筋直径为 d，则微型桩的嵌固段长度可按下列公式计算，并取其中的较大值：

$$L = \frac{Kf_y A}{\pi D q_t} \tag{16-5}$$

$$L = \frac{Kf_y A}{n\pi d\xi q_s} \tag{16-6}$$

式中 K——设计安全系数；

f_y——钢筋抗拉强度设计值；

A——单根微型桩的配筋截面积；

q_t——注浆体与岩土孔壁间的黏结强度设计值；

q_s——注浆体与钢筋间的黏结强度设计值；

n——钢筋根数；

ξ——采用 2 根或 2 根以上钢筋且绑扎成钢筋束时，界面黏结强度降低系数，可取 0.60~0.85。主要考虑钢筋束中部分钢筋表面与浆体不接触，$n\pi d\xi$ 为单位长度内注浆体与钢筋间的实际接触面积。

如果布桩位置处的滑体较薄，微型桩的受荷段长度不能满足式（16-5）和式（16-6）的抗拔要求，可以通过在桩顶设置连梁的办法来解决，这时尚应验算连梁下部的地基承载力是否满足要求。一般情况下，为了充分发挥群桩的作用，增强整体性，在桩顶加设连系梁是必要的。只是当滑体以上的桩长满足锚固力要求时，可以不再验算地基承载力，按构造要求确定即可。

16.2 抗滑键加固设计

抗滑键实际上是深埋在地下的抗滑短桩。当滑动面埋深大，且滑面单一、位置明确、滑体完整、滑体稳定性较好时，如采用常规抗滑桩钢筋混凝土一直要灌注到地面，不但圬工量大，而且由于悬臂段过长，桩身抗弯矩大，受力极不合理，需要增大桩的锚固深度和桩断面，造价高。

抗滑键设计时应做好越顶验算，一般不允许滑体出现塑性区，避免滑体从桩顶或滑体内部产生新的滑动。

抗滑键可用于滑动面埋深大、滑动面位置明确，且滑动面上、下岩体相对完整的岩质边坡抗滑工程。当应用于滑体稳定性较好的土质滑坡时，滑动面设置阻滑键后，应保证不会沿滑体内部产生新的滑动。抗滑键设计应符合下列要求：

（1）抗滑键宜采用单体阻滑键形式，多采用矩形短桩结构。

（2）抗滑键在岩体内的嵌固长度宜大于 2 倍抗滑键直径，抗剪桩在滑面上、下岩体内的嵌入长度均应不小于 3m。

（3）抗滑键采用的钢筋混凝土材料要求同抗滑桩。

17 坡面防护设计

17.1 概述

路基坡面防护主要是针对受自然因素作用易产生不利于稳定及环境保护等问题的边坡坡面采取适当的防护措施，达到保持边坡的长期稳定和安全，防止水土流失，保护环境的目的。

易于冲蚀的土质边坡和易于风化的岩石路堑边坡，施工后如果长期裸露，在自然风化营力和雨水冲刷的作用下，将会发生冲沟、溜坍、剥落、掉块和坍塌等坡面变形，影响边坡稳定。同时，剥落或冲蚀的碎屑物，对路基本体而言，往往堵塞侧沟，使排水不畅，造成路基翻浆冒泥；对社会环境而言，边坡水土流失，冲毁耕地、农作物及房屋等建筑物，造成环境污染及财产损失，影响人们的正常生产和生活。因此必须采取相应的坡面防护措施，防止和消除上述不利影响。

坡面变形的轻重程度与边坡的岩土性质、地质构造、水文地质条件及当地的气候环境、边坡方位、边坡坡率和高度等密切相关，必须综合考虑这些因素，选择适宜的防护类型。

17.2 设计原则

17.2.1 坡面防护设计的一般要求

（1）凡易风化的或易受雨水冲刷的岩石和土质边坡及破碎的岩石边坡，均应及时加以防护。

（2）软硬岩层相间的路堑边坡，应根据岩层情况采用全部防护或局部防护措施。

（3）在多雨地区用砂类土、细粒土填料填筑的路堤，其路肩和边坡易受雨水冲刷流失，应根据具体情况设置坡面防护。

（4）路基边坡防护，当其岩土性质及气候条件适宜时，应优先采用植物防护，并设置骨架。

（5）坡面防护结构一般不考虑边坡地层或人工填土的侧压力，其防护的边坡应有足够的稳定性，但护墙可用于极限稳定边坡的情况。

（6）护面要紧贴边坡；基础要牢固并与护面本体很好衔接；顶部及两侧边缘适当嵌入边坡内，并整修与坡面齐平，防止雨水自接缝渗入。

（7）采用封闭式坡面防护（喷护、挂网喷护及浆砌片石护坡和护墙等）应在防护体上设泄水孔和伸缩缝。当坡面有地下水出露时，应采取措施将水引出。

（8）对于高而陡的防护结构物，应在适当高度处设置耳墙及平台，并应设置便于检查维修用的安全设备。

17.2.2 常用坡面防护措施的选择原则

路基边坡坡面防护类型、结构形式，应根据边坡的岩土性质、水文地质条件、边坡高度、边坡坡率及地区气候条件等按表 17-1 的规定选择确定。

表 17-1 坡面防护类型及其适用条件

防护类型	结构形式	适 用 条 件
植物防护	撒种草籽（植草）或喷播植草	撒种草籽（植草）和喷播植草适用于一般土质边坡及全风化的岩质边坡，边坡坡率不陡于 1：1.25。当地雨量较多，气候宜于草的生长。边坡高度不宜过高
	草灌结合	一般土质边坡及全风化的岩石、强风化的软岩块边坡，边坡坡率不陡于 1：1。当地气候宜于草和灌木的生长
	种植灌木	宜于草木生长的各种土质边坡及全风化的岩石边坡，边坡坡率等于或缓于 1：1.5。当地气候宜于草木生长
	客土植生	各种不宜于植物生长的砂类土、碎石类土等土质贫瘠的边坡及强风化的软质岩、强风化～全风化的硬质岩路堑边坡或由其弃碴填筑的路堤边坡。边坡坡率不陡于 1：1
	喷混植生	各种不宜于植物生长的砂类土、碎石类土等土质贫瘠的路堑边坡及强风化～弱风化的岩石路堑边坡。边坡坡率不陡于 1：0.75
土工合成材料与植草复合防护	土工网（垫）植草护坡	宜于草生长的各种土质边坡和全风化的岩质边坡，边坡坡率不陡于 1：1。当地气候宜于草的生长。一般边坡可采用土工网植草防护，当边坡冲蚀较严重或土质较差时，应选用土工网垫植草防护
	土工网垫与含草籽无纺布植草护坡	宜于草生长的各种土质边坡及全风化的岩石边坡。边坡较高、坡面冲刷较严重、易发生溜坍，直接种草易被冲毁脱落等。边坡坡率等于或缓于 1：1，当地气候宜于草的生长
	边坡土工格栅加筋与坡面植草护坡	边坡较高、填料性质较差的各种土质路堤边坡。一般坡面可采用植草防护，当边坡较高时，可用土工网、土工网垫与植草结合防护。边坡坡率等于或缓于 1：1.5，当地气候和填料、土壤宜于草的生长
空心砖内植草护坡		各种宜于草生长的土质边坡和铺填 5～10cm 厚黏性土（客土）后草能很好生长的砂类土、碎石类土等土质贫瘠的边坡及强风化～全风化的岩石边坡。边坡坡率等于或缓于 1：1，当地气候宜于草的生长。尤其适用于石料缺乏地区，可替代浆砌片石骨架内植草护坡。边坡较高或土质较差时，可与边坡土工格栅加筋形式结合使用

续表 17-1

防护类型	结构形式	适 用 条 件
骨架护坡	浆砌片石或混凝土骨架护坡	各种土质边坡及强风化~全风化的岩石边坡，边坡较高或岩土性质较差、比较潮湿、含水量较大、易发生溜坍或比较严重的坡面冲刷。（截水）骨架内可采用植草、空心砖内植草或客土植生及喷混植生、干砌片石、喷浆或喷混凝土等防护形式。植草或客土植生的边坡坡率不应陡于1∶1；空心砖内植草、喷混植生、干砌片石、喷浆或喷混凝土等边坡坡率一般不应陡于1∶0.75
	卵石方格护坡	土质路基边坡冲刷防护及沙漠路基风蚀防护。边坡坡率缓于1∶1.5，当地有丰富的卵石材料来源
	锚杆框架梁植草护坡	土质边坡和坡体中无不良结构面、风化破碎的岩石路堑边坡。混凝土框架内采用的防护类型同浆砌片石或混凝土骨架内采用的类型，边坡坡率一般不应陡于1∶0.75
喷护	喷浆及喷射混凝土护坡	易风化但未遭强风化、全风化的岩石路堑边坡，边坡高度不限制，边坡地下水不发育，坡面较干燥。边坡坡率等于或缓于1∶0.5。由成岩作用很差的黏土岩组成的边坡不宜采用
	喷掺砂水泥土	易受冲刷的土质路堑边坡，边坡坡率不陡于1∶0.75、地下水不发育时采用
	喷射钢纤维混凝土	易风化但未遭强风化、全风化的岩石路堑边坡，边坡地下水不发育，坡面较干燥。边坡坡率和高度不受限制，由成岩作用很差的黏土岩组成的边坡不宜采用
挂网喷护	挂网喷浆或喷射混凝土	强风化~弱风化的岩石路堑边坡，且岩体切割破碎。边坡地下水不发育，坡面较干燥，边坡坡率等于或缓于1∶0.5
	挂网喷混植生	强风化~弱风化的岩石路堑边坡，边坡较高、坡率陡于1∶1且岩体切割破碎。当地气候宜于草的生长
砌石防护	干砌片石护坡	土质路堤边坡、经常有少量地下水渗出的局部堑坡以及局部土质堑坡的嵌补。边坡坡率等于或缓于1∶1.25，当地有石料来源，可就地取材
	浆砌片石护坡	各种易于风化的岩石路堑边坡和土质边坡，边坡坡率等于或缓于1∶1。当地有石料来源，可就地取材
	浆砌片石护墙	土质边坡和易风化剥落的岩石边坡，及用于堑坡上的危岩露头支顶，边坡坡率等于或缓于1∶0.5。当边坡为土质或破碎岩石时，采用实体护墙；当边坡坡率等于或缓于1∶0.75时，可采用空窗护墙；当整个边坡岩层较完整，且坡率较陡时采用肋式护墙

17.3 坡面防护设计

17.3.1 植物防护

植物防护是一种简便、经济和有效的坡面防护措施。植物能覆盖表土，防止雨水冲刷；调节土壤湿度，防止裂缝产生；固结土壤，防止坡面风化剥落，同时还能起到绿化、美化环境的作用。为防止采用植物防护的路堑边坡坡脚因列车震动和雨水冲蚀作用而先破坏，从而导致整个防护工程的破坏或出现边坡坍塌，一般宜在坡脚处设高 1~2m 浆砌片石护坡或护墙。

17.3.1.1 撒种草籽（植草）或喷播植草

（1）进行一般土质边坡及全风化岩石边坡防护时，边坡坡率不宜陡于 1∶1.25，且边坡高度不宜过高，一般不超过 10m。

（2）草种应根据当地气候、土壤条件和草种的适应性，按表 17-2 因地制宜地选月。

（3）播种草籽一般在春、秋两季，以雨季来临前 10~15 天较好。有条件采用人工降水时，可不在雨季播种。当雨季雨量较大，对边坡易形成冲刷时则宜在雨季前 3 个月播种。

（4）播种草籽分单播和混播，撒种量取决于种子质量、混合组成、土壤状况和工程性质等。

（5）路堤的路肩和路堑的堑顶边缘应埋入与坡面齐平的，宽 0.2~0.3m 的带状草皮，堑顶外设不小于 1.0m 宽的绿化带。

表 17-2 路基边坡植物防护常用草本类型及适用条件

分 区	地 域	适宜性草本植物	选择性草本植物
东北寒冷地区	黑、吉、辽	高羊茅、冰草、百喜草、无芒雀麦、白颖、苔草、紫羊茅、紫花苜蓿、白三叶	早熟禾、黑麦草、细羊茅、结缕草、野牛草、弯叶画眉、匍匐剪股颖
西北、西南干冷区	蒙、新、甘、陕、宁、藏	高羊茅、冰草、小冠花、无芒雀麦、白颖苔草、百脉根	野牛草、结缕草、早熟禾、小糠草、黑麦草、沙生冰草、苜蓿、沙打旺
华北冷暖区	京、津、晋、冀、鲁、豫	结缕草、野牛草、羊茅、黑麦草、老芒麦、白颖苔草、三叶草、异穗苔草	无芒雀麦、冰草、早熟禾、小冠花、小糠草、香根草
华中暖温区	苏、鄂、皖、湘、浙北	假俭草、结缕草、狗牙根、高羊茅、地毯草、百苜草、香根草	三叶草、黑麦草、小糠草、画眉草

续表 17-2

分 区	地 域	适宜性草本植物	选择性草本植物
华东热湿区	皖中南、沪、鲁、苏、浙、赣	狗牙根、假俭草、结缕草、两耳草、雀稗、地毯草、百首草、白三叶、苜蓿、多花木兰、香根草	剪股颖、马蹄筋、野牛草、黑麦草
华南热湿区	闽、桂、粤、台	狗牙根、假俭草、地毯草、竹节草、马尼拉、天鹅绒、百喜草、香根草	高羊茅、黑麦草、马蹄筋、三叶草、画眉草、百慕大草
西南温湿区	云、贵、川、渝	狗牙根、假俭草、黑麦草、紫羊茅、三叶草、雀稗、香根草	结缕草、竹节草、早熟禾、狗尾草、小糠草、高羊茅
特殊地区	盐渍土、海涂	结缕草、高羊茅、沙打旺、苜蓿	黑麦草、狗牙根、早熟禾、狗尾草、竹节草、雀稗

17.3.1.2 铺草皮

（1）采用铺草皮进行一般土质边坡及全风化岩石、强风化的软质岩块边坡防护时，边坡坡率不应陡于1∶1，且边坡高度不宜过高，一般不超过8m。

（2）草皮的草种应根据当地气候、土壤条件和草种的适应性，按表17-2因地制宜地选用。切取的草皮规格宜大小一致，厚薄均匀，不松不散，便于搬运。草皮宜为人工草皮，如为天然草皮则应符合有关环保要求。草皮铺种施工应自下向上顺铺。挖方边坡应铺过边坡顶部不少于1.0m，草皮端部应嵌入地面。

（3）铺草皮一般应在春季或初夏进行，气候干燥地区则应在雨季进行。草皮铺种后应立即浇灌，加强保护和管理。草皮应与坡面密贴，块与块之间留有一定间隔。草皮宜用竹（木）钉与坡面固定。

17.3.1.3 种植灌木

（1）采用种植灌木进行一般土质边坡及全风化岩石边坡防护时，边坡坡率不宜陡于1∶1.5，且边坡高度不宜过高，一般不超过10m。对经常浸水、盐渍土及经常干涸的边坡不宜采用。

（2）树种应选用适合当地气候和土壤条件，根系发达、枝叶茂盛并能迅速生长的低矮灌木，常用的灌木树种有紫穗槐、夹竹桃、黄荆、野蔷薇、山楂等。

（3）灌木的分布形式有梅花型、斜列型、斜线型和方格型四种，其防护效果以梅花型最佳，斜列型次之。在选用斜线型和方格型时，带间应种草防护。

（4）一般栽灌木的坑深为0.25m，直径0.2m。应在当地植树季节栽种。

17.3.1.4 客土植生

（1）客土植生是对各种表层土质不宜于植物生长的边坡进行植物防护的一种方法，即采取在边坡坡面上铺设或置换一定厚度适宜植物生长的土壤（或混合料）作为种植土（客土），然后植草的方法。其边坡坡率不应陡于1∶1，且边坡高度不宜过高，一般不超过8m。

（2）种植土（客土）应尽量破碎均匀，最大粒径应小于30mm。种植土（客土）应含有植物生长必需的平衡养分和矿物元素，且应具有保水、保温和便于养护等性能。客土作为类似表土的表层结构，是植物生长的基础，且对维持自然生态起到举足轻重的作用，其所需主要材料的要求如下：

1）以天然有机质土壤改良材料为主体，混入含有各种对植物生长有效的有机质和无机质材料。

2）采用高分子聚合物及天然植物加工而成黏结剂，使客土混合料相互紧密连接形成一定厚度的客土层，并与坡面表面黏结在一起，形成良好的团粒结构。

3）采用高效化学合成肥料及缓效肥料，提供植物生长不同时期所需营养。

（3）种植土（客土）厚度应视边坡岩土质、高度、坡率及草种等条件确定，一般不宜小于5cm。铺设或置换的种植土（客土）应与边坡坡面密贴连接，必要时应采取措施增加坡面的粗糙度，保证种植土（客土）的稳定而不滑动。

（4）草种的选择及播种要求参见撒种草籽（植草）或喷播植草防护设计。

17.3.1.5 喷混植生

（1）喷混植生是对各种表层土质不适于植物生长的边坡进行植物防护的一种方法，即采用专用的喷射机，将拌和均匀的种植基材（植生材料）喷射到坡面上，植物依靠“基材”生长发育，形成坡面植物防护。其边坡坡率不陡于1∶0.75，且边坡高度不宜过高，一般不超过10m。

（2）种植基材（植生材料）应视边坡岩土性质、高度、坡率及不同的气候条件配置。可由绿化基材、混合草种、种植土、肥料、团粒剂、稳定剂、保水剂和水等组成；或由混合草种、种植土、肥料、黏结剂、pH缓解剂和水等组成。种植基材应满足下列要求：

1）应具有适宜植物生长的三相分布结构、良好的透气性、团粒化度和酸碱度，即固、液、气三相体积比大致为1∶(0.5~2)∶1，团粒化度不小于60%，pH值在5.5~7.5之间，有机质含量不小于40%。

2）含有植物长期生长必需的平衡养分和矿物元素，其全氮含量不小于0.2%，有效钾含量不小于200mg/kg，有效磷含量不小于200mg/kg，有机质含量不小于400g/kg。

3）能保持植物所需水分的供给和较好的保水能力：种植基材有效含水量不小于60%，平均气温在22℃，自然风干条件下，种植基材从田间含水量下降至凋萎含水量的时间不小于50d。

4）具有一定的强度和较强的抗暴雨侵蚀能力，要求在田间水量条件下，种植基材快剪试验所测得的 c 不小于20kPa，φ 不小于30°；在喷射施工完成12h后，在雨量为250mm/h，持续降雨时间60min条件下，种植基材累积流失量小于1200g/m^2。草种应按表17-2因地制宜地选用。

（3）种植基材（植生材料）的喷射厚度，应根据所加固边坡的岩床状况、降水量及边坡坡率等综合确定，一般为8~10cm。

17.3.2 土工合成材料与植草复合防护

对当地雨量较多、边坡土质较差、坡面冲蚀较严重的土质（如膨胀土、粉土、砂类土、碎石类土等）、全风化的硬岩和易风化的软岩块边坡（粗粒花岗岩、砂砾岩、粉砂岩、泥质岩类等）或边坡较高的一般土质边坡和全风化的岩质边坡，土工合成材料与植草或栽植灌木相结合的防护措施是一种较有效的复合防护形式，它可加强边坡的抗冲蚀能力，保证边坡的长期稳定。土工合成材可采用土工网、土工网垫、立体植被网、无纺土工布、土工格栅等。

17.3.2.1 土工网（垫）植草护坡

（1）土工网（垫）植草护坡（见图17-1）是通过土工网（垫）的固土作用，提高坡面表土抗冲蚀能力并利于草种生长的植物防护形式。其边坡坡率不陡于1∶1，边坡高度一般大于8m，边坡土质较差或易被冲刷时可低至4m。

（2）草种应按表17-2因地制宜地选用。

（3）土工网（垫）顺坡面铺设，搭接宽度：土工网不小于0.1m，土工网垫不小于0.02m，搭接部分每隔1m左右采用不短于0.15m竹钉垂直坡面固定土工网（垫）。

（4）用于路堤边坡防护时，土工网（垫）伸入护肩不小于0.8m，坡脚处埋入地面以下不小于0.4m，坡脚有脚墙时应埋入脚墙内侧宽0.6m范围内，深度不小于0.4m。用于路堑边坡防护时，在堑顶外0.1m设三角形封闭槽，槽深0.4m，土工网（垫）埋入封闭槽底，封闭槽内用M7.5水泥砂浆砌片石回填或夯填土，坡脚处埋入侧沟平台以下不小于0.4m（图17-1）。

（5）土工网（垫）的基本性能应满足下列要求：1）土工网（垫）水土保持能力系数不小于5；2）土工网（垫）30min时回弹恢复率不低于80%。

（6）植草可采用撒播或喷播的方式进行，草籽播种宜选择在雨季前3~4个月进行，确保草有一定的生长时间。

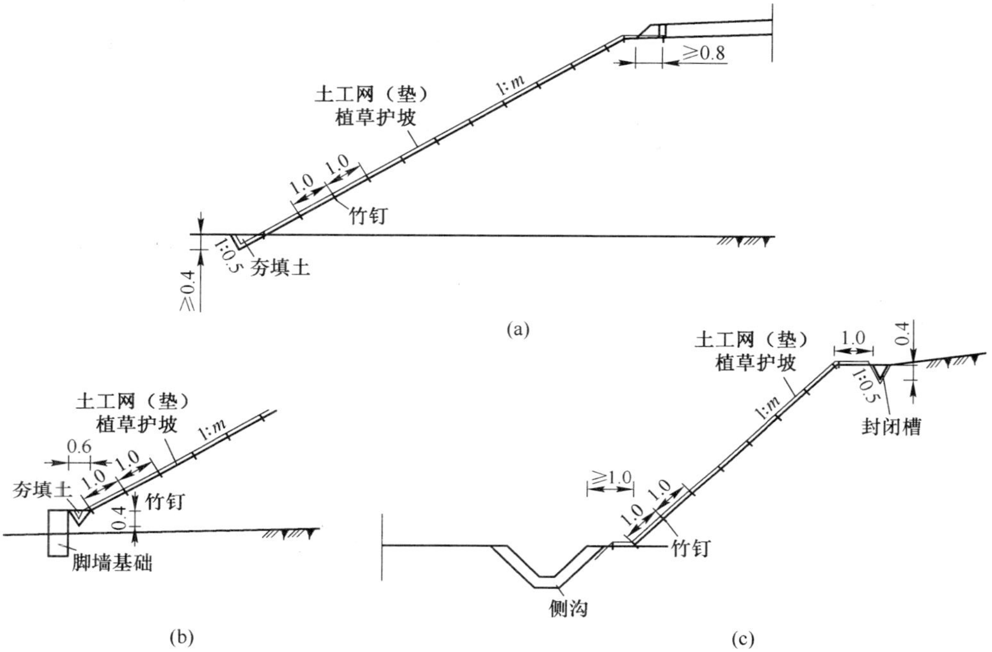

图 17-1 土工网（垫）植草护坡样图（单位：cm）
（a）路堤横断面图；（b）脚墙基础图；（c）路堑横断面图

17.3.2.2 土工网（垫）与含草籽无纺布植草护坡

（1）土工网（垫）与含草籽无纺布复合植草护坡是通过土工网（垫）的固土作用、无纺布在植被长成之前的防冲刷作用，避免坡面表土流失并利于草种生长的植物防护形式。其边坡坡率不陡于 1∶1，边坡高度一般大于 8m。

（2）草种应按表 17-2 因地制宜地选用。

（3）无纺布与坡面密贴，上覆土工网，土工网顺坡面铺设，搭接宽度不小于 0. 1m，搭接部分每隔 1m 左右采用不短于 0. 3m 木桩或 U 形钉固定。横向搭接亦按此法。

（4）用于路堤或路堑边坡防护时，在护肩或堑顶及路基坡脚处的处理与土工网（垫）植草护坡相同。

（5）土工网（垫）的基本性能应满足下列要求：1）土工网（垫）水土保持能力系数不小于 5；2）土工网（垫）30min 时回弹恢复率不低于 80%。

17.3.2.3 边坡土工格栅加筋与坡面植草护坡

（1）边坡土工格栅加筋与坡面植草复合防护利用分层铺设的土工格栅与填

土间的摩阻力，增强路堤边坡的稳定性，防止坡面溜坍和冲沟的发生，是对边坡较高且填料性质较差的各种土质或易风化的软岩块路堤边坡的较好的植物防护形式。其边坡坡率不陡于1：1.5。其中边坡高度小于10m时，坡面可采用一般植草防护，当边坡高度大于或等于10m时，可用土工网、土工网垫与植草结合防护或在适当位置设边坡平台，平台宽不小于1.0m。

（2）草种应按表17-1因地制宜地选用。

（3）根据填料性质和当地气候条件等确定铺设土工格栅的宽度和层距。土工格栅的最小铺设宽度不应小于2.5m，每层土工格栅的间距，不宜小于一层填土的最小厚度，亦不宜大于1.0m，如图17-2所示。

（4）应采用双向土工格栅，其容许抗拉强度应大于或等于25kN/m。

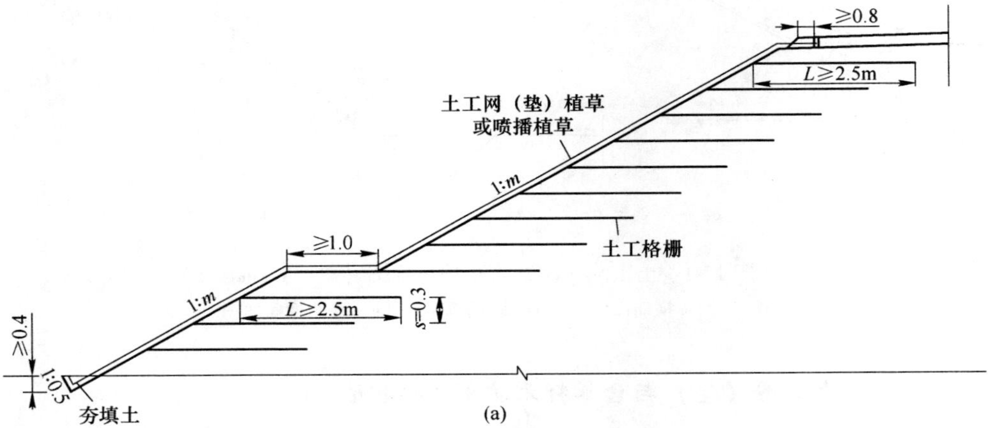

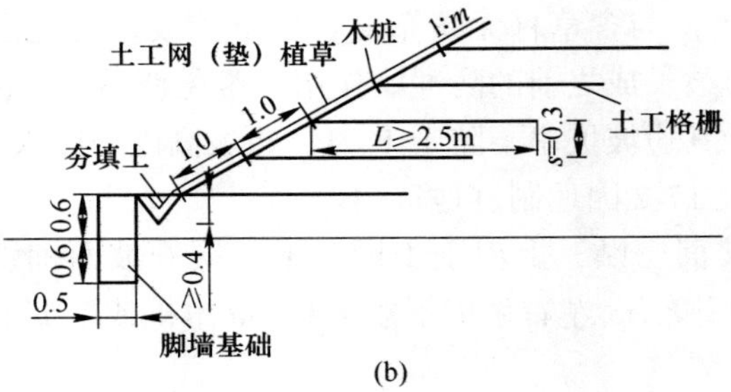

图17-2 边坡内铺设土工格栅植草护坡样图（单位：m）

（a）路堤横断面图；（b）脚墙图

17.3.3 空心砖内植草护坡

（1）空心砖内植草护坡的效果与骨架内植草护坡相近，其边坡坡率不陡于1：1，边坡高度一般不大于12m。空心砖的材料类型可根据当地建筑材料来源等情况选择采用混凝土或固化剂黏土砖成型件。砂石料缺乏地区，一般采用固化剂成型件形式。草种应按表 17-2 因地制宜地选用。

（2）结构及材料要求：

1）空心砖一般做成六棱形，其尺寸根据当地的雨量大小和边坡抗冲蚀能力及抗风化能力确定。

2）空心砖强度不得低于 C10 混凝土。一般可采用水泥、粗砂、细砂和水配制，也可采用其他材料，如土壤固化剂、土、石屑、工业废渣等配制。

3）采用空心砖护坡时，边坡坡脚用 M7.5 水泥砂浆砌片石或干砌片石加固。砖的空心部分用土回填，坡面撒播种草或喷播植草防护。如图 17-3 所示。

4）对于边坡较高，或当地雨量多且集中、边坡冲刷较严重，或边坡土质较差时，可采取边坡加筋或在边坡上设带排水槽的浆砌片石或混凝土骨架与空心砖内植草护坡相结合使用。

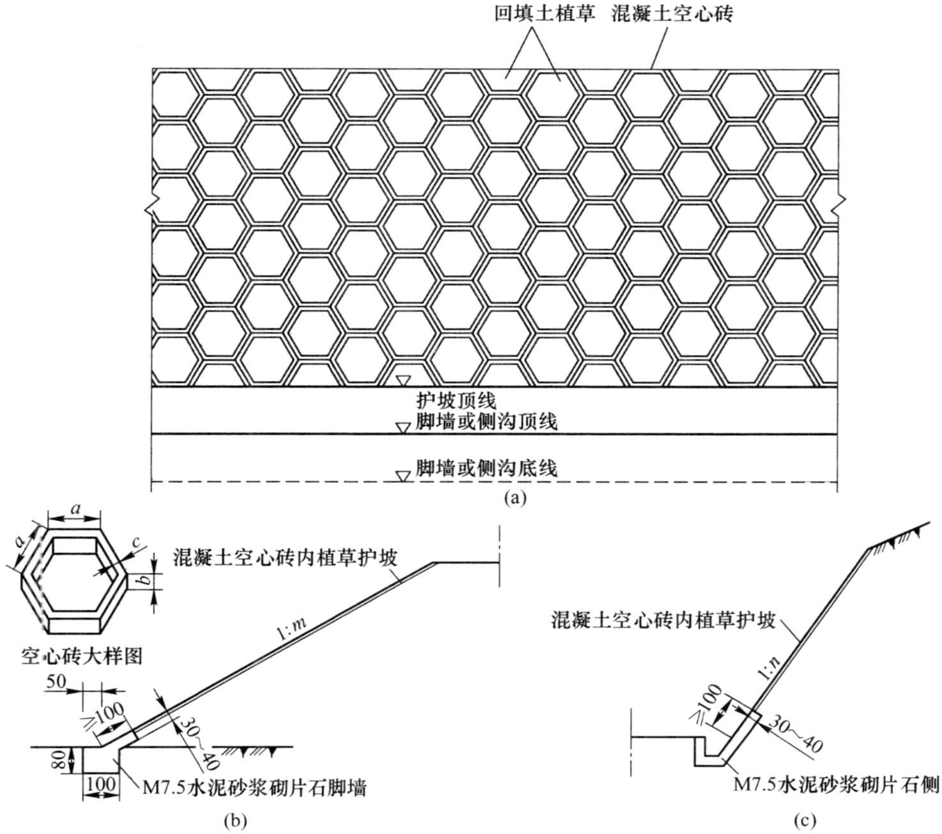

图 17-3　空心砖植草护坡样图（单位：cm）

（a）正视图；（b）路堤横断面图；（c）路堑横断面图

17.3.4 骨架护坡

17.3.4.1 浆砌片石或混凝土骨架护坡

对当地雨量较多、边坡土质较差、坡面冲蚀较严重的土质（如膨胀土、粉土、砂类土等）、全风化的硬岩和易风化的软岩块边坡（粗粒花岗岩、砂砾岩、粉砂岩、泥质岩类等）或边坡较高、坡面比较潮湿、岩性较破碎的一般土质边坡和岩质边坡，采用浆砌片石或混凝土骨架护坡可有效地加强边坡的抗冲蚀、防风化能力，保证边坡的长期稳定。

根据边坡的岩土质状况、边坡高度及坡率、水文地质特征等条件，骨架内可采用植草、空心砖内植草或客土植生、喷混植生、干砌片石、喷浆或喷混凝土等防护措施。宜于草皮生长和铺填5~10cm厚黏性土（客土）后草皮能很好生长的砂类土、碎石类土等土质贫瘠的边坡，骨架内宜采用植草或客土植生；当地雨量多且集中，冲刷严重，宜采用带排水槽的骨架内植草或空心砖内植草；边坡经常有少量地下水渗出或比较潮湿，含水量较大，易发生溜坍或比较严重的坡面冲刷，当地有较丰富的石料来源，骨架内可采用干砌片石；易风化的强风化~弱风化的岩石路堑边坡，不宜于植物生长且岩体切割破碎，地下水不发育，坡面较干燥，骨架内宜采用客土植生、喷混植生、干砌片石、喷浆或喷混凝土等防护。下面主要介绍浆砌片石骨架内植草护坡的设计，其他类型可按本章相关部分内容并参照本小节进行设计。

（1）骨架内植草护坡的边坡坡率不陡于1∶1，单级边坡高度不宜大于15m，否则宜设置边坡平台，宽不小于2m。

（2）草种应按表17-2因地制宜地选用。

（3）结构及材料要求：

1）骨架应嵌入坡面一定深度，其表面应与草皮表面平顺。在雨量大且集中的地区，骨架可做成截水形式，以分流排除地表水。

2）浆砌片石骨架一般采用拱形、人字形、方格形几种形式。骨架及其顶部和两侧0.5m及底部1.0m范围内镶边加固均应用M7.5水泥砂浆砌片石砌筑。

3）人字形骨架和拱形骨架均由主骨架和支骨架组成。拱形骨架的主骨架与边坡水平线垂直，间距为4~6m，支骨架呈弧形，垂直线路方向的间距为4~6m，如图17-4所示。人字形骨架的主骨架与边坡水平线垂直，间距为6~8m，支骨架与主骨架成45°角，按人字形铺设，垂直线路方向的间距为3~5m，如图17-5所示。方格形骨架与边坡水平线成45°角，左右相互垂直铺设，方格间距3~5m，见图17-6。

方格形截水骨架如图17-6所示。

（4）为便利养护，应在适当位置设阶梯形踏步。

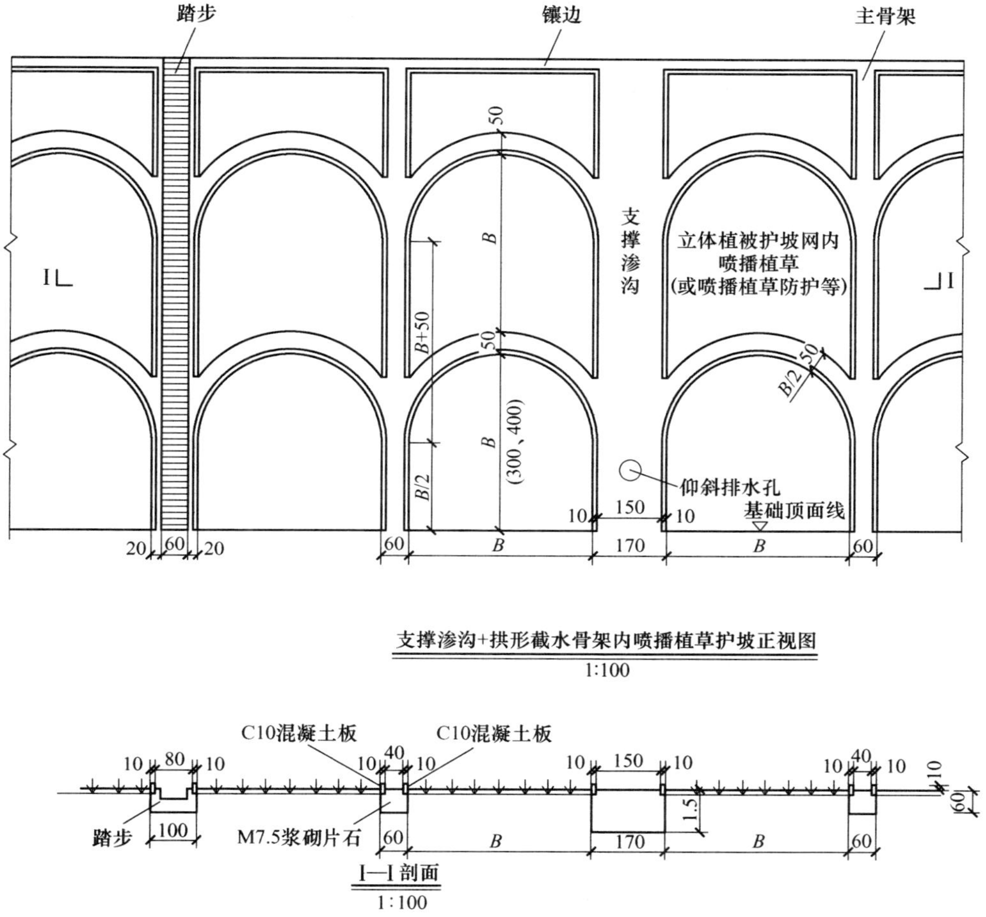

图 17-4　拱形骨架植草护坡样图

17.3.4.2　卵石方格护坡

（1）在有丰富卵石来源的地区，对土质路基的边坡冲刷防护或沙漠路基的风蚀防护，可采用卵石方格护坡，边坡坡率不陡于 1∶1.5。

（2）结构及材料要求：

1）卵石方格应相互垂直，并与水平线成 45°，栽砌卵石应使其长轴与坡面垂直，入土深度不得小于卵石长度的一半。

2）一般土质路基卵石方格防护四周应栽砌卵石加固，风蚀沙漠路堑堑顶，路堤坡脚应平铺 1.5m 宽卵石加固（见图 17-7）。

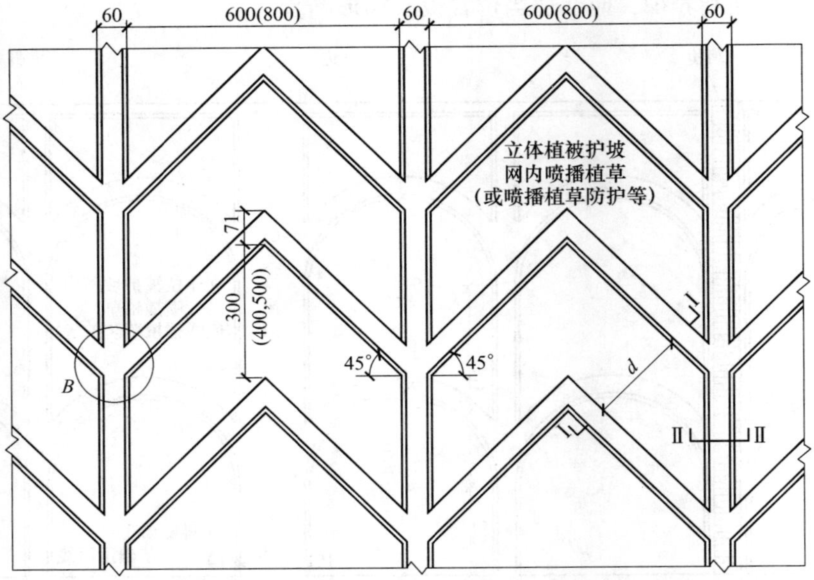

人字形截水骨架内植草护坡正视图

1∶100

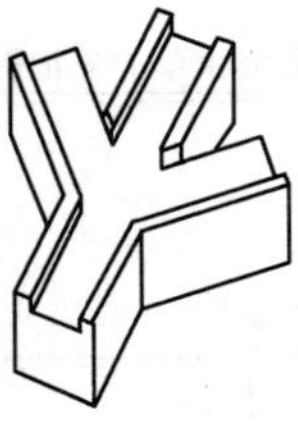

节点B轴侧投影图

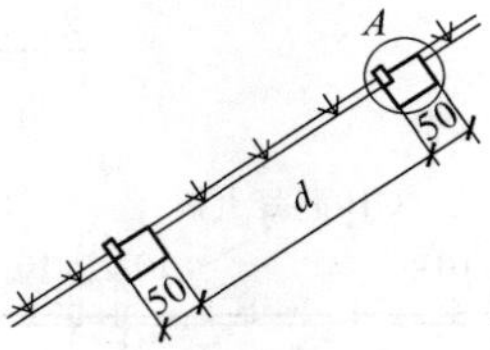

I—I 剖面图

1∶100

图 17-5　人字形骨架植草护坡样图

17.3.4.3　锚杆框架梁植草护坡

（1）对高度较大的土质路堑边坡和堑坡中无不良结构面，但岩性破碎或软硬互层的岩石路堑边坡，采用锚杆框架梁护坡可有效地增强边坡的整体稳定性。框架内的喷混植生、客土植草等绿色防护，更可以加强边坡的抗冲蚀和抗风化的能力，保证边坡的长期稳定。

（2）锚杆框架梁护坡的设计如图 17-8 所示，图中锚杆与水平面的夹角为 15°~20°。边坡坡率不陡于岩土稳定边坡坡率，且不陡于 1∶0.75。

（3）锚杆采用非预应力的全长砂浆粘结型锚杆，其间距、长度应根据边坡地质情况确定。一般锚杆长可采用 6m、8m 两种，锚杆孔直径 70mm，锚杆用 2

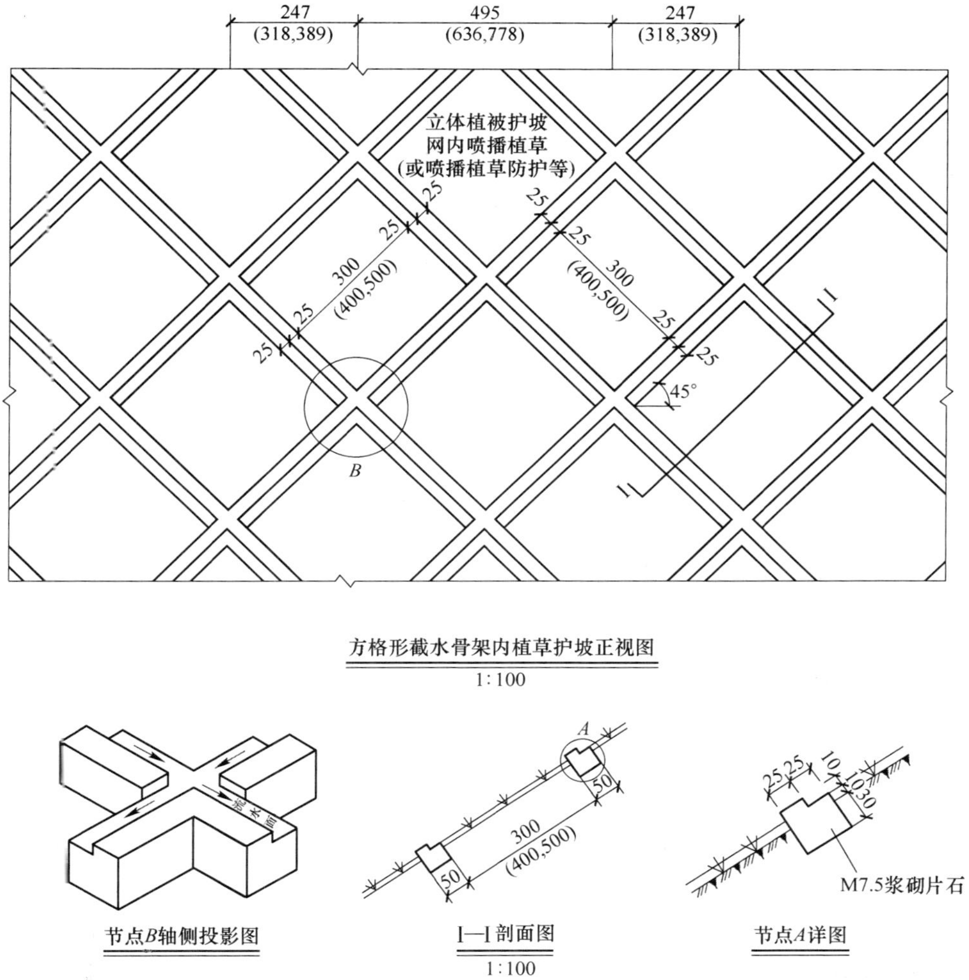

图 17-6　方格形骨架植草护坡样图

根 HRB335 级 ϕ20 或 ϕ25 钢筋点焊并联制作，杆身每隔 1.5m 设 ϕ12mm 钢筋的对中支架一个，锚杆外露弯折 10cm，用厚 0.05m 的 C20 混凝土封闭。

（4）非结构受力钢筋混凝土框架梁采用构造配筋，锚杆亦非结构受力类型，为加强边坡及框架稳定性而设。框架梁采用 C20 钢筋混凝土构成，其尺寸大小由地层情况及边坡高度确定。

（5）锚杆孔内注浆为一次注浆，采用孔底返浆法施工。灌注 M30 水泥砂浆，使用 Po42.5 级普通硅酸盐水泥。

（6）框架梁埋深不小于 0.1m，外露 0.2m。框架内根据边坡地质情况采用喷混植生、客土植草等防护。

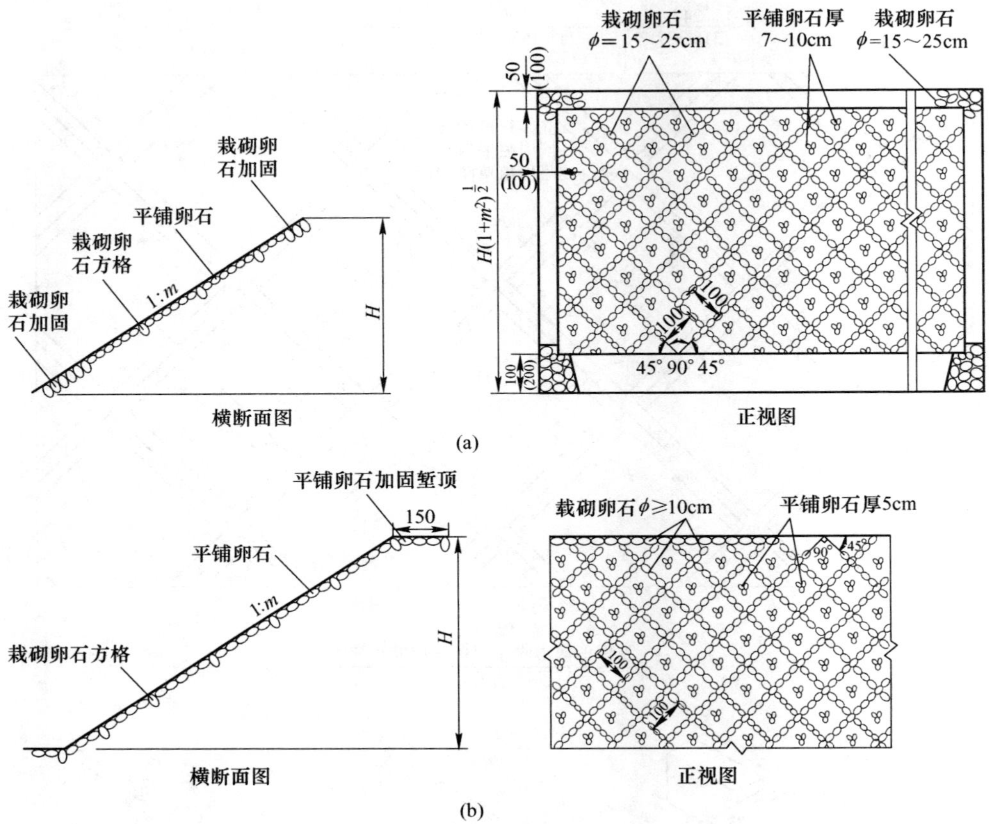

图 17-7 卵石方格护坡样图（单位：cm）

（a）一般土质路基；（b）风蚀沙漠路堑

17.3.5 喷护

17.3.5.1 喷浆及喷射混凝土

（1）对易风化，但风化程度尚未达到强风化的岩石路堑边坡，采用喷浆及喷射混凝土护坡时，边坡坡率不陡于 1：0.5。

（2）结构及材料要求：

1）喷浆护坡根据设备及施工条件可分为重力喷射和机械喷射。重力喷射的灰浆桶要高出喷浆点 15m 以上，桶底端接胶管和喷枪相接，借助位能喷射砂浆。喷射混凝土护坡采用机械喷射。

2）喷浆厚度不少于 5cm，喷混凝土厚度不少于 8cm，沿边坡纵向间隔 5～10m 设伸缩缝一道，缝宽 2cm，里面填塞沥青木条。视坡面的潮湿程度，沿上下

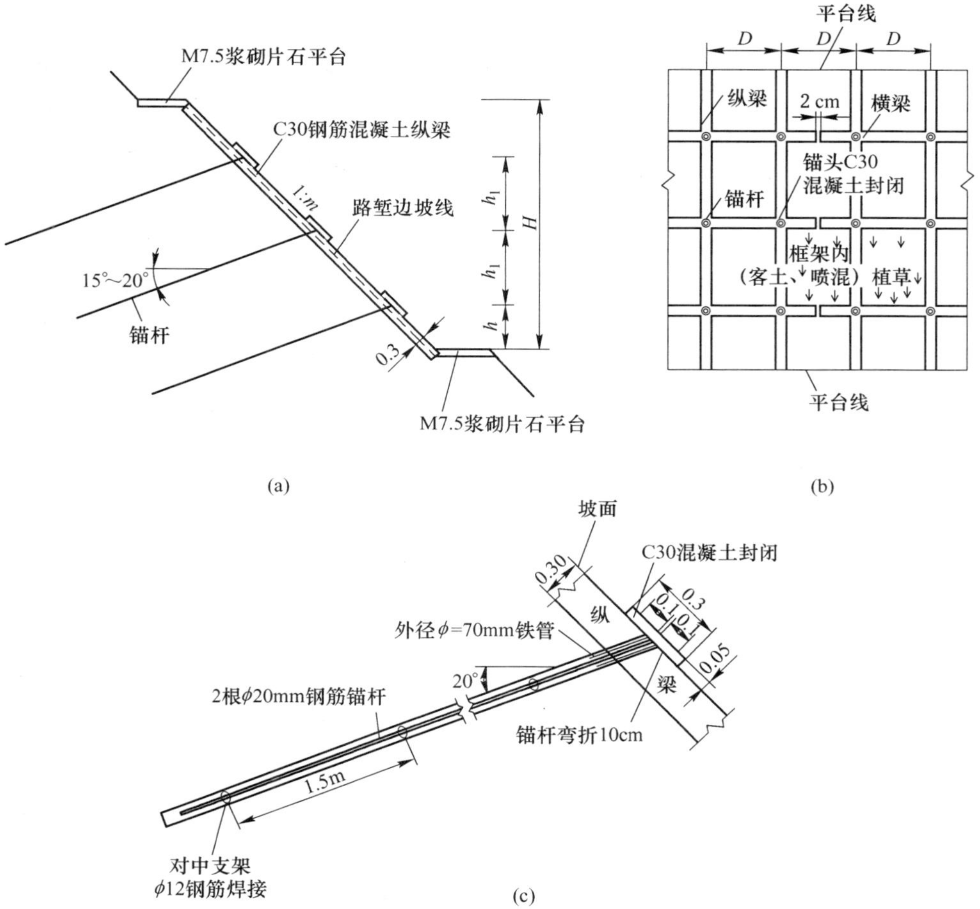

图 17-8　锚杆框架梁护坡样图（单位：cm）
（a）横断面图；（b）锚杆框架正视图；（c）锚杆结构详图

左右间隔 2~5m 设泄水孔一个。

3）喷浆或喷射混凝土防护的四周与未防护坡面衔接处应严格封闭，其措施为：

顶部作深宽均为 20cm 的小型截水沟，沟底及沟帮用 1∶4 水泥砂浆抹面，抹面厚为 10cm，亦可凿槽嵌入坡面内，嵌入深度不得小于 10cm，且要和相衔接坡面平顺。两侧凿槽嵌入坡面内，嵌入深度不小于 10cm（见图 17-9）。

4）坡脚岩石风化较严重时应作高 1~2m、顶宽 0.4m 的浆砌片石护裙。

5）材料及配合比。

水泥：采用强度等级不低于 32.5 的普通硅酸盐水泥。

石灰：采用新出窑烧透的块灰，不宜采用欠火及过火的石灰。

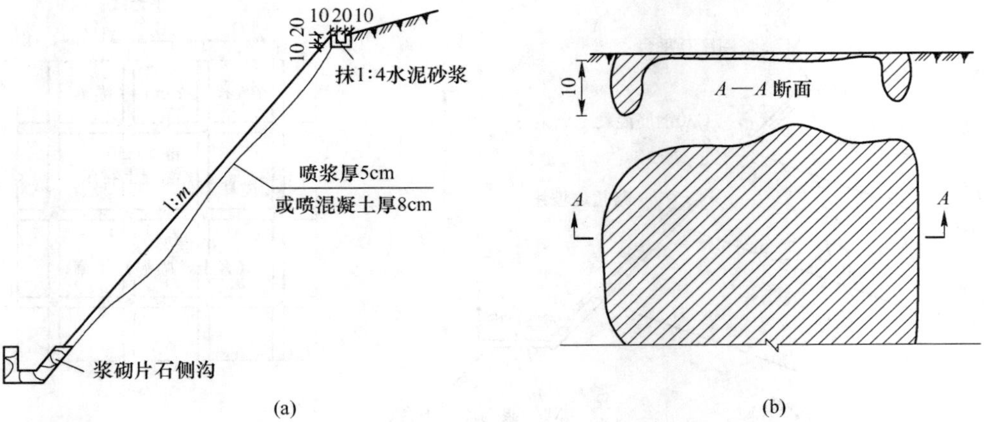

图 17-9 喷浆（或喷射混凝土）护坡样图（单位：cm）

（a）横断面图；（b）两端嵌入示意图

砂子：重力喷浆采用纯净的细砂，粒径为 0.1~0.25mm；机械喷浆和喷射混凝土采用纯净的中砂，粒径为 0.25~0.5mm，含土量不得超过 5%，含水率以 4%~6%为宜。

混凝土骨料：采用纯净的砾石，最大粒径不得大于 25mm，大于 15mm 的颗粒应控制在 20%以下，片状及针状颗粒含量按重量计不得超过 15%。

速凝剂：速凝剂掺入量应根据试验确定，一般为水泥重量的 2%~5%。

混合料配合比应根据试验确定。

6）材料用量参见表 17-3。

表 17-3 每平方米材料预算用量

砂浆种类	材料用量						厚度 /cm	备 注
	水泥 /kg	生石灰 /kg	石子 /m^3	砂 /m^3	速凝剂 /kg	水 /kg		
水泥砂浆	20.0	—	—	0.05	0.60	—	5	用水量不包括洗边坡及石灰膏中的水
水泥石灰砂浆	10.5	10.5	—	0.045	—	20.25	5	
混凝土	39.2	—	0.048	0.048	1.41	77.6	8	

17.3.5.2 喷掺砂水泥土

（1）对易受冲刷的土质路堑边坡，采用喷掺砂水泥土护坡时，边坡坡率不陡于 1∶0.75。

（2）结构与材料要求：

1）边坡喷掺砂水泥土厚度 6~10cm，沿边坡纵向间隔 5~10m 设伸缩缝一道，缝宽 2cm，里面填塞沥青木条。视坡面的潮湿程度，沿上下左右间隔 2~5m 设泄水孔一个。

2）喷掺砂水泥土防护的四周与未防护坡面衔接处应严格封闭。

3）材料及配合比。材料为水泥、砂、黏性土，参见“喷浆及喷射混凝土”材料要求。混合料配合比应根据试验确定。

17.3.5.3 喷射钢纤维混凝土

（1）对易于风化，但风化程度尚未达到强风化的岩石边坡，当其地下水不发育、坡面较干燥时，可采用喷射钢纤维混凝土护坡，其边坡坡率和高度可不受限制。

（2）结构与材料要求：

1）钢纤维混凝土是在普通混凝土中均匀拌入钢纤维以提高混凝土的抗拉强度、抗弯强度及抗压强度。

2）边坡喷射钢纤维混凝土厚度不小于 6cm，在钢纤维混凝土表面再喷一层 1cm 厚的水泥砂浆，防止钢纤维外露产生锈蚀。视边坡表层稳定情况，坡面加设短锚杆，一般每平方米设一根锚杆，锚杆采用 ϕ16mm Ⅰ 级钢筋，长 1.0m，按正方形或梅花形布置。

3）沿边坡纵向间隔 5~10m 设伸缩缝一道，缝宽 2cm，用沥青木条填塞。视坡面的潮湿程度，沿上下左右间隔 2~5m 设一个泄水孔。

4）喷射钢纤维混凝土防护的周边与未防护坡面衔接处应严格封闭，可采用与喷浆及喷射混凝土护坡相同的措施处理（见图 17-10）。坡脚岩石风化较严重时应作高 1~2m、顶宽 0.4m 的浆砌片石护裙加固。

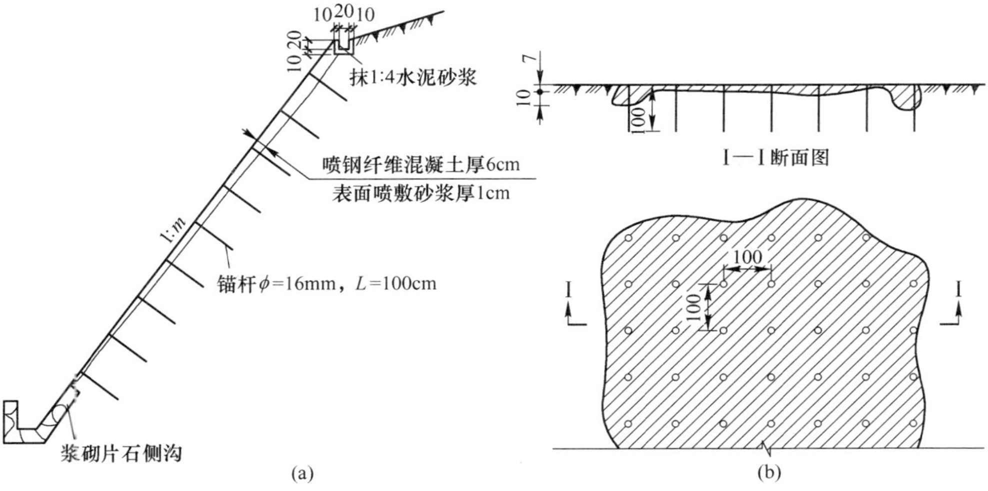

图 17-10 喷射钢纤维混凝土护坡（单位：cm）

（a）横断面图；（b）两端嵌入示意图

5）材料和配合比。

水泥：采用强度等级不低于 32.5 的普通硅酸盐水泥。

砂：采用纯净的中粗砂，粒径为 0.25~0.5mm，含土量不得超过 5%。

粗骨料：采用纯净的卵石或碎石，最大粒径不得大于 15mm。

钢纤维：每立方混凝土掺入量 70~90kg，直径 0.4~0.5mm，长 20~25mm，长径比 40~60。

速凝剂：速凝剂掺入量应根据试验确定，一般为水泥重量的 2%~5%。

混合料配合比应通过试验确定。

6）材料用量参见表 17-4。

表 17-4 每平方米材料预算用量

<table>
<tr><th rowspan="2">砂浆种类</th><th colspan="6">材料用量</th><th rowspan="2">厚度/cm</th><th rowspan="2">备 注</th></tr>
<tr><th>水泥/kg</th><th>砂/m³</th><th>碎石/m³</th><th>速凝剂/kg</th><th>钢纤维/kg</th><th>水/kg</th></tr>
<tr><td>钢纤维混凝土</td><td>29.3</td><td>0.04</td><td>0.04</td><td>0.59~1.47</td><td>4.8</td><td>58.2</td><td>6</td><td rowspan="3">用水量不含洗边坡用水</td></tr>
<tr><td>水泥砂浆</td><td>4.0</td><td>0.01</td><td>—</td><td>0.08~0.2</td><td>—</td><td>—</td><td>1</td></tr>
<tr><td colspan="8">锚杆：$L=1.0$m，$\phi=16$mm，1 根/m²</td></tr>
</table>

17.3.6 挂网喷护

17.3.6.1 挂网喷浆或喷射混凝土

（1）对风化破碎、节理裂隙较发育或较高陡的岩石路堑边坡，采用挂网喷浆或喷射混凝土护坡，可加强边坡的稳定性。其边坡坡率不陡于 1∶0.5。

（2）结构及材料要求：

1）挂网可为预制铁丝网、机编铁丝网或土工格栅，采用锚杆将网固定在边坡上。根据边坡岩石性质和风化程度确定挂网类型和锚固深度。铁丝网间距一般为 20~25cm，采用土工格栅时网孔孔径不得小于 4cm。锚杆锚固深度为 1~2m，一般每平方米设一根锚杆，采用预制铁丝网时可在每个预制铁丝网框架上布置一根。对岩层较破碎地段须加设随机锚杆，锚杆锚固深度不小于 2m，如图 17-11 所示。

2）喷浆厚度不小于 5cm（当采用土工格栅时喷浆厚度不小于 8cm），分 2~3 次喷射，喷混凝土厚度不小于 8cm。沿边坡纵向间隔 10~15m 设伸缩缝一道（采用预制铁丝网时，沿框条延伸方向每隔 10~12.5m 设伸缩缝一道），缝宽 2cm，里面填塞沥青木条。视坡面的潮湿程度，沿上下左右间隔 2~5m 设一个泄水孔。

3）防护工程的周边与未防护坡面衔接处，应严格封闭。采用预制铁丝网时，封闭措施同喷浆或喷射混凝土护坡。采用机编铁丝网或土工格栅时，坡面上两侧边缘可采用锚固深度 0.5m、锚杆间距 0.5m 的封闭锚杆封闭，堑坡顶可采用厚 0.3m 的 M7.5 水泥砂浆砌片石平台封闭。坡脚岩石风化较严重时，应作高 1~2m、顶宽 0.4m 的浆砌片石护裙。

4）材料及配合比：

锚杆：采用 ϕ16~20mm 钢筋。

预制铁丝网：框条采用 ϕ6mm 钢筋，铁丝网采用直径不小于 ϕ2mm 的普通镀锌铁丝，绑扎铁丝采用 ϕ0.5~1mm 的普通铁丝，机编铁丝网采用直径不小于 ϕ2.5mm 的普通镀锌铁丝。

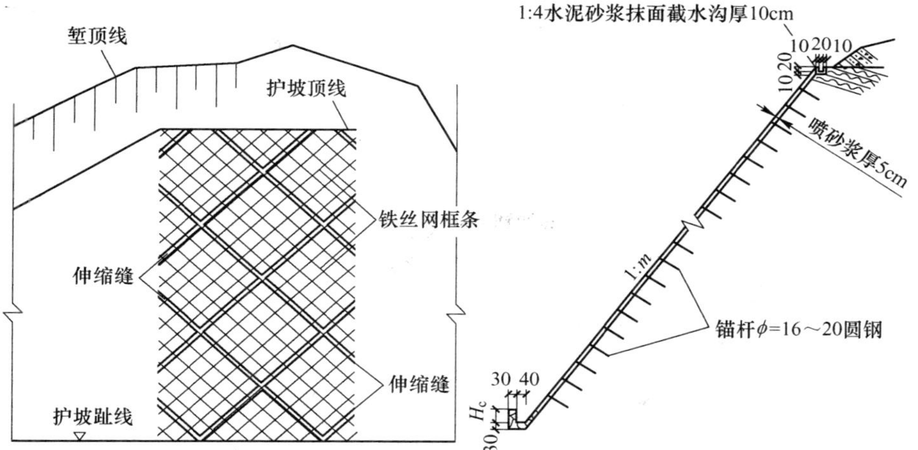

正视图　　横断面图

(a)

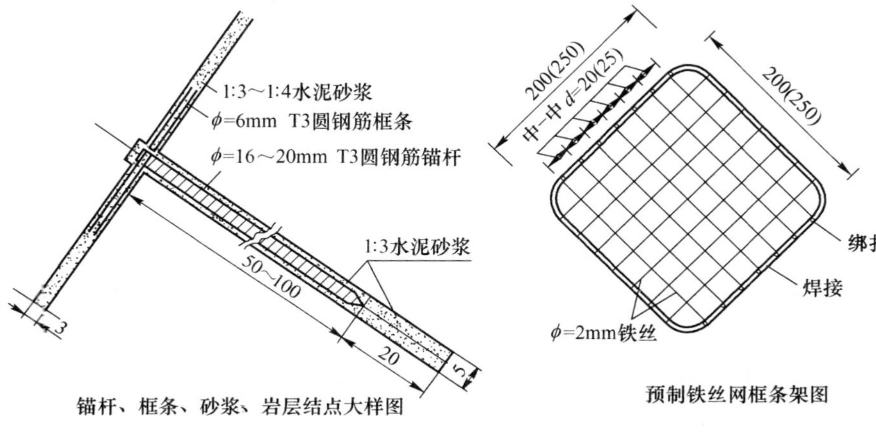

锚杆、框条、砂浆、岩层结点大样图　　预制铁丝网框条架图

(b)

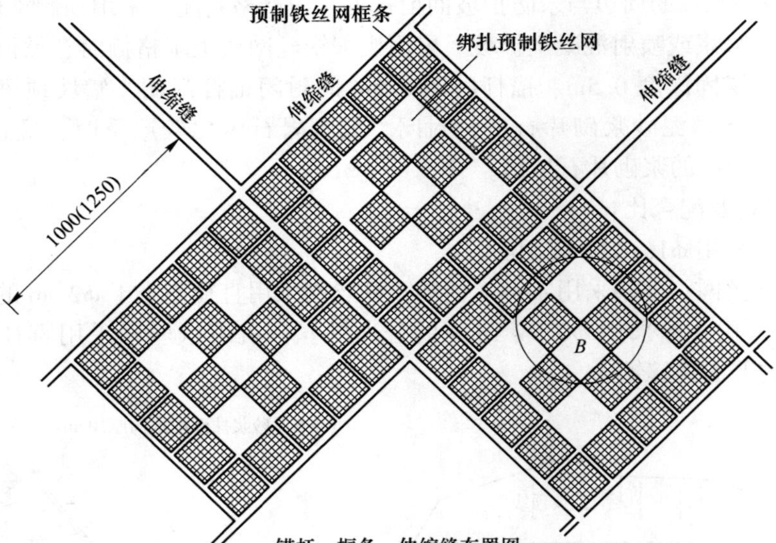

(c)

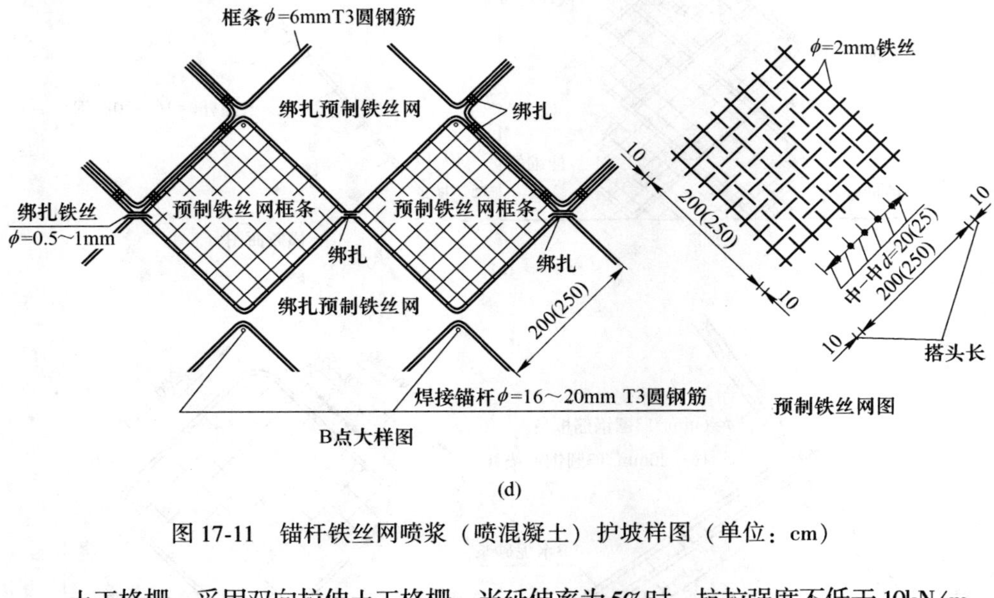

(d)

图 17-11　锚杆铁丝网喷浆（喷混凝土）护坡样图（单位：cm）

土工格栅：采用双向拉伸土工格栅，当延伸率为5%时，抗拉强度不低于10kN/m。

水泥砂浆及混凝土所用材料和要求同喷浆或喷射混凝土护坡。

当采用机编铁丝网或土工格栅时，长边应相互搭接并挂在同一根锚杆上，搭接长度不得小于10cm。锚孔内灌注M30水泥砂浆。

5）材料用量参见表17-5。

表 17-5　每平方米材料预算用量表

材　料　项　目			单位	数量	备　注
预制铁丝网	锚杆用 ϕ16~20mm I 级钢筋	框条架尺寸为 200cm×200cm	根	0.125	—
		框条架尺寸为 200cm×250cm	根	0.08	—
	框条架用 ϕ6mm I 级钢筋	框条架尺寸为 200cm×200cm	m	1.59	—
		框条架尺寸为 250cm×250cm	m	1.40	—
	铁丝网用 ϕ2mm 普通镀锌铁丝	网眼孔尺寸为 20cm×20cm	m	9.9	每根预留搭头 20cm
		网眼孔尺寸为 25cm×25cm	m	7.7	
	绑扎用 ϕ0.5~1mm 普通铁丝		m	1.85	—
机编铁丝网	锚杆用 ϕ16~20mm I 级钢筋		根	1	—
	普通镀锌铁丝网（铁丝直径 ϕ2.5mm）		m^2	1.0	未计搭接数量
土工格栅	锚杆用 ϕ16~20mm I 级钢筋		根	1	—
	双向拉伸土工格栅		m^2	1.0	未计搭接数量
砂浆用量	砂浆配合比为 1∶3（体积比）	水泥（强度等级 32.5）	kg	22.67	考虑 13%损耗的计算数量
		砂	m^3	0.057	
		速凝剂	kg	0.67	
	砂浆配合比为 1∶4（体积比）	水泥（强度等级 32.5）	kg	17.00	—
		砂	m^3	0.057	—
		速凝剂	kg	0.50	—
混凝土用量	水泥（强度等级 32.5）		kg	39.2	根据《井巷喷射混凝土支护》表 9-2 介绍实际用量
	砂		m^3	0.048	
	石子		m^3	0.048	
	速凝剂		kg	1.41	

17.3.6.2　挂网喷混植生

喷混植生护坡的前提是边坡稳定。因此，对于软质岩和强风化硬质岩边坡，边坡较高陡或岩体切割较破碎时，需采用锚杆挂网加固以稳定岩床。挂网喷混植生护坡的边坡坡率不陡于 1∶0.5。锚杆和挂网的要求参见挂网喷浆或喷射混凝土护坡；种植基材及草种要求参见喷混植生护坡。挂网喷混植生护坡的断面形式如图 17-12 所示。

17.3.7　砌石防护

17.3.7.1　干砌片石护坡

（1）在盛产石料的地区，对易受表水冲刷的土质路堤边坡和经常有少量地

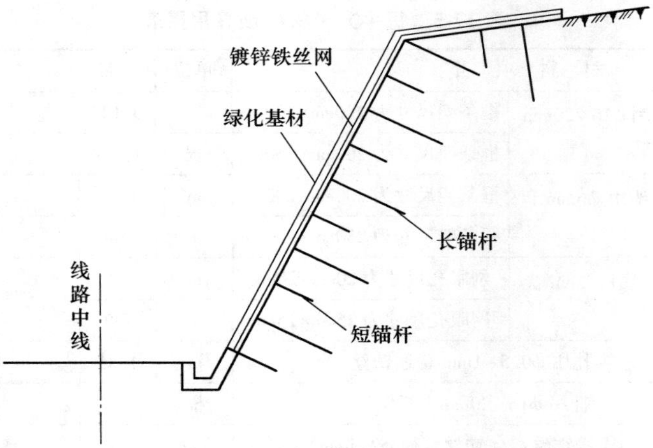

图 17-12 挂网喷混植生护坡断面图

下水渗出的路堑边坡，采用干砌片石护坡可防止边坡溜坍变形并利于排除地下水，保证边坡的稳定。其边坡坡率一般应等于或缓于 1∶1.25。

（2）结构和材料要求：

1）干砌片石护坡厚度不小于 0.3m，并在其下设碎石或砂砾垫层厚不小于 0.1m。基础选用较大石块砌筑，其埋深至侧沟底，基础与侧沟相连时，采用 M7.5 水泥砂浆浆砌（见图 17-13）。

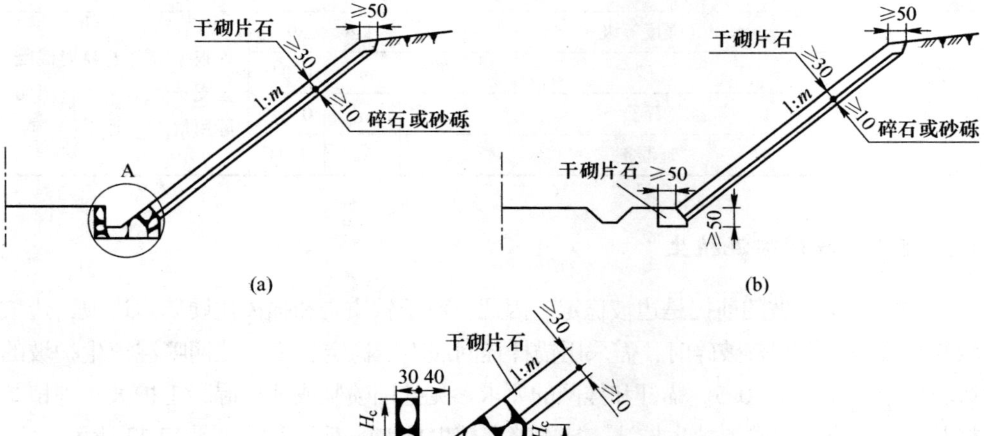

图 17-13 干砌片石护坡样图（单位：cm）

（a）浆砌基础干砌护坡断面图；（b）干砌基础干砌护坡断面图；（c）浆砌侧沟 A 详图

2）砌筑石料的最低强度等级为 MU30。

3）工程数量可参见表 17-6。

表 17-6　工程数量表（每平方米）

项　目	工程数量/m³	备　注
干砌片石护坡	0.3	厚按 30cm 计
碎石或砂砾	0.1	厚按 10cm 计
浆砌侧沟及基础数量另计		

17.3.7.2　浆砌片石护坡

（1）浆砌片石护坡的分类。在有石料来源的地区，对各种易风化的岩石边坡和土质边坡，采用浆砌片石护坡时，边坡坡率应等于或缓于 1∶1。浆砌片石护坡分为等截面护坡和肋式护坡两种。一般采用等截面护坡，肋式护坡是在进行大面积边坡防护时，为增加其自身稳定性而采用，其形式有：

1）表层肋式护坡：适用于岩层破碎，但不易凿槽的岩石边坡（见图17-14）。

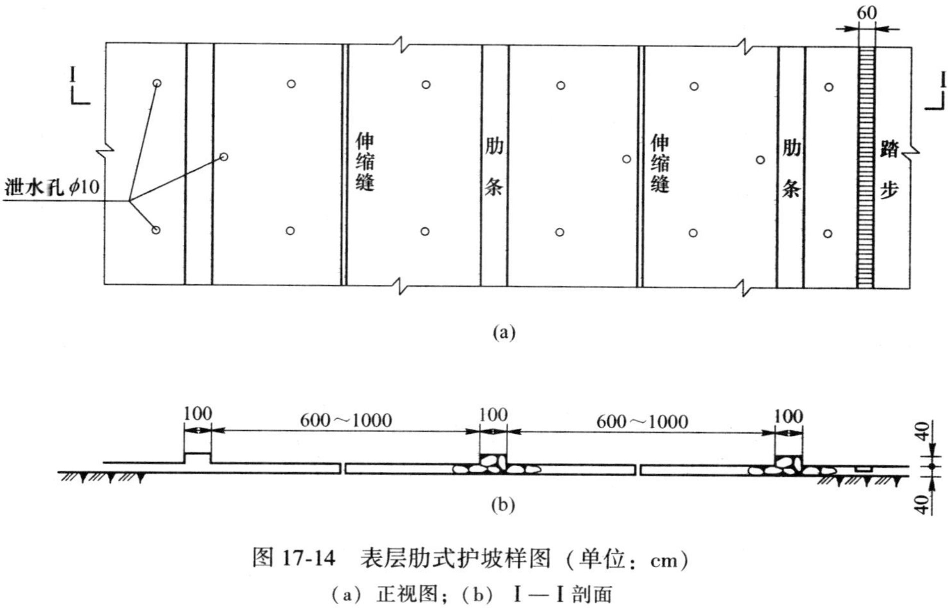

图 17-14　表层肋式护坡样图（单位：cm）

（a）正视图；（b）Ⅰ—Ⅰ剖面

2）里层肋式护坡：多用于大面积的土质边坡和各种易于风化的软质岩层堑坡（见图 17-15）。

3）柱状肋式护坡：用于表层曾发生溜坍，经刷方修整坡面的土质堑坡，其肋柱宽度一般不小于 1.0m，嵌入深度不小于 0.4m（见图 17-16）。

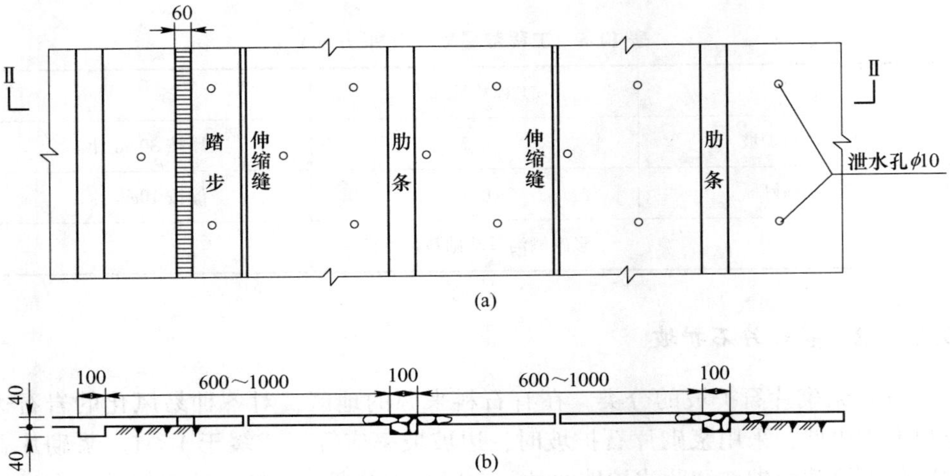

图 17-15　里层肋式护坡样图（单位：cm）
（a）正视图；（b）Ⅱ—Ⅱ剖面

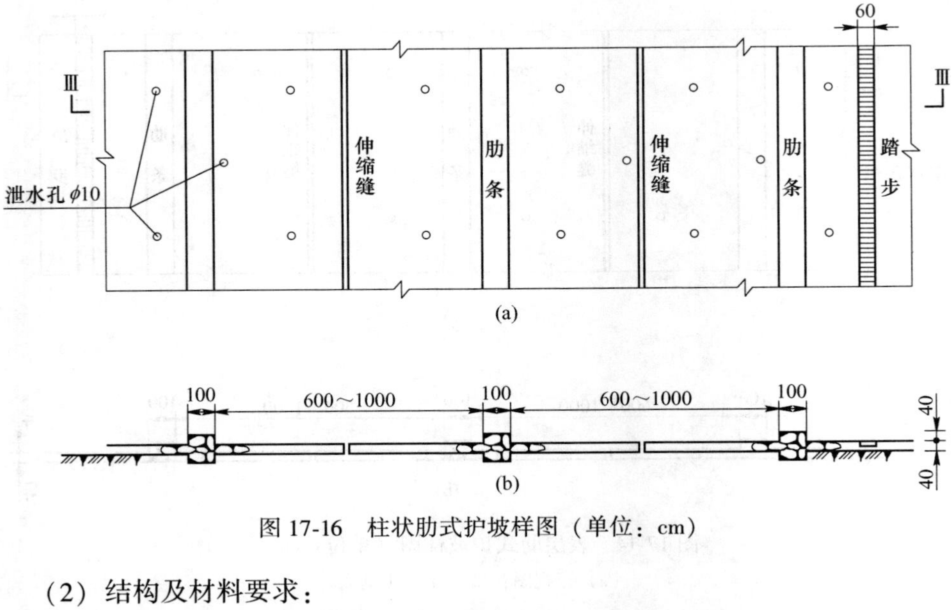

图 17-16　柱状肋式护坡样图（单位：cm）

（2）结构及材料要求：

1）护坡厚度视边坡高度和陡度而异，一般为 0.3～0.4m。边坡过高时应分级设平台，每级高度不宜超过 15m，平台宽度视上级护坡基础的稳固性而定，一般不小于 2.0m。

2）在大面积防护时，应在坡面适当位置设台阶形踏步，以利于养护维修。

3）护坡应采用 M7.5 水泥砂浆砌片石砌筑。石料选用不易风化的岩石，其最低强度等级为 MU30。

4）路堑浆砌片石护坡基础应埋置在路肩线以下不小于 1.0m，并不高于侧沟砌体底面；当地基为冻胀土时，应埋置在冻结深度以下不小于 0.25m。

17.3.7.3 浆砌片石护墙

（1）浆砌片石护墙的分类及适用范围。对各种土质边坡及易风化剥落的岩石边坡，采用浆砌片石护墙时，边坡坡率不应陡于1∶0.5。浆砌片石护墙分为实体护墙、空窗护墙、肋式护墙和拱式护墙，其适用范围分别为：

实体护墙：适用于土质或破碎岩石边坡。

空窗护墙：当边坡坡率等于或缓于 1∶0.75 时，可采用空窗护墙。如地下水不发育，坡面比较干燥，空窗内采用喷护；如地下水发育，空窗内采用干砌片石。

肋式护墙：适用于边坡岩层完整，且坡度较陡的情况。

拱式护墙：适用于边坡下部较完整，仅需保护上部边坡的情况。

（2）结构及材料要求：

1）等截面护墙厚度为 50cm，当墙面坡率为 1∶0.5 时，单级护墙高度不宜超过 6m，当墙面坡率缓于 1∶0.5 时，单级护墙的高度不宜超过 10m。变截面护墙顶宽为 40cm，底宽视墙高而定，单级护墙的高度不宜超过 12m。

2）等截面护墙的墙背坡率 n 与墙面坡率 m 相同，墙底倾斜度 $x=0.2$。变截面护墙的 $n=m-\frac{1}{20}$，墙底倾斜度采用 $x=0.2$ 及 $x=m$ 两种。当为土层（包括碎石土，黄土等）地基时采用 $x=0.2$ 的护墙，当为岩石地基时可以采用 $x=0.2$ 或 $x=m$，拱式护墙基底倾斜度采用 $x=m$。

实体护墙断面设计如图 17-17 所示。

空窗式护墙、肋式护墙、拱式护墙如图 17-18~图 17-21 所示。

3）护墙应采用 M7.5 水泥砂浆砌片石砌筑。石料选用不易风化的岩石，其最低强度等级为 MU30。

4）上下级护墙之间应设平台，平台宽度决定于上级护墙能修筑在坚实牢靠的地基上，勿使其压力传递至下级护墙为原则，但为了方便养护维修，一般不宜小于 2.0m，平台面设 4%的排水坡，台缘（即下级护墙顶宽范围内）采用平坡，以增进工务养护维修的安全，平台厚度均采用 40cm。

5）为增加护墙的稳定性，凡高于 8m 的护墙，于墙背中部设置耳墙一道，墙背坡率 $n\leqslant0.55$ 时，耳墙底宽采用 50cm，墙背坡率 $n>0.55$ 时，耳墙底宽采用 100cm。

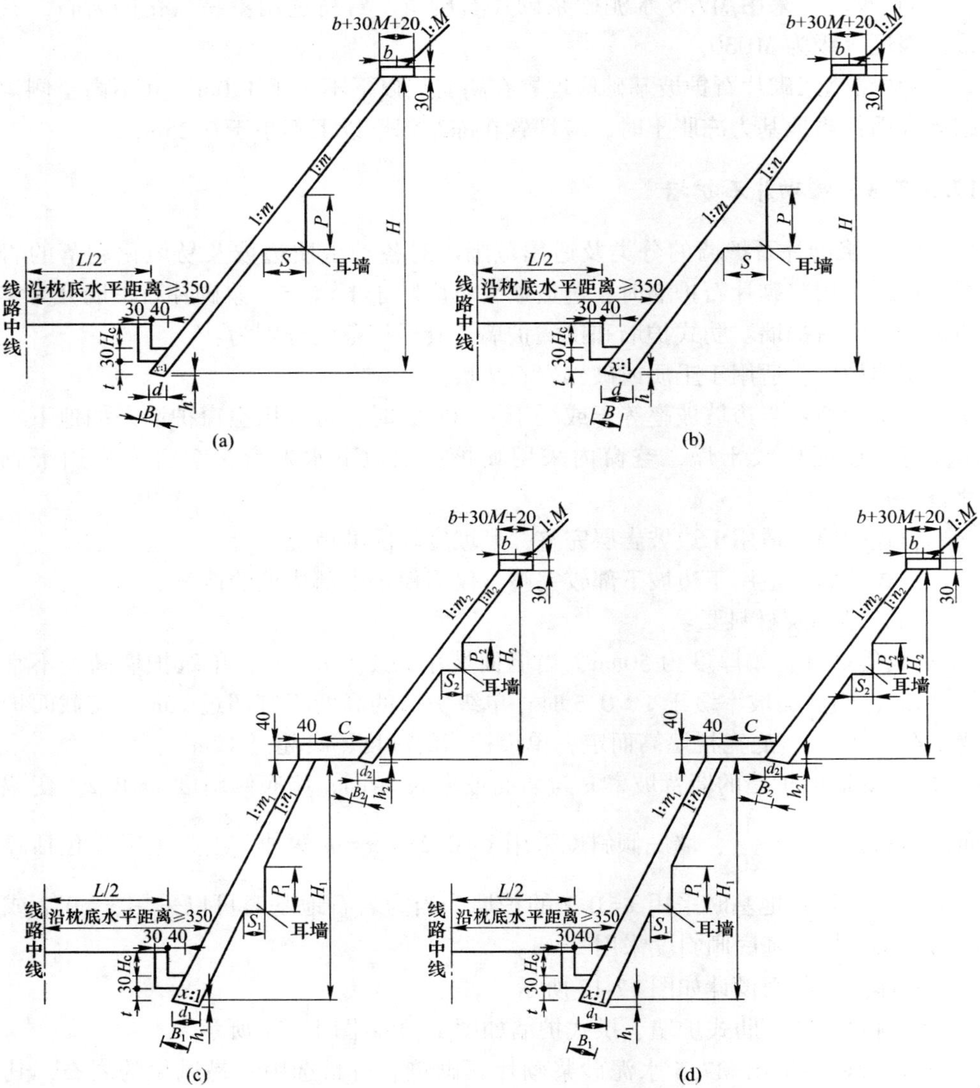

图 17-17　实体式护墙样图（单位：cm）

（a）单级护墙断面图（一）；（b）单级护墙断面图（二）；

（c）多级护墙断面图（一）；（d）多级护墙断面图（二）

6）护墙墙顶设置厚 30cm 的墙帽，并使其嵌入边坡 20cm，以防雨水灌入墙背。

7）在土质地基上护墙的基础应埋置在路肩线以下不小于 1.0m，并不应高于侧沟砌体底面，当地基为冻胀土时，应埋置在冻结深度以下不小于 0.25m。

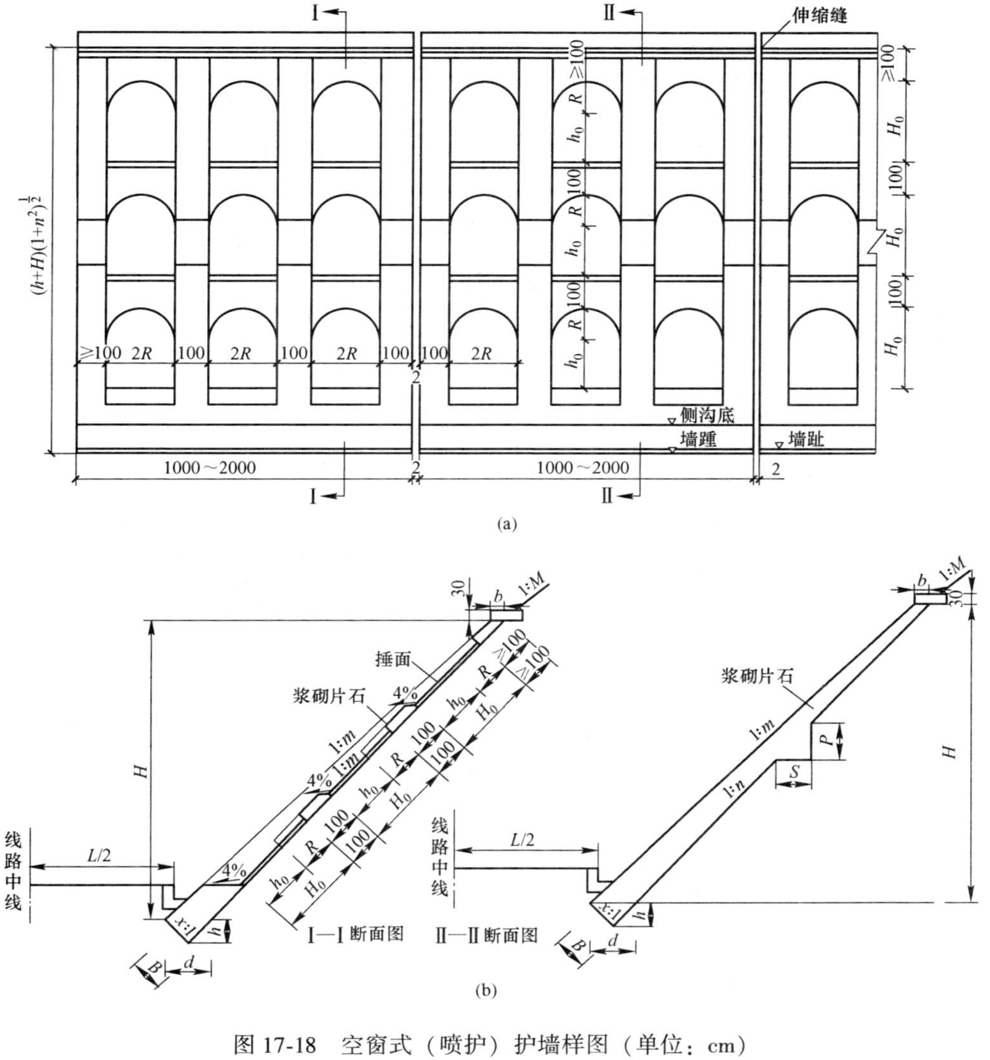

图 17-18 空窗式（喷护）护墙样图（单位：cm）

（a）墙背法线方向正视图；（b） I — I 和 II — II 断面图

8）封闭式护墙应留 10cm×10cm（或直径 10cm 的圆孔）的泄水孔，排水坡 4%，若墙后排水不良或有冻胀现象时，可在其后 0.5m×0.5m 范围内设窝状反滤层。一般情况下泄水孔是上下左右间隔 2～3m 交错设置，当地下水发育时，再酌情增加。反滤层可采用砂砾石或土工合成材料填筑。

9）沿线路方向护墙每隔 10～20m 设伸缩缝一道，缝宽 2cm。护墙高度大于或等于 5m，应设置检查梯和拴绳环，多级护墙还需在上下检查梯之间的平台上设安全栏杆。

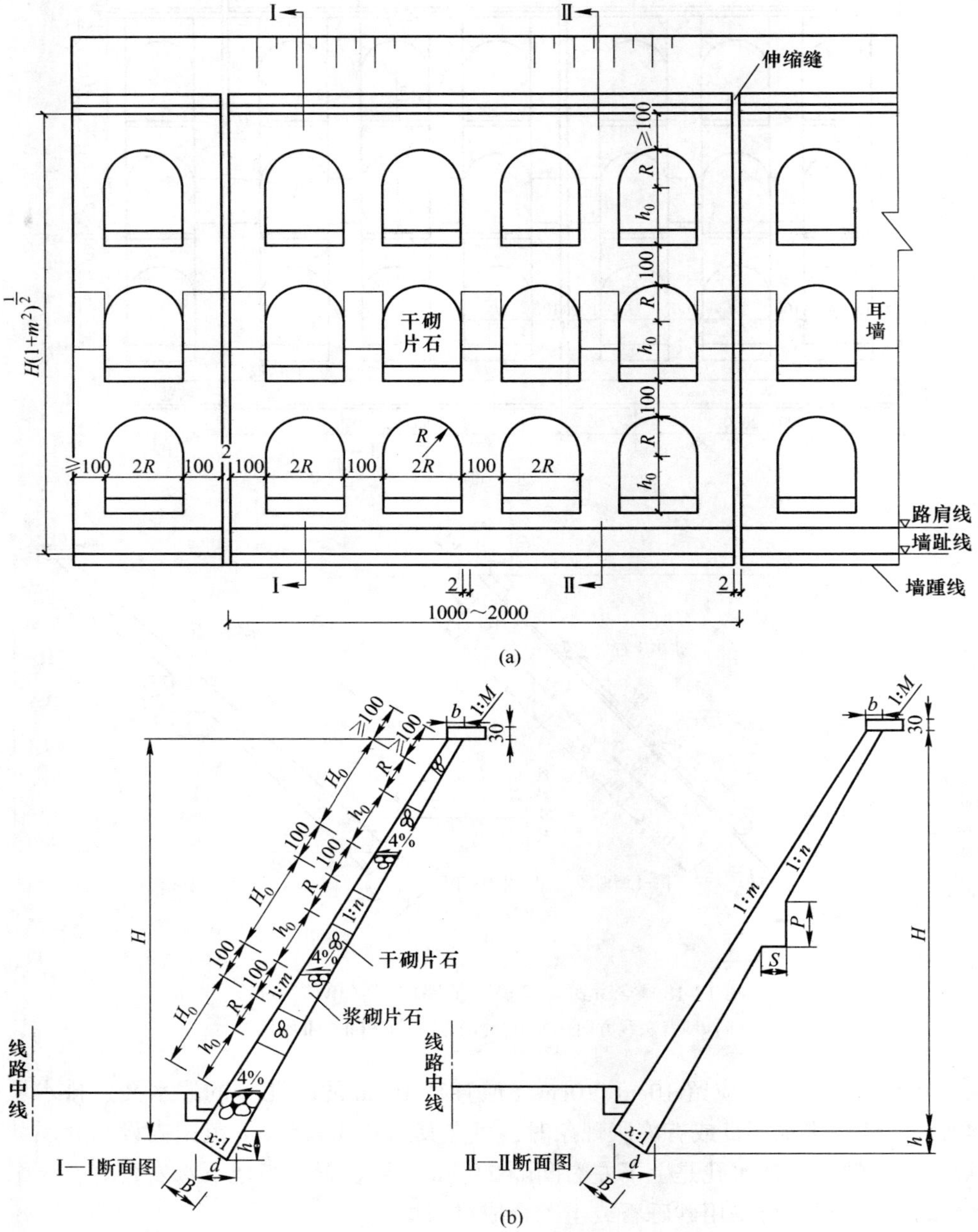

图 17-19 空窗式（干砌片石）护墙（单位：cm）

（a）墙面法线方向正视图；（b） Ⅰ—Ⅰ和Ⅱ—Ⅱ断面图

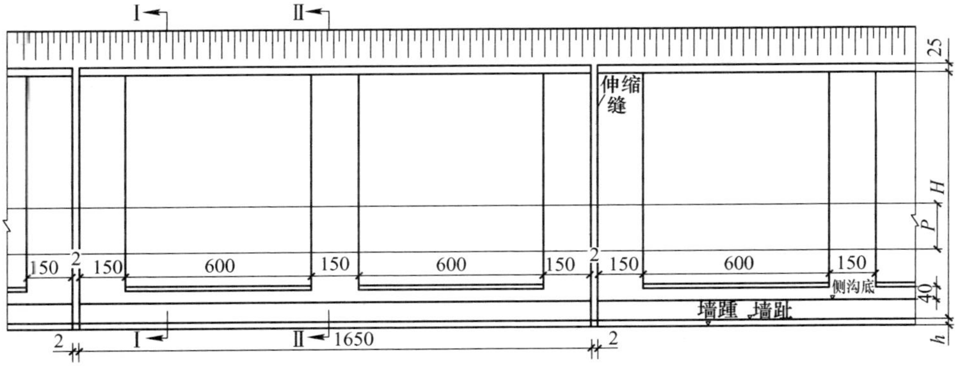

(a)

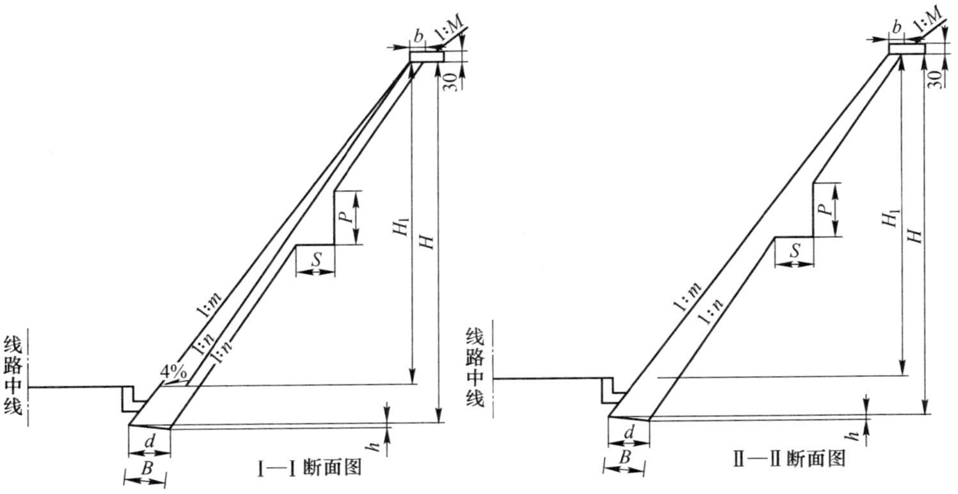

(b)

图 17-20 肋式护墙样图（单位：cm）

（a）立面图；（b）Ⅰ—Ⅰ和Ⅱ—Ⅱ断面图

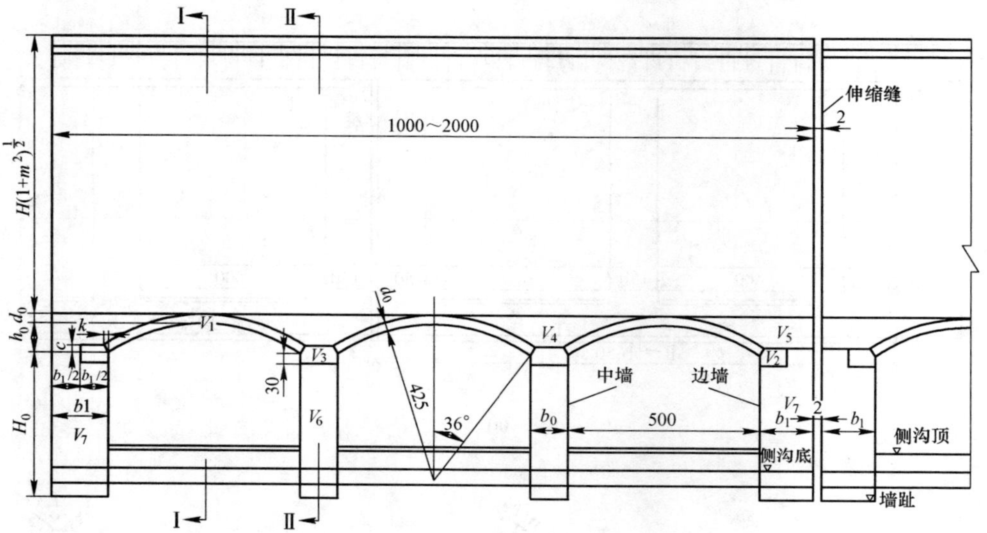

(a)

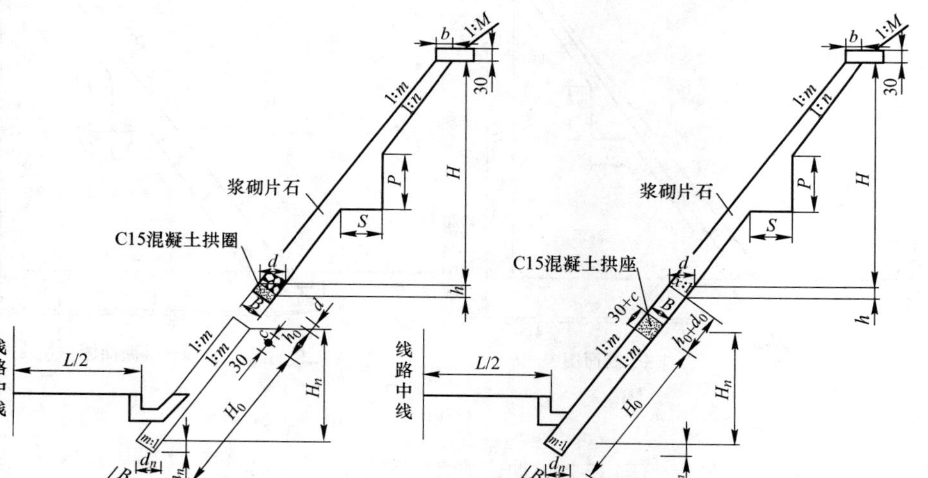

(b)

图 17-21 拱式护墙样图（单位：cm）

（a）墙面法线方向正视图；（b） Ⅰ—Ⅰ和Ⅱ—Ⅱ断面图

18 滑坡防治监测设计

18.1 一般规定

滑坡防治监测包括施工安全监测、防治效果监测和动态长期监测，以施工安全监测和防治效果监测为主。施工安全监测结果是判断滑坡范围、滑动面位置及稳定状态，指导施工和优化调整设计的重要依据。施工安全监测内容包括地面变形监测、地表裂缝监测、滑体深部位移监测、地下水位监测、孔隙水压力监测、地应力监测等。防治效果监测要结合施工期监测和长期监测进行，监测结论是作为检验滑坡防治工程效果、评判防治工程实施后滑坡体稳定状态和工程安全性、进行工程竣工验收的重要依据。

18.1.1 滑坡监测阶段的适用范围

Ⅰ级滑坡防治工程应进行滑坡防治监测，Ⅱ级滑坡防治工程宜进行滑坡监测，Ⅲ级滑坡防治工程可根据滑坡规模、危害程度等视需要进行滑坡监测。

滑坡防治监测阶段可分为施工安全监测、防治效果监测和运营期长期监测。滑坡防治监测设计应按表 18-1 确定滑坡防治监测阶段，施工安全监测和防治效果监测阶段的所布网点应可供运营期长期监测利用。

表 18-1 滑坡监测阶段的适用范围

滑坡防治工程安全等级		滑坡监测类型		
		施工安全监测	防治效果监测	运营期长期监测
Ⅰ级	小型、中型规模	√	√	—
	大型、巨型规模	√	√	√
Ⅱ级		√	√	○
Ⅲ级		√	○	—

注：√—应做；○—视具体情况选做。

18.1.2 滑坡监测网布置要求

滑坡监测应根据滑坡防治工程安全等级和监测阶段，结合滑坡体分布范围、地形地貌特征、性质、破坏模式、变形情况、稳定状态及主体防治工程类型，建立由监测网、监测剖面和监测点组成的三维立体监测体系。并应符合下列要求：

（1）大型、巨型规模的Ⅰ级滑坡防治工程监测，应建立地表位移和深部位移监测相结合的综合立体监测网，并与运营期监测相结合。

（2）中小型规模的Ⅰ级滑坡、Ⅱ级滑坡防治工程监测，应建立以地表位移监测为主、深部位移监测为辅的监测网。

（3）Ⅲ级滑坡防治工程监测，可根据具体情况开展滑坡地表简易监测工作。

（4）高边坡、滑坡应急抢险时，应建立地表临时监测网。

（5）监测网由监测线（监测剖面）和监测点组成，可采用十字形、方格形、三角形等。监测线应根据滑坡体的不同变形块体和方位进行控制性布设，监测剖面应以绝对位移监测为主体，在剖面所经过的裂缝、滑带上布置相对位移监测，构成多手段、多参数、多层次的综合性主体监测剖面。

（6）监测点应根据测线建立的变形地段、块体及组合特征，布设在监测线上或测线两侧5m范围内，在测线所遇裂缝、滑带上布设相对位移测点。测点不要求平均布设，但对于地表变形剧烈和对滑坡体稳定性起关键作用的地段和块体，需适当增加测点和监测手段。

18.1.3 滑坡监测方法、仪器的确定

滑坡监测方法的确定、仪器的选择，应综合考虑其能反映滑坡体的变形动态、仪器实用可靠、维护方便和节省投资等因素。选择仪器时应遵循以下原则：

（1）仪器性能可靠和长期稳定性好。

（2）仪器测试精度适当、变形适宜，具有能与滑坡体变形相适应的足够的量测精度。

（3）仪器对施工安全监测和防治效果监测精度和灵敏度高。

（4）仪器抗干扰和适应恶劣环境能力强，在长期监测中具有防风、防雨、防潮、防震、防雷、防腐等与环境相适应的性能。

18.1.4 滑坡监测系统组成

滑坡监测系统分为人工监测系统和自动监测系统组成。监测系统由人工现场巡视、仪器监测系统、数据采集、传输和存储、数据处理系统及监测数据分析与决策系统构成。

（1）仪器监测系统由地表变形监测、地表裂缝监测、深部位移监测、地下水位监测、支挡结构及预应力锚索（杆）位移和应力应变监测仪器与设备等组成。

（2）采用的监测仪器必须具有仪器生产准许证，产品质量合格。使用前，须经过国家有关计量部门标定，并具有相应的质检报告。

（3）通过仪器监测系统进行数据采集，应用相应的数据处理方法和计算机

软件对监测资料进行分析评价。

18.2 滑坡监测内容与周期

18.2.1 滑坡监测内容

滑坡施工安全监测时，应对滑坡体进行实时监控，确认滑坡范围、滑动面位置、变形速率及稳定状态，验证地质勘察资料与勘察结论的准确性，实时掌握施工过程中各种因素对滑坡体稳定的影响，及时地指导动态设计与工程施工，保证施工安全。

滑坡施工安全监测应包括地表位移、地表裂缝、建筑物变形、深部位移、地下水位、孔隙水压力、支挡结构和预应力锚索应力应变等监测，监测内容与监测方法可按表18-2和表18-3选定。

表 18-2 滑坡监测内容

<table>
<tr><th colspan="2">监测内容</th><th>监测方法</th><th>监 测 目 的</th></tr>
<tr><td rowspan="3">地表监测</td><td>水平位移监测</td><td>全站仪、光电测距仪</td><td rowspan="2">观测地表位移、变形发展情况</td></tr>
<tr><td>垂直变形监测</td><td>水准仪</td></tr>
<tr><td>裂缝监测</td><td>标桩、直尺或裂缝计</td><td>观测裂缝发展情况</td></tr>
<tr><td colspan="2">深部位移监测</td><td>测斜仪</td><td>探测相对于稳定地层的地下岩体位移，证实和确定正在发生位移的构造特征，确定潜在滑动面深度，判断主滑方向，定量分析评价边（滑）坡的稳定状况，评判边（滑）坡加固工程效果</td></tr>
<tr><td rowspan="2">地下水监测</td><td>地下水位监测</td><td>人工测量</td><td>观测地下水位变化与降雨关系，评判边坡排水措施的有效性</td></tr>
<tr><td>孔隙水压监测</td><td></td><td>可做项目，观测孔隙水压的变化</td></tr>
<tr><td colspan="2">支挡结构物变形、应力应变</td><td>测斜仪、分层沉降仪
压力盒、钢筋应力计</td><td>支挡结构物岩土体的变形观测，支挡构造物与岩土体间接触压力、应力应变观测</td></tr>
</table>

表 18-3 预应力锚固工程监测内容

<table>
<tr><th colspan="2">锚杆监测阶段</th><th>监测目的</th><th>监测项目</th><th>监测方法及要求</th></tr>
<tr><td rowspan="3">施工期</td><td rowspan="3">预应力锚索</td><td rowspan="3">施工安全
施工质量</td><td>预应力</td><td>应做项目，包括锚杆张拉力和预应力损失</td></tr>
<tr><td>锚头位移</td><td>应做项目，宜用位移监测常规方法</td></tr>
<tr><td>岩土体深部位移</td><td>应做项目，可用测斜仪法</td></tr>
</table>

续表 18-3

锚杆监测阶段		监测目的	监测项目	监测方法及要求
运营期	预应力锚索	工作状况	预应力	应做项目，包括锚杆张拉力和预应力损失
			锚头位移	宜做项目，宜用位移监测常规方法
			岩土体深部位移	可做项目，可用预埋仪器法

18.2.2 滑坡施工期监测断面、监测点布置要求

（1）应根据滑坡地形地貌、工程地质条件和主体防治工程方案，合理布设滑坡监测断面。监测断面应沿滑坡主滑动方向布设，包括主滑断面、以及主滑断面两侧各布置1~3条监测断面。

（2）规模大、性质复杂的滑坡按变形分区进行稳定性评价与治理工程设计时，应根据分区布设监测断面，每个分区监测断面不应少于1条。

（3）各监测断面在滑坡后缘之外的稳定地层（不动体）、后缘牵引段、中部主滑段、前缘抗滑段、支挡结构构造物、公路路基或桥隧构造物等均应布置监测点，其中中部主滑段监测点不应少于2个。

（4）预应力锚索应力监测数量不宜少于锚索总数的5%，且不应少于3根。

（5）对相同受力状态的同类支护结构，应力监测点不应少于2点，不同高度处应力测点总数不应少于3点。

（6）当需要设置水文观测孔监测地下水、渗水和降雨对滑坡稳定的影响时，观测孔的位置要求应符合《公路工程地质勘察规范》(JTG C20)的相关规定。

（7）监测点应靠近监测剖面，宜控制在5m范围内。深部位移监测孔深度应穿过滑动面以下不应小于5m。

（8）施工安全监测点应布置在滑坡体稳定性差，或工程扰动大的部位，形成完整的监测断面，并采用多种手段互相验证和补充。

（9）对地表变形剧烈地段和对滑坡体稳定起关键作用的块体，以及抗滑桩、抗滑挡墙、桥隧地段等应重点控制，适当增加监测点和监测手段。

（10）利用固定物作为绝对位移监测点位时，应避免选在滑坡体或斜坡变形体、临空陡崖和被深大裂缝切割的岩块，消除卸载变形和局部变形的影响。

18.2.3 滑坡施工期监测的观测频率要求

（1）监测时限与施工期一致，即从工程开工建设至交工验收。

（2）监测初期变形频繁时，观测频率宜24h监测一次；在滑坡变形基本稳定的情况下，可每周或半月监测1次。

（3）抗滑桩、抗滑挡墙等施工期间，以及连续降雨或施工异常的情况下，监测频率宜每天一次，并视需要随时跟踪监测和巡视。

18.2.4 滑坡防治效果监测阶段的监测内容、周期与观测要求

（1）监测内容应包括地表位移、深部位移、地下水位，支挡结构变形和土压力、预应力锚索应力应变及排水设施泄流量等，监测内容与监测方法可按有关规定选定。

（2）监测周期应在防治工程完工且公路营运后不少于一个水文年。

（3）观测数据采集时间间隔宜为每月 1 次，在外界扰动较大时，如连续降雨或暴雨期间或有险情时，可加密观测次数。

18.2.5 公路运营期滑坡长期监测要求

（1）监测内容应包括地表位移、深度位移、地下水位、支挡结构构造物及预应力锚索应力和位移等。

（2）监测周期应在工程竣工后不少于 2 年。

（3）运营期长期监测宜沿滑坡主滑断面进行，监测点可少于施工安全监测和防治效果监测，观测数据采集时间间隔宜为每季度 1 次。动态变化较大时，可适当加密观测次数。

18.3 滑坡监测方法与技术要求

滑坡监测方法应结合监测内容，并根据公路等级、工程重要性、滑坡危害性及监测环境与条件，综合考虑技术可行性和经济合理性等，本着先进、直观、方便、可靠的原则确定。对危害程度大的滑坡，提倡采用多种方法进行监测，以便互相验证。

18.3.1 地表变形监测方法与技术要求

地表变形监测应掌握滑坡体地表水平位移及位移方向、垂直位移、以及位移变化速率，观测方法与精度应符合下列要求：

（1）监测方法宜采用大地测量法、GPS 法等，使用仪器宜选用全站仪、GPS 接收机、水准仪等。

（2）点位误差、高程误差的观测精度应符合《公路勘测规范》（JTG C10）的有关规定。

（3）地表裂缝监测应掌握地表主裂缝宽度、张开、闭合、位错等变化情况，可采用伸缩仪、位错计或简易观测桩等人工或自动观测方法，观测精度0.1~1.0mm。

对滑坡体上的所有主要裂缝应注重进行人工现场巡视，对较大的裂缝采用测缝计（钢卷尺）进行裂缝的长度、深度、宽度和发展方向的观测。

18.3.2 深部位移监测方法与技术要求

深部位移监测应掌握滑坡深部不同位置的岩土体深部位移量及速率，确定滑坡滑动面位置及主滑动方向。监测方法可采用钻孔位移监测，监测仪器宜采用钻孔测斜仪，系统精度要求不超过±5mm/15m。

18.3.3 地下水监测方法与技术要求

地下水监测应掌握滑体内地下水位、孔隙水压、水温及主要化学离子等动态变化，判断滑坡变形破坏与地下水的相关性。观测方法与精度应符合下列要求：

（1）地下水位观测可采用测绳、测水盅和水位自动记录仪，观测精度要求误差不超过±1mm。

（2）孔隙水压观测可采用测压管、钢弦式孔隙水压力计、压阻式孔隙水压力计等，观测精度：测压管观测的分辨率为1mm，观测精度应为±10mm；钢弦式孔隙水压力计的灵敏度约为0.1%FS，观测精度应为±0.25%FS；压阻式孔隙水压力计的灵敏度为0.01%~0.03%FS，观测精度应为±0.5%FS。

（3）定期采集地下水样，进行水质分析。地下水监测具体内容除地下水水位、水压外，应分析研究地下水补给、径流、排泄及其与地表水、大气降水的关系，监测土体含水量的动态变化等，进行地下水与滑坡体稳定性分析。

18.3.4 支挡结构应力监测方法与技术要求

压力盒用于支挡结构（如抗滑桩等）受力和滑带承重阻滑受力监测，以了解滑坡体传递给支挡工程的压力及支挡结构的可靠性。根据测试原理压力盒分为液压式和电测式两种，液压式结构简单、可靠，现场直接读数，使用较方便。电测式测量精度高，可远距离和长期观测，目前监测中较多采用电测式。

在应力监测中，对于锚索（杆）锚固力的监测是一项极为重要的监测内容，锚索（杆）的拉力的变化是岩土体荷载变化的直接反映，包括锚杆轴力的量测和锚索预应力损失的量测，以分析锚索（杆）的受力状态、锚固效果等。

支挡结构应力监测应掌握锚索预应力动态变化和锚索的长期工作性能，以及滑坡体传递给支挡工程的压力。

（1）锚索应力监测可采用锚索测力计，应根据锚索设计工作力确定其最大测试量程。

（2）支挡结构受力状态监测可采用压力传感器，应根据滑坡下滑力和压力传感器稳定性、抗震及抗冲击性能、密封性等因素，合理确定传感器的量程与精度。

18.4 监测数据分析与处理的要求

（1）根据监测内容和方法，建立相应的监测数据库和资料分析处理系统，及时对监测资料进行编录、整理、统计分析。

（2）配合施工，实时确定滑坡位移量、位移方向、位移速率、以及滑坡滑动面位置、主滑断面及方向，分析诱发滑动的主要因素，判断滑坡所处的变形阶段。

（3）根据监测数据和变形迹象进行综合分析，判断滑坡的稳定状态，预测预报滑坡险情，提出相关应急措施建议。

18.5 滑坡监测应提供的资料

（1）滑坡监测报告，应包括如下主要内容：

1）概述（自然条件、滑坡地质概况、防治工程设计方案、施工概况、主要监测过程、完成工作量等）。

2）监测网和监测系统组成与布置情况。

3）监测内容与执行情况（监测项目、使用仪器设备、观测方法、观测精度等）。

4）监测结果分析（地表位移、裂缝、深部位移、地下水、支挡结构应力和位移等变化及与工程施工的关系）。

5）监测成果、主要结论与相关建议。

（2）主要图表资料应包括如下内容：

1）滑坡监测网、监测断面、监测点布置图（包含滑坡地形地质、防治工程布置），比例尺 1：500～1：2000。

2）滑坡监测内容、项目、仪器设备、观测方法、精度一览表。

3）地表位移监测数据一览表，地表位移变化及与降雨、工程施工过程主要节点关系图。

4）地表裂缝监测数据一览表，地表裂缝变化及与降雨、工程施工过程主要节点关系图。

5）地下水位、孔隙水压监测数据一览表，地下水位、孔隙水压变化及与降雨、工程施工过程主要节点关系图。

6）深部位移监测数据一览表，深部位移随深度、时间变化曲线图（配钻孔地质柱状图），以及与降雨、工程施工过程主要节点关系图。

7）预应力锚索应力监测数据一览表，预应力锚索应力随时间变化图。

8）支挡结构物（抗滑挡墙、桩）位移、桩前、桩后土压力监测数据一览表，支挡结构物位移、桩前、桩后土压力随时间变化图。

（3）各监测点详细监测数据资料单独编辑成册，作为监测报告的附件。

19 滑坡预警预测与治理工程动态设计

滑坡防治动态设计所需资料包括滑坡工程地质勘察报告和防治工程施工图设计文件等基础资料，以及滑坡防治工程施工过程地质编录和滑坡动态监控量测等动态信息。

在滑坡防治动态设计过程中，应以滑坡工程地质勘察报告为基础，收集主体防治工程施工地质编录和相关岩土力学试验资料，必要时可有针对性地进行施工地质补充勘察工作。完善滑坡工程地质背景信息，验证滑坡勘察结论的准确性和可靠性。

同时，结合坡体与结构变形开裂情况、应力状态变化规律以及大气降雨与地下水活动等动态监测信息，综合评估滑坡变形活动状态及稳定性发展趋势。

并且，应以滑坡施工揭露的工程地质资料和动态监测信息为基础，调整或修正滑坡地质力学模型与岩土计算参数，动态调整或优化滑坡防治工程设计方案及工程措施，指导施工应急处理滑坡防治工程施工中出现的险情，保障滑坡防治工程安全可靠、经济合理和顺利实施。

19.1 一般规定

（1）滑坡防治工程施工阶段，设计人员应实时跟踪掌握各项防治工程实施进程中所揭露的滑坡工程地质基础信息，并结合监测成果分析评价滑坡变形活动状态及稳定性发展趋势，验证滑坡勘察结论的准确性和可靠性。必要时可有针对性地进行施工地质补充勘察工作。

（2）滑坡防治动态设计必须以完整的滑坡工程地质勘察报告和防治工程施工图设计文件为基础，并满足相关规范规定和设计深度要求，不得以动态设计之名而弱化前期勘察设计工作，严禁边勘察、边设计、边施工。

（3）滑坡防治动态设计应根据滑坡施工揭露的工程地质资料和动态监测信息，修正滑坡地质力学模型与岩土计算参数，动态调整或优化滑坡防治工程设计方案及工程措施，保证滑坡防治工程安全可靠且经济合理。

（4）滑坡防治工程施工过程中，应根据监测信息和视施工情况进行滑坡变形发展趋势的预测分析。当滑坡体产生较大的位移或出现其他意外险情时，应及时进行预警，立即停止施工，及时采取应急处理措施，控制滑坡变形发展，保证施工安全。

19.2 滑坡预测预警

滑坡预测分析方法较多，但尚无成熟、通用的滑坡预测模型，任何一个滑坡定量预测模型仅能适用于某一类滑坡或某一演化阶段的预测，不能适用于所有滑坡的预测。对于同一个滑坡，采用不同的预测模型可能会得出千差万别的预测结果，究竟哪些结果更接近真实，目前尚无很好的判别方法。基于此原因，预测时既要选择合适的预测模型，也要重视对滑坡宏观变形破坏迹象以及滑坡前兆信息的研究，将斜坡变形破坏的宏观信息与滑坡监测资料有机地结合起来，采取定量与定性预测相结合的综合预测方法，判断坡体变形破坏的成因机制、变形演化阶段、目前的稳定性状况，推测发生失稳破坏的大体时间，对滑坡体的现状做出综合判断。

（1）滑坡防治工程施工过程中，应结合抗滑桩基坑或抗滑挡墙基础开挖、路基开挖或填筑情况，进行短期滑坡位移发展趋势的预测分析。

（2）滑坡变形预测应符合下列要求：

1）根据深部位移监测孔的位移–时间关系曲线，可按表 19-1 选择合适的预测模型和方法，进行滑坡位移发展趋势预测。

表 19-1　滑坡定量预测模型和方法

预测模型及方法	适用条件	备　注
斋滕迪孝法	适用于一次滑动型的滑坡加速蠕动变形阶段的预测	以蠕变理论为基础，建立了蠕变经验方程，预测精度受到一定的限制
灰色系统理论预测法	适用短期临滑预测。蠕变阶段，进行滑坡变位预测；滑动阶段，进行剧滑时间预测	模型预测精度取决于模型参数的取值。逐步迭代法 GM 模型计算精度较高
双曲线指数平滑法	属于统计预报模型，适用于中短期预测	属于短期趋势预测和跟踪预报，当滑坡处于加速滑动变形阶段时，可较准确预测剧滑时间。预测结果是一个时段
多元非线性相关分析法		
BP 神经网络预测法		
滑体变形功理论预测法	适用于短期临滑预测	综合考虑了滑坡全场位移、位移速率及滑坡体力等因素，综合体现了滑坡变形的综合规律，预测的结果是一个具体的时刻

2）滑坡预测应遵循“多种手段、系统监测、逐点分析、逐步逼近、综合决策、总体预报”的原则，当采用回归法和图解法预测时，应逐条曲线分别分析计算，再综合统计分析，做出总体预测预报。

3）在抗滑桩基坑或抗滑挡墙基础开挖、路基开挖或填筑过程中，根据施工监测数据信息进行短期滑坡位移及其发展趋势预测，并以此为依据来调整施工工序，采取有效的应急防范措施，及时控制滑坡变形速率，保证工程和施工安全，是十分重要的。

（3）滑坡变形预测预报的警戒值可采用深部位移5mm/d、滑坡前缘剪出裂缝的危险位移量可采用10mm/d作为控制标准。

（4）应根据滑坡地质资料和滑坡防治效果监测信息，进行运营期滑坡位移发展趋势的长期预测分析，评估滑坡稳定安全状况。

19.3 滑坡防治工程动态设计

滑坡防治动态设计内容包括收集施工地质资料、滑坡动态监测、力学模型完善、岩土参数修正、稳定状态评价、发展趋势预测、防治方案调整、结构设计优化、施工管理建议等。

在滑坡防治工程的实施过程中，应及时收集路堑边坡开挖、挡墙基础开挖、抗滑桩桩坑开挖、洞室围岩开挖、锚固或排水工程钻孔等工程施工地质资料，以及施工监测信息资料。

滑坡施工地质资料应包括经开挖或钻孔揭示的滑坡体物质组成、地层岩性条件、地质结构构造、风化破碎程度、节理发育状态、滑动面或软弱带位置与岩土性质、含水层位置、地下水位、水温、水质与运移规律等。

滑坡施工监测信息应包括滑坡裂缝发育状态与发展趋势、既有建筑物或防护结构变形破坏与分布特点、滑坡地表或重要结构位移历时动态、坡体深部位移或滑面变形活动动态特征、岩土或结构应力状态与变化规律、地表降雨特点与地下水活动状态等。

通过逐项比对滑坡施工地质资料和既有滑坡工程地质勘察成果与结论，确认滑坡稳定性计算模型与参数、工程地质勘察结论的准确性与可靠性，必要时开展有关岩土力学试验与检测，补充和完善滑坡工程地质基础信息，作为调整或修正滑坡地质力学模型与岩土计算参数的重要依据之一。

通过监控量测各种防治工程项目施工过程中滑坡场区有关变形或应力等动态信息的发育状态和活动规律，实时评估滑坡的稳定性状态及发展趋势，采用岩土工程反分析等计算技术，进一步调整或修正滑坡稳定性分析所选用的岩土力学指标，优化调整防治工程结构设计。

（1）滑坡防治工程动态设计应始于工程开工，终于工程竣工验收。动态设计应做好下列工作：

1）防治工程开工后，应及时跟踪滑坡防治工程施工过程和监测工作，收集施工开挖所揭露的地质资料和监测信息。

2）应校核滑坡工程地质勘察报告结论的准确型和可靠性，重点校核滑坡体地质结构、滑动面（带）位置及其岩土力学性质、滑动面（带）贯通情况和滑坡性质等。

3）当施工开挖揭露和施工监测信息表明滑坡地质条件、岩土力学参数及稳定状态等出现了较大的变化时，应及时修改和完善滑坡力学计算模型和岩土力学参数，重新进行滑坡稳定性和推力计算。必要时进行工程地质补充勘察试验。

4）根据滑坡稳定性和推力的校核或重新计算结果，应校核滑坡总体防治工程方案和工程结构设计的合理性与可靠性。必要时调整滑坡防治方案，优化防治工程结构设计和施工组织方案。

5）根据抗滑桩基坑或抗滑挡墙基础开挖、锚索孔施工等所揭露的滑动面（带）位置及滑带以下地层岩土性质及承载能力，应校核抗滑桩锚固段长度、预应力锚索锚固段长度或抗滑挡墙基础形式与埋置深度能否满足要求。必要时调整和完善设计。

6）根据坡体开挖所揭露的地下水出露和岩土潮湿状态，以及仰斜排水孔施工揭露的滑动面（带）位置及其滑带岩土含水情况，应校核地下排水渗沟、仰斜排水孔位置和长度能否达到设计目的。必要时调整和完善设计。

7）针对坡体开挖、抗滑桩基坑或抗滑挡墙基础开挖施工中出现的异常，以及连续降雨或暴雨出现的险情，结合施工监测信息，应配合施工，及时确定应急抢险工程措施，防止恶化滑坡性状。

8）滑坡防治工程完工后，应根据滑坡防治效果监测阶段的信息资料和结论，评估滑坡防治工程的稳定状况能否满足公路运营安全要求。必要时应采取补充抗滑工程措施。

（2）当滑坡变形位移量接近警戒值时，应立即停止抗滑桩基坑或抗滑挡墙基础开挖、路基开挖或填筑等，采取后缘减载、前缘反压、设置钢支撑加固基坑等应急抢险工程措施，控制滑坡变形速率，保证施工安全。

（3）当锚索预应力值超过锚索设计张拉力值10%以上时，应及时分析原因，采取措施，防止锚索破坏；当锚索预应力值低于锚索锁定荷载20%以上时，应进行锚索补偿张拉。

（4）当抗滑支挡结构物出现意外的变形时，应及时查明原因，采取相应的补救措施，保证支挡结构物安全稳定。

（5）滑坡防治工程完工后，应根据滑坡防治工程施工地质资料和滑坡防治效果监测报告，进行滑坡长期稳定性检算评估，确定滑坡防治工程安全状况。

20 滑坡治理工程设计报告编写内容及格式

公路滑坡各阶段设计深度的不同，决定了各阶段设计报告内容的深度和精度也有所不同，本文对初设和施工图设计阶段滑坡治理工程设计报告的编写内容和格式提出如下建议。

20.1 滑坡治理工程初步设计报告编写内容及格式

0 前言

0.1 任务由来
0.2 项目地理位置、行政区别、里程桩号
0.3 可行性研究报告的主要结论及批复意见
0.4 设计依据

1 概述

1.1 滑坡治理的必要性与紧迫性
1.2 工程的任务与规模
1.3 工程布置及主要防治工程
1.4 施工组织设计
1.5 环保设计
1.6 工程管理
1.7 工程概算
1.8 经济评价

2 工程地质条件与地质灾害特征

2.1 地理环境
2.1.1 地理位置
2.1.2 气象水文
2.1.3 社会经济状况及交通条件
2.2 地质环境
2.2.1 地形地貌

2.2.2 地层岩性

2.2.3 地质构造

2.2.4 水文地质

2.2.5 新构造运动与地震（地震基本烈度与地面加速度）

2.3 滑坡基本特点

2.3.1 滑坡类型、位置、分布范围、前后缘高程、面积、体积等

2.3.2 滑坡空间形态（平面、剖面形态及微地貌特征）

2.3.3 滑坡的物质组成与结构（如滑体的物质组成与组构，滑带特征等）

2.3.4 各类岩土体的物理力学性质

2.3.5 水文地质（含水层类型、岩土体的渗透性及地下水位等）

2.3.6 变形破坏及危害特征

3 滑坡稳定性评价和预测

3.1 计算剖面的确定（规模较小而简单者计算主滑面，规模较大且复杂者应视情况计算数个剖面）

3.2 计算参数的确定

3.2.1 地勘报告推荐（室内及原位试验分析）

3.2.2 反演分析

3.2.3 参数选取（根据试验和反演按权重综合确定）

3.3 稳定性计算（计算方法不少于两种，复杂情况应做专门数值分析）及计算结果

3.4 敏感性分析

3.5 稳定性综合评价

4 滑坡推力计算

4.1 工程等级、工况及安全系数的确定

4.2 设计依据、标准与安全系数

4.3 工程布置

5 治理工程设计（应不少于两种不同的方案进行对比，标为方案一、二等）

5.1 设计指标（如滑坡推力，排水沟的设计排洪量等）

5.2 分项工程的综合作用分析

5.3 分项工程设计

5.4 工程量

6 方案比选

6.1 技术方案的比选
6.2 施工技术比选（含施工难易程度、工期等）
6.3 投资估算比选
6.4 确定推荐方案

7 工程监测设计（如有，可按此编写）

7.1 监测工程的目的与任务
7.2 设计原则与依据
7.3 监测工程布置
7.4 监测工程设计（方法、手段等）
7.5 监测工程量

8 施工组织设计

8.1 施工条件（三通一平、地形地貌、水文）
8.2 料场选择与开采
8.3 施工方法及施工工序
8.4 施工交通运输
8.5 施工总体布置
8.6 施工总进度

9 环保规划设计

9.1 设计依据
9.2 施工对环境影响评价
9.3 环境保护设计
9.4 环境管理与环境监测

10 工程管理

10.1 管理体制和组织机构
10.2 工程管理范围和保护范围
10.3 工程管理设施

11 工程概算（各方案均出概算）

11.1 编制依据及标准

11.2 工程量统计表

11.3 经济概算

12 经济、社会效益评价

12.1 经济效益评价

12.2 社会效益评价

13 主要结论与建议

13.1 主要结论

13.2 建议

图册应含（方案设计图按方案号依次排列）：

（1）地质平面图（1∶500~1∶2000）。

（2）工程地质剖面图（1∶200~1∶1000）。

（3）防治工程总平面布置图（1∶500~1∶1000）。

（4）总剖面图（1∶500~1∶1000）。

（5）分项工程平面布置图（1∶100~1∶500）。

（6）分项工程剖面图（1∶100~1∶200）。

（7）工程监测布置图。

（8）施工组织设计平面布置图。

（9）重点项目、部位细部大样图（1∶50~1∶100）。

（10）新工艺、新方法实施说明及大样图。

附件：

（1）滑坡防治项目地质勘察报告、可行性研究报告、专家审查意见及批复（其中，滑坡防治项目地质勘察报告、可行性研究报告另册）。

（2）业主委托书。

（3）承担单位资质证书（复印件）、营业执照、设计人员执业证明等。

（4）设计计算书（含结构力学及计算参数）。

（5）基础资料统计表（含单项工程材料等表格）。

（6）工程概算所有相关表。

（7）治理工程试验报告。

（8）治理项目特征表。

（9）数字化成果软盘或光盘。

20.2 滑坡治理工程施工图设计报告编写内容及格式

0 前言

0.1 任务由来
0.2 项目地理位置、行政区别、坐标
0.3 初步设计报告的主要结论及批复意见
0.4 设计依据

1 概述

1.1 工程的任务与规模
1.2 工程布置及主要治理工程

2 治理工程设计

2.1 设计指标
2.2 分项工程设计
2.3 工程量

3 工程监测设计（如有，可按此编写）

3.1 监测工程的目的与任务
3.2 设计原则与依据
3.3 监测工程布置
3.4 监测工程设计（方法、手段等）
3.5 监测工程量

4 施工组织设计

4.1 施工条件（三通一平、地形地貌、水文）
4.2 料场选择与开采
4.3 施工方法及施工工序
4.4 施工交通运输
4.5 施工总体布置
4.6 施工总进度

5 环保规划设计

5.1 设计依据

5.2 施工对环境的影响评价

5.3 环境保护设计

5.4 环境管理与环境监测

6 工程管理

6.1 管理体制和组织机构

6.2 工程管理范围和保护范围

6.3 工程管理设施

7 工程预算

7.1 编制依据及标准

7.2 工程量统计表

7.3 经济预算

施工图设计图册应含：

（1）地质平面图（1∶500～1∶2000）。

（2）工程地质剖面图（1∶200～1∶1000）。

（3）防治工程总平面布置图（1∶500～1∶1000）。

（4）总剖面图（1∶500～1∶1000）。

（5）分项工程平面布置图（1∶100～1∶500）。

（6）分项工程剖面图（1∶100～1∶200）。

（7）工程监测布置图。

（8）施工组织设计平面图。

（9）重点项目、部位细部大样图（1∶50～1∶100）。

（10）新工艺、新方法实施说明及大样图。

附件：

（1）滑坡防治项目地质勘察报告、可行性研究报告、初步设计报告、专家审查意见及批复（其中，地质灾害防治项目地质勘察报告、可行性研究报告、初步设计报告另册）。

（2）业主委托书。

（3）承担单位资质证书（复印件）、营业执照、设计人员执业证明等。

（4）设计计算书（含结构力学及计算参数）。

（5）基础资料统计表（含单项工程材料等表格）。

（6）工程预算所有相关表。

（7）防治工程试验报告。

（8）防治项目特征表。

（9）数字化成果软盘或光盘。

参考文献

[1] 中华人民共和国住建部. 岩土工程勘察规范（GB 50021—2009）[S]. 北京：中国建筑工业出版社，2009.
[2] 中国工程建设标准化协会. 建筑结构荷载规范（GB 50009—2012）[S]. 北京：中国建筑工业出版社，2012.
[3] 中交第一公路勘察设计研究院有限公司. 公路工程地质勘察规范（JTG C20—2011）[S]. 北京：人民交通出版社，2011.
[4] 中交第二公路勘察设计研究院有限公司. 公路路基设计规范（JTG D30—2015）[S]. 北京：人民交通出版社，2015.
[5] 中交路桥技术有限公司. 公路工程抗震规范（JTG B02—2013）[S]. 北京：人民交通出版社，2013.
[6] 铁道第二勘察设计院. 铁路路基支挡结构设计规范（TB10025—2006）[S]. 北京：中国铁道出版社，2006.
[7] 石振华，等. 工程地质手册 [M]. 5 版. 北京：中国建筑工业出版社，2018.
[8] 王连新，等. 水库滑坡与防治技术 [M]. 武汉：长江出版社，2005.
[9] 殷跃平，等. 长江三峡工程库区滑坡防治工程设计与施工技术规程 [M]. 北京：地质出版社，2001.
[10]《岩土工程手册》编委会. 岩土工程手册 [M]. 北京：中国建筑工业出版社，1994.
[11] 碾压式土石坝设计规范（SL 274—2007）. 北京：中国水利水电出版社，2007.
[12] 郑生庆，等. 建筑边坡工程技术规范（GB 50330—2013）[S]. 北京：中国建筑工业出版社，2013.
[13] 程良奎，等. 岩土锚杆与喷射混凝土支护工程技术规范（GB 50086—2015）[S]. 北京：中国计划出版社，2015.
[14] 尉希成. 支挡结构设计手册 [M]. 北京：中国建筑工业出版社，1995.
[15] 龚晓南. 地基处理手册 [M]. 北京：中国建筑工业出版社，2000.
[16] 周德培，等. 植被护坡工程技术 [M]. 北京：人民交通出版社，2003.
[17] 铁道部科学研究院西北研究所. 滑坡防治 [M]. 北京：中国铁道出版社，1977.
[18] 郑颖人，等. 地下工程喷锚支护设计指南 [M]. 北京：中国铁道出版社，1988.
[19] 赵明阶，等. 边坡工程处治技术 [M]. 北京：人民交通出版社，2003.
[20] 孙玉科. 边坡岩体稳定性分析 [M]. 北京：科学出版社，1987.
[21] 崔政权. 边坡变形监测（岩土工程试验监测手册）[M]. 沈阳：辽宁科学技术出版社，1994.
[22] 杨航宇，等. 公路边坡防护与治理 [M]. 北京：人民交通出版社，2002.
[23] 郑颖人，等. 边坡与滑坡工程治理 [M]. 北京：人民交通出版社，2010.
[24] 中华人民共和国国土资源部. 滑坡防治工程设计与施工技术规范（DZ/T 0219—2006）[S]. 北京：中国标准出版社，2006.
[25] 王恭先. 滑坡防治工程措施的国内外现状 [J]. 中国地质灾害与防治学报，1998，9

(1)：1~8.
[26] 闫金凯，门玉明. 基于模型试验的滑坡防治微型桩设计方法［J］. 工程地质学报，2012，20（3）：355~361.
[27] 成永刚. 近二十年来国内滑坡研究的现状及动态［J］. 地质灾害与环境保护，2003，14（4）：1~4.
[28] 胡瑞林，王珊珊. 滑坡滑面带的辨识［J］. 工程地质学报，2010，18（1）：35~40.
[29] 周平根. 滑坡监测的指标体系与技术方法［J］. 地质力学学报，2004，10（1）：19~25.
[30] 方向池. 山区公路滑坡灾害及防治研究［J］. 云南交通科技，2003，19（1）：14~17.
[31] 齐文艳. 滑坡防治原则与工程措施［J］. 内蒙古民族大学学报，2012（2）：41~42.
[32] 滑坡工程地质勘察. 成都理工大学地质灾害防治与环境保护国家专业实验室，2004.

冶金工业出版社部分图书推荐

书　　名	作　者	定价(元)
冶金建设工程	李慧民　主编	35.00
岩土工程测试技术（第 2 版）（本科教材）	沈　扬　主编	68.50
现代建筑设备工程（第 2 版）（本科教材）	郑庆红　等编	59.00
土木工程材料（第 2 版）（本科教材）	廖国胜　主编	43.00
混凝土及砌体结构（本科教材）	王社良　主编	41.00
工程经济学（本科教材）	徐　蓉　主编	30.00
工程地质学（本科教材）	张　荫　主编	32.00
工程造价管理（本科教材）	虞晓芬　主编	39.00
建筑施工技术（第 2 版）（国规教材）	王士川　主编	42.00
建筑结构（本科教材）	高向玲　编著	39.00
建设工程监理概论（本科教材）	杨会东　主编	33.00
土力学地基基础（本科教材）	韩晓雷　主编	36.00
建筑安装工程造价（本科教材）	肖作义　主编	45.00
高层建筑结构设计（第 2 版）（本科教材）	谭文辉　主编	39.00
土木工程施工组织（本科教材）	蒋红妍　主编	26.00
施工企业会计（第 2 版）（国规教材）	朱宾梅　主编	46.00
工程荷载与可靠度设计原理（本科教材）	郝圣旺　主编	28.00
流体力学及输配管网（本科教材）	马庆元　主编	49.00
土木工程概论（第 2 版）（本科教材）	胡长明　主编	32.00
土力学与基础工程（本科教材）	冯志焱　主编	28.00
建筑装饰工程概预算（本科教材）	卢成江　主编	32.00
建筑施工实训指南（本科教材）	韩玉文　主编	28.00
支挡结构设计（本科教材）	汪班桥　主编	30.00
建筑概论（本科教材）	张　亮　主编	35.00
Soil Mechanics（土力学）（本科教材）	缪林昌　主编	25.00
SAP2000 结构工程案例分析	陈昌宏　主编	25.00
理论力学（本科教材）	刘俊卿　主编	35.00
岩石力学（高职高专教材）	杨建中　主编	26.00
建筑设备（高职高专教材）	郑敏丽　主编	25.00
岩土材料的环境效应	陈四利　等编著	26.00
建筑施工企业安全评价操作实务	张　超　主编	56.00
现行冶金工程施工标准汇编（上册）		248.00
现行冶金工程施工标准汇编（下册）		248.00